프로이트를 위하여

프로이트를 위하여

작가 츠바이크,
프로이트를
말하다

Sigmund Freud

슈테판 츠바이크 · 지그문트 프로이트 지음
양진호 엮고 옮김

책세상

일러두기

1. 이 책은 슈테판 츠바이크Stefan Zweig(1881~1942)가 지그문트 프로이트Sigmund Freud(1856~1939)에 관해 쓴 평전과 기록들, 두 사람이 주고받은 서한을 우리말로 옮긴 것이다.

2. 번역 대본으로 삼은 문헌들은 '출처'에서 별도로 밝혔다.

3. 모든 주는 옮긴이의 주이다. 단, 2부 서한집에서 원서 편집자의 주를 참고했을 경우에는 해당 편집자의 이름을 밝혔다.

4. 지은이가 독일어 이외의 외국어를 사용한 경우에는 해당 번역문 뒤에 원문을 병기했다.

5. 본문 중의 ( )는 옮긴이가 독자의 이해를 돕기 위해 삽입한 것이다.

6. 프로이트의 용어는 기본적으로 《프로이트 전집》(전 15권, 파주 : 열린책들, 2003)을 따랐지만, 문맥상 달리 번역하기도 했다.

작가의 언어로, 철학자의 눈으로
프로이트와 그의 사상을 그려내다

　지그문트 프로이트가 창시한 '무의식 학문'인 정신분석은 오늘날 누구에게 그 효능과 가치를 인정받고 있는가? 사람들은 심리치료를 담당하는 의사와 오랫동안 증상에 시달린 환자를 먼저 떠올릴 것이다. 그런데 정신분석의 가치를 전 세계에 알린 주역은 정신치료사들이 아니다.

　정신분석은 양차 세계대전 이후 전쟁 트라우마와 정신질환 치료술로서 공식적으로 주목받기 시작했다. 그러나 철학·예술·생활 영역에서 그 이론과 개념이 널리 전해지고 활용된 것은 1960년대 미국과 유럽의 반反문화운동counter-culture movement이 일어나면서부터이다.

　위계적 사회구조, 과도한 금지 압력, 경직된 이데올로기가 정신에 미치는 부정적 영향에 대한 인식, 이성주의 인간관에 의해 폄

하되었던 감정과 본능의 힘과 가치에 대한 주목, 성적 만족의 좌절과 억압이 가져오는 생리적·심리적 후유증에 대한 인식, 자율적 창조성이 도덕성 못지않게 인성 발달에 중요하다는 자각, 안정적 양육 환경의 필요성, 사춘기 청소년의 욕구와 권리를 존중할 필요성 등은 정신분석이 20세기 후반부터 교육계, 법조계, 정치계에 제공한 선물들의 일부다.

정신분석의 심오한 진리성과 가치는 의사들보다는, 무의식에 접속해 그 내용을 인상적으로 표현해내는 예술가들에 의해 선구적으로 부각되었다. 그 뒤를 이어 모험정신을 지닌 몇몇 철학자들이 사유 만능적 관념주의에 도취되었던 전통철학 관점의 고질적 한계와 시대적 선입견 그리고 반복되는 사유 범주의 굴레에서 벗어나는 데 정신분석의 '무의식 메시지'를 활용했다. 그리고 지금도 소비자와 유권자의 욕망을 좌우하는 비법을 알고 싶어 하는 기업가와 정치가 집단이 상품 발명과 선전, 각종 정치전략에 정신분석을 고급 지식으로 활용하고 있다. 그리고 상업자본주의 문화가 만연함에 따라 형이상학적 신념과 진지함이 흐릿해진 오늘날엔 종교인의 선교, 교육자의 강의, 작가의 글쓰기 등 인간의 마음과 공명해야 하는 다수의 활동 영역에서 정신분석 지식은 고도의 효용가치를 지닌 것으로 널리 알려지고 있다.

프로이트의 정신분석학을 특정 관점에서 해석해 소개한 책들은 무수히 많다. 그렇다면 각종 정보가 홍수처럼 밀려들고 문화가 급속히 변화하는 지금, 한국 독자들은 그중에서 어떤 책을 선별해 읽어야 할까? 그 선택은 독자의 성격과 취향, 필요에 따라 달라질 것이다. 심리 치료에 관심 있거나 신경증으로 고통받고 있는 독자라면 '무의식'을 심층적으로 탐색해온 정신분석 전문가가 쓴 책을 선택해야 기존 정신성의 경계를 확장시키는 비범한 지혜를 만날 수 있다. 그런데 인문학에 관심이 있으면서 신경증 증상은 딱히 없는 일반 독자의 경우 정신분석 전문가가 쓴 글들은 상당히 낯설고 어렵게 느껴질 것이다. 프로이트라는 인물의 체취를 느끼면서 정신분석을 쉽게 접하고 싶은 일반 독자에게는 대중의 영혼에 부드럽게 다가서는 작가, 1920~1930년대의 유명 예술가이자 철학 박사인 슈테판 츠바이크가 프로이트와 30여 년간 직접 교류하며 집필한 이 책이 정신분석의 생생한 안내서로 기능할 것이다.

츠바이크는 당대의 정신과 의사 집단에게 정신분석학의 학문적 가치를 이해시키려 하다가 너무 많은 좌절과 수모를 겪고 체념하고 만 프로이트의 심중을 꿰뚫어본다. 그리고 그를 위로하는 양, 문학가의 감성적 언어와 철학자의 냉철한 분별력으로 그 시대의 일반 독자를 향해 정신분석학의 위대함을 설명한다.

프로이트가 살았던 시대에 정신분석의 메시지는 정신과 의사들에게는 좀처럼 수용하기 힘든 헛소리로 여겨진 반면, 예술가들에게는 영혼을 공명시키는 구원의 소리로 지각되었다. 그 이유는 무엇일까? 그것은 정신분석의 근본 주제인 '무의식'과 관련된다. 무의식은 항상 그 시대와 사회의 중심 자아의식이 제공해온 상식과 구조적 긴장관계에 놓인다. 그 결과, 그 시대의 제도권에서 안정된 위치를 차지하는 집단과 개인의 영혼은, 특별한 이유가 없는 한 무의식에 진정한 관심을 두지 않는다. 자신이 지닌 이성 능력과 제도 내에서 차지하는 위치를 통해 삶의 안정성을 보장받는 집단에게 무의식 메시지는 안정된 정신과 생활을 뒤흔드는 위험한 기표로 지각되어 거부된다. '무의식의 학문'은 다수의 사람에게 안정된 삶의 방향과 목표를 제시하는 '진리의 모델' 자리에 위치하기엔 부적합하며, 고통과 위기를 마주한 상황이 되어서야 비로소 독보적인 구원의 빛을 발산하는 것이다.

이 책의 1부 첫머리의 '들어가는 말'에서 츠바이크는 '병'의 의미 그리고 그 치료법이 원시시대와 근대 의학, 정신분석학에서 각각 어떻게 다른지를 철학적으로 명료하게 분석한다.

그러고 나서 프로이트 평전에서는 프로이트와의 오랜 소통에 근거해, 프로이트 정신분석을 일곱 가지 주제로 정리한다.

첫째, 정신분석은 당대 의학이 치료하지 못해 당황하던 '히스테리' 신경증에 대한 새로운 치료 이론과 기법으로서 시작되었다. 샤르코Jean Martin Charcot의 최면암시와 브로이어Josef Breuer의 카타르시스

(정화)요법을 통해 새롭게 각성하고 그것의 한계를 넘어서려고 노력하는 과정에서 발현된 정신분석 이론은 출현 순간부터 정신과 의사 집단으로부터 무시당하는 시련에 처한다.

둘째, 정신의학이 치료하지 못한 신경증을 치료하려면 신경생리학적 병인론이 아닌 '심리적 병인론'을 가정하고 정신의 영역에 의식과 대비되는 무의식이 존재함을 가정해야 한다. 프로이트는 히스테리 환자들이 임상에 임하면서 내뱉는 비합리적 언행들과 의식이 없는 가운데 반응하는 최면암시에 주목하면서, 의식과 다른 무의식의 실재, 힘, 특성, 원리를 발견해낸다.

셋째, 19세기 말 유럽의 정신의학자들은 프로이트가 역설한 '무의식'이 인류의 보편적 특성이 아니라 자신의 정신을 통제하지 못하는 정신질환자들만의 특이성이라고 평가절하했다. 이런 오해와 비난에 대처하기 위해 프로이트는 일반인이 경험하는 비합리적 정신현상인 '꿈'에 주목해, 무의식적 정신활동의 보편적 실재성, 무의식의 일반 특성, 의식의 원리와 다른 무의식의 정신원리를 규명해낸다.

넷째, 꿈의 잠재된 의미를 해석해내는 이론과 기법에 근거해 예술작품을 꿈꿀 때 지각하는 일종의 외현몽으로 간주하고, 그 꿈의 숨겨진 의미(잠재몽)를 해석해내듯 작품의 심층적 의미를 분석해낸다. 이 과정에서 프로이트는 고전문학 작품들, 수요정신분석세미나에 참석한 예술가들과 츠바이크가 제공한 심리소설들 그리고 예술가의 특성과 관련된 생생한 정보들에 자극을 받는다.

다섯째, 신경증의 원인은 다양한데, 프로이트는 19세기 말 유럽 사회에서 유독 심했던 '억압된 성性'을 핵심 요인으로 지목한다. 유년기에 충족되지 못하고 억압된 유아 성욕동과 유아 성환상은 무의식에 잠재되어 있다가 사춘기가 되면 다시 충족을 요구한다. 그로 인해 사춘기에는 원인도 모른 채 심란한 상태에 처하는데 이때 또다시 성욕구가 과도하게 좌절되는 경험을 하면, 예기치 못한 실수를 하거나 병리적 상처, 성환상이 고착되어 신경증 증상이 발생한다. 따라서 냉엄한 현실 상황을 고려하면서 사춘기에 '성'을 어떻게 어느 정도로 충족하고 절제하느냐가 신경증 발생을 예방하는 중요 발달과제로 부각된다.

여섯째, 프로이트는 신경증 치료론, 꿈해석론, 작품분석론, 성이론 이후 문명화된 삶이 인간 행복에 미치는 영향을 정신분석의 관점에서 해석한다. 19세기 말엽에서 20세기 초중반 유럽 문화에는 인간의 본능을 강력하게 통제하고 금기를 요구하는 도덕 및 종교가 만연해 있었다. 니체, 마르크스와 더불어 프로이트는 그동안 감히 학문적 의심과 탐구의 대상일 수 없었던 '도덕과 종교 현상'의 이면적 특성과 무의식적 의미에 대해, 당대의 상식을 뒤엎는 충격적 해석을 시도한다.

일곱째, 전쟁의 참상을 체험한 프로이트는 말년에 인간 정신을 '이드-자아-초자아' 사이의 역동적 관계 구성체로 보는 새로운 정신구조 모델을 만들어낸다. 이 모델에 의하면 위로는 초아자의 도덕 요구를 수용하고 아래로는 본능(이드)의 요구에 타협적으로 대처하며 밖으로는 냉엄한 현실의 요구에 따라 다중 역할을 수행한다. 따라서 인간 생존의 성패는 자아의 기능적 강약(발달/미발달)에 달려 있는 것이다. 프로이트는 개개인의 자아 기능과 성격의 형성 및 발달 과정을 탐구하여, 개인의 정신능력과 성격이 어떤 시기에 어떤 요인에 의해 결정되는지 규명한다.

19세기 말 빈Wien, 나아가 유럽 전역은 겉으로는 도덕과 종교의 가치를 강조하면서 실생활에서는 재물을 소유하고 본능을 만족시키는 데 집착하는 위선이 만연하고 있었다. 의식과 무의식 사이의 균열이 극대화된 상황에서 마음의 진실을 외부로 적나라하게 드러내는 정신분석 활동은 당대인들의 마음을 불편하게 했고 반감을 불러일으키기까지 했다.

프로이트와 츠바이크는 1908년에 만나 프로이트가 사망한 1939년까지 각자의 창작물을 서로에게 선물하고 서신을 교환한 가까운 관계였다(그들이 주고받은 편지들은 이 책의 2부에 실려 있는데, 국내에 처음으로 번역되어 소개되는 것이다). 16년간 의사 집단에 외면당하며 느껴온 고통을 이겨내고 정신분석을 '과학적 학문'으로 공인받으려 했던 프로이트의 욕망은 스물다섯 살 아래의 제자이자 동료였던 츠바이크에게 전해져 내면화된다. 그 결과 츠바이크는 정신분석에 대한 부정적 오해가 널리 퍼져 있던 시대에 프로이트를 자아이상 모델로 삼고 프로이트를 대신해 빈의 의사 집단을 넘어 전 세계 독자들과 노벨상 심사위원들을 향해 프로이트 정신분석학의 가치를 문학가와 철학자의 눈과 언어로 소개한다.

　프로이트가 빈 의과 대학 정교수가 되지 못하고 평생 비정규 교수로 머무른 사실을 츠바이크가 안타까워하는 구절이 눈에 들어온다. 하지만 만약 프로이트가 제도권 정교수가 되었다면 어떻게 되었을까? 정신분석을 첨단 학문으로 정립하기 위해 죽을 때까지 20여 권의 책을 끊임없이 집필한 그 절절한 욕망과 모험정신이 계속 이어졌을까?

　아울러 나치가 유대인을 박해하던 시기에, 유대인의 정신적 지주이자 상징적 아버지인 모세를 비유대인(외국인)으로 해석한 파격적 저서《인간 모세와 유일신교Der Mann Moses und die monotheistische Religion》(1939)를 사망 직전에 출판하면서 고뇌에 잠긴 프로이트의 편지가 여운을 남긴다. 기독교와 유대교에 대한 종교적 신념을 뿌리부터 뒤흔드는 이 저서를 출판하고 나서 그는 과연 주위 환경으로부터 안전했을까? 유대인 혈통을 지녀 나치에게 핍박받아 해외 망명 생활을 해야 했던 츠바이크 역시《인간 모세와 유일신교》에 충격을 받았음이 편지의 행간과 그의 자살에서 짙게 느껴진다.

　프로이트는 죽는 순간까지 자신의 안위를 위협할 수 있고 그동안 축적한 명성을 무화할 수도 있는 폭탄과도 같은 저서를 남김으로써 진실을 드러내는 것을 인생의 제1가치로 실천한 극단적인 모델이다.

여러 문화가 생활환경 도처에 혼재 및 병존하고, 보편적 진리가 부재하며, 민족 및 개인의 정체성이 모호해진 오늘날, 우리가 환상과 진실을 두루 섭렵하며 '나'를 지켜내려면, 츠바이크의 예견대로 "정신분석에 정신종합이 더해져야 한다".

츠바이크가 프로이트에 관해 쓴 글들은 물론, 이 두 사람이 주고받은 서신들까지 모아서 번역한 양진호 선생은 철학자이자 예술활동가이며 정신분석에 관심을 가졌다는 점에서 츠바이크와 공통점을 지닌다. 1970년대 한국에서 프로이트의 정신분석학에 대한 평가는 인간을 '성욕'의 관점에서만 보는 이상한 학문이라는 왜곡된 편견과 선입견이 주를 이루었다. 프로이트 저작의 온전한 독서와 이해가 힘들었던 그 시절에 이처럼 일반인에게 쉽고 친근하게 다가가는 책이 있었다면, 그의 정신분석이 조금이라도 더 긍정적으로 수용되지 않았을까? 그리하여 '꿈-작품-신화-문화-증상-인생'의 심연을 꿰뚫는 정신분석의 지혜가 일찍부터 우리 문화에 활성화되지는 않았을까? 뒤늦은 희소식이 더 반가운 이유일 것이다.

이창재
(프로이드정신분석연구소 소장,《프로이트와의 대화》저자)

1부

프로이트 평전
(1931)

들어가는 말

본성이 궁핍해지는 것은 언제나 더 높은 고향을 상기하기 때문이다.[1]

_노발리스

    인간에게 자연스러운 것은 건강이요, 부자연스러운 것은 질병이다. 허파가 공기를, 눈이 빛을 맞아들이듯, 신체는 건강을 당연한 것으로 받아들인다. 건강은 생활 감정 전반에 걸쳐 말없이 살고 함께 성장한다. 그러나 질병은 이질적인 것으로서 갑자기 들이닥치고, 예상치 못하게 영혼을 덮쳐 충격에 빠뜨린 뒤 그 속에 잠들어 있는 수많은 질문들을 흔들어 깨운다. 다른 어떤 곳에서 온 이 사악한 적은 도대체 누가 보낸 것일까? 그는 머무를까, 아니면 사라질까? 그를 붙들고 간청할 것인가, 아니면 다스릴 것인가? 질병은 날카로운 발톱으로 우리를 할퀴어 극도로 상반된 감정들을 마음에 새겨넣는다. 경외, 신앙, 희망, 낙담, 저주, 겸허, 절망. 질병은 환자에게 묻고 생각하고 기도하라고, 겁에 질린 눈을 허공으로 들어 올려 불안을 떠맡아주는 어떤 존재를 꾸며내라고 가르친다. 고통이 인류에게 종교적 감정, 신에 대한 생각을 창조해주는 순간이다.

건강은 인간에게 자연스럽게 속해 있기 때문에 설명되지 않고 앞으로도 설명되지 않을 것이다. 그러나 병마에 시달리는 사람들은 때마다 자신의 고통에서 어떤 의미를 찾는다. 질병은 아무 의미 없이 그를 엄습하고, 목적도 이유도 없이 육체는 갑자기 열병에 시달리며 타는 듯한 고통의 칼날이 오장육부를 헤집어놓는다는 생각, 즉 고통에는 아무런 의미도 없다는 이 끔찍한 사상은 세계의 도덕적 질서를 무너뜨리고도 남았을 것이며, 감히 인류는 이 사상을 끝까지 생각해보지 못했다. 그들의 생각에 따르면, 질병이라는 것은 누군가가 인류에게 파견한 것이며, 그것을 파견한 불가해한 존재가 그것을 다른 곳도 아닌 바로 이 육체에 파견한 데는 나름의 이유가 있음이 틀림없다. 누군가가 그에게 화를 내고 그에게 분노하며 그를 미워하고 있음이 틀림없다. 누군가가 어떤 허물 때문에, 어떤 범죄 행위 때문에, 어떤 금기 위반 때문에 그를 처벌하고 싶어 한다. 그는 모든 것을 할 수 있는 존재, 하늘에서 번개를 내리치고 안개와 열기를 들판 위에 들이붓고 별들에 불을 켰다가 꺼버리기도 하는 바로 그 존재, 전능한 자, 곧 신神일 것이다. 그러므로 질병이라는 사건은 애초부터 종교적 감정과 불가분하게 결합되어 있다.

신들이 질병을 보내고 신들만 그것을 도로 거둘 수 있다는 생각은 모든 치료술의 입구에 흔들림 없이 버티고 서 있었다. 원시시대의 인간은 자신에 대한 지식을 아직 온전히 의식하지 못한데다가 허약함까지 더해져 기댈 곳 없이, 가엾게, 외롭게, 힘없이 서 있었다. 그의 영혼은 그 마신魔神에게 이제 그만 자신을 놓아달라고 울부짖는 것 말고는 다른 방법을 알지 못했다. 외치기, 기도하기, 제물 바치기. 이것이 원시인이 알고 있던 치료 수단의 전부이다. 그를, 그 막강한 자를, 암흑 속에 몸을 숨기고 있어서 전투를 벌일 수 없는 자를 상대로 저항할 수는 없다. 그러니 몸을 굽혀 그에게 용서를 구하고, 이 고통의 불길을 육체에서 도로 거두어달라고 애원하고 간청하는 수밖에 없다. 하지만 어떻게 그와 접촉을 한단 말인가, 보이지 않는 자에게? 어떻게 말을 건넨단 말인가, 그의 거처를 모르는데? 어떻게 참회와 순종과 서약과 희생정신의 증표들을 그가 이해할 수 있는 방식으로 보여준단 말인가? 초년 시절 인류의 가련하고 일깨워지지 않은 미련한 마음은 그것을 알지 못했다. 그에게, 그 무지한 자에게 신은 자신을 열어 보이지 않았다. 신은 그의 비천한 일과 중에 내려와 굽어살피지 않았다. 신은 그가 자신의 응답을 받을 만한 자라고 인정하지 않았다. 그에게 귀 기울이지 않았다. 그리하여 곤경에 처해 어찌할 바를 모르던 그 무력한 인간은 신에게 대리인으로 보낼 다른 사람을 구해야 했다. 현명하고 노련한 사람, 주문과 마법을 아는 사람을 보내 저 어둠의 마력을 무마하고자, 저 분노한 자를 진정시키고자 했다. 원시 문화 시대에 이런 중개인은 오로지 사제뿐이었다.

그러므로 건강을 확보하기 위한 원시시대 인류의 투쟁은 각각의 질병에 맞서 싸우는 전투가 아니라, 신을 확보하기 위한 격투였다. 지상의 모든 의학은 신학으로서, 숭배와 제식과 마법으로서, 신이 내린 시험에 대한 인간 영혼의 반작용으로서 시작되었다. 그들은 육체의 고통에 기술적 원조가 아니라 종교적 행위로 응수했다. 질병을 연구하지 않고 신을 추구했다. 질병의 통증을 다루지 않고, 그 통증을 쫓아달라며 기도하고 속죄하는 쪽을, 맹세, 제물, 제의를 대가로 신과 거래하는 쪽을 택했다. 질병은 왔을 때 그랬듯이 초감각적인 방식으로만 다시 돌아갈 수 있었다. 그리하여 완전히 하나로 덩어리진 감정이 하나로 덩어리진 증상에 대처했다. 하나의 건강과 하나의 질병이 있을 뿐이고, 이 질병에는 다시 하나의 원인과 하나의 치료법, 즉 신이 있을 뿐이다.

또한 신과 고통 사이에는 오직 단 한 명의 중개자, 곧 사제라고 하는 육체와 영혼의 수호자가 있을 뿐이다. 세계는 아직 분화되지 않았고, 아직 양분되지도 않았다. 신앙과 지식은 여전히 신전의 성소 안에 단 하나의 재판소만을 두고 있었다. 영적인 힘들의 동시다발적인 투입 없이는, 제식과 맹세와 기도 없이는 고통에서 해방될 수 없었다. 그러므로 꿈의 염탐자이자 해석자, 악령 전문가인 사제는 별들의 신비로운 운행을 훤히 알고 있는 자로서 자신의 의술을 실용적인 학문으로서가 아니라 오로지 비결로서 시행했다. 그런 의술은 배울 수 없고 축성 받은 자에게 전수되기만 할 뿐이므로 사제들 사이에서 대를 이어 계승되었고, 사제들은 설령 경험을 통해 많은 의학적 지식을 가지고 있다 하더라도 결코 실용적인 처방만을 내려주지는 않았다. 그들은 언제나 기적으로서의 치유를 필요로 했고, 따라서 성소와 마음의 고양과 신들의 현존이 필요했다. 육체와 영혼이 정화되고 축성되고 나면 환자는 치유의 말씀을 받아들이기만 하면 되었다.

에피다우로스[2]의 신전까지 멀고도 험한 길을 이동한 순례자들은 기도하며 치료 전야를 보내야 했고 목욕재계를 해야 했으며, 각자 산 제물을 한 마리씩 잡고 제물로 바쳐진 숫양의 가죽을 깐 안마당에서 자고, 해몽을 위해 그날의 꿈을 사제에게 보고해야 했다. 그러면 비로소 사제가 그들에게 성직자의 축성과 의사의 치료를 동시에 베풀었다. 그러나 모든 치료의 제일가는 단계, 필수불가결한 담보로 정해져 있는 단계는 언제나 신을 향해 영혼을 경건히 고양하는 일이었다. 쾌유의 기적을 바라는 사람은 기적을 맞이할 준비가 되어 있어야 했다. 치유의 가르침은 근원적으로 신의 가르침과 불가분의 관계였으며, 의학과 신학은 처음부터 한몸이자 한마음이었다.

그러나 처음의 이런 일치는 얼마 가지 않아 깨지고 만다. 홀로 서기 위해, 질병과 병자 사이에서 실질적인 중개 역할을 맡기 위해, 학문은 질병에서 신적 근원을 벗겨내고 종교적 태도—제물, 숭배, 기도—는 아예 불필요한 것으로 배제해야만 했다. 의사는 사제

아스클레피오스

그리스 신화에 나오는 의술의 신으로, 아폴론의 아들이다. 그가 지니고 있는
뱀이 감긴 지팡이는 의술을 상징한다. 그를 숭배한 그리스의 도시국가 에피
다우로스에는 신전과 성소를 갖춘 '아스클레피온'이라는 복합의료시설이
있어서 환자들이 줄지어 방문했다고 한다.

곁에 서 있었지만 나중에는 사제에게 맞섰고—엠페도클레스의 비극[3]—, 또한 고통을 초감각적인 것에서 일반적인 자연현상으로 환원하면서 이승의 약제들을 이용하여, 외적 자연의 요소들, 즉 약초, 즙, 광석을 이용하여 내적 장애를 제거하려 했다. 사제는 제식에만 관여하고 질병 치료를 그만두었으며, 의사는 영적 기능, 즉 숭배와 마법을 포기했다. 이후 이 두 강물은 각자 제 갈 길로 흐르게 된다. 예전에 한 덩어리였던 것이 크게 갈라지면서, 곧바로 치료술의 모든 요소가 전혀 새롭고 색다른 의미를 얻었다. 무엇보다도 영적 증상의 총체인 '질병'이 수없이 많은, 세세하게 목록화된 개별적 질병들로 분화했다. 또한 이와 더불어 질병의 현존은 일정 정도 인간의 영적 개성으로부터 떨어져 나왔다. 이제 질병은 더 이상 인간 전체에 닥친 문제가 아니라 인간의 신체기관들 중 하나에 닥친 문제를 뜻했다.—(피르호는 로마 학술대회에서 이렇게 말했다. "전신질환은 없다. 기관질환과 세포질환이 있을 뿐이다."[4])—그리하여 의사의 제일가는 사명은 질병을 하나의 총체로서 마주하기를 그만두고 각 통증의 위치를 원인별로 파악하고 이미 분류 및 서술되어 있는 질병 그룹들에 체계적으로 배분하는, 참으로 소소한 과제들로 자연스럽게 변경되었다. 통증을 정확하게 진단하고 명명하기만 하면, 의사는 자기 임무의 본질적인 부분을 벌써 완수한 셈이고, 이후 치료는 이 '사례'에 맞춰 미리 지시되어 있는 요법에 따라 저절로 처리되는 것이다.

현대 의학은 종교적인 것, 마법적인 것과는 완전히 분리되어 대학에서 연구되는 일종의 과학으로서, 개개인의 예감이 아니라 객관적인 정확성과 더불어 작동한다. 또한 그것이 아무리 시적으로 '의사의 예술'이라 불리더라도, 이 교양어는 그래 봐야 수공예를 뜻하는 정도에 지나지 않는다. 옛날처럼 사제들을 의학도 지망생으로 선발할 필요도 더 이상 느끼지 않게 되었다. 신비스러운 환상을 보는 능력도, 자연이라고 하는 범우주적 에너지와 공명하는 특출한 능력도 요구되지 않았다. 소명Berufung은 직업Beruf이 되었고, 마법은 시스템이 되었으며, 치유의 비책은 의약과 신체기관에 관한 학문이 되었다. 치료가 더 이상 영적 행위로서, 때마다 일어나는 기적의 사건으로서 이루어지는 것이 아니라 순수한, 그리고 거의 계산적인 이성활동으로서 의사 측에서 실현되는 것이다. 학습된 것이 즉흥적인 것을, 교과서가 로고스를, 그 신비롭고 창조적인 사제의 주문을 대신하게 되었다. 옛날의 마법적 치료 과정이 영혼의 극단적인 긴장력[5]을 요구했다면, 이 새로운 임상적·진단적 방법은 의사에게 정반대의 것, 말하자면 정신이 완전히 침착한 상태에서 무덤덤하고 말짱할 것을 요구한다.

이러한 치료 과정의 객관화 및 전문화는 19세기에 이르러 더욱 고조되었다. 치료받는 사람과 치료하는 사람 사이에 제3의 존재, 영혼 없는 존재가 비집고 들어온 것이다. 바로 기계장치였다. 타고난 능력을 갖춘 의사가 진단을 위해 증세를 꿰뚫어보며 창조적으로 종합하는 과정은 점점 쓸모없게 되었다. 현미경이 의사를 대신해 병원균을 찾아내고, 측정기는 환자의 맥박을 대신 검사해주고, 뢴트겐 사진은 의사의 직관력을 덜어준다. 실험실은 여전히 개인적 인식에 머물러 있던 의사의 진단 업무를 점점 더 많이 빼앗고, 화학공장은 중세의 의사였다면 손수 섞고 나누고 무게를 달아야 했던 약제를 미리 처방 및 조제하여 의사에게 완제품으로 공급하게 되었다. 의학 분야의 발전이 다른 분야들보다 늦었다고는 하지만, 결국 기술의 위력은 승전가를 부르며 그곳에 입성했고, 치료 과정을 엄청난 양의 세부적 구분과 분류표를 지닌 하나의 도식으로 만들었다. 예전에는 질병이 생기면 뭔가 특별한 것이 개인의 세계에 침입한 거라고 여겼지만, 이제는 점차 그와 정반대의 것으로 여기게 되었다. 질병은 대개 예측된 기간과 기계적 과정을 동반하는 '평범하고' '전형적인' 사례, 합리적으로 계산할 수 있는 하나의 예제가 되었다.

이런 내부로부터의 합리화에 발맞추어 외부 조직에 의한 합리화가 강력한 보충물로서 등장한다. 인간 불행의 대형 백화점인 병원에서, 질병은 여느 기업체와 마찬가지로 자체 지배인이 있는 부서로 배치된다. 마찬가지로 의사는 마치 컨베이어 벨트처럼 이 병상에서 저 병상으로 요란하게 질주하며 개별적인 '사례들'을, 병든 기관들만을 회진하고 진찰하느라 대개는 고통을 겪는 사람의 얼굴에 눈길 한번 줄 시간이 없다. 매머드급 의료보험사와 외래 진료소는 영혼과 개성의 몰살을 가속화한다. 획일화가 과열되고, 이제 의사와 환자 사이에는 순간적인 내면의 접촉을 일으키는 불을 댕길 만한 짬도 없다. 영혼과 영혼 사이에 일어났던 저 은밀한 자기력의 불꽃도 별수 없이 점점 더 사라져간다. 가정의家庭醫는 질병 속의 인간을 알았던 유일한 존재이다. 그는 환자의 신체적 상태, 기질과 그 변화뿐만 아니라, 환자의 가족 및 그에 따른 생물학적 조건들에 많은 부분 정통해 있다. 그는 사제와 치료사의 옛 이중성을 아직 어느 정도 지니고 있는 마지막 사람이다. 그러나 차츰 화석이 되어가고 있다. 시대가 컨베이어 벨트에서 그를 퇴출한다. 마차가 자동차와 어울리지 않듯이, 가정의는 전문화, 체계화의 법칙에 어울리지 않는다. 그는 너무나 인간적이어서 선진적 의료공학기술에 더 이상 어울리지 않는다.

　　의식하지는 못했지만 뭔가 불길한 예감에 사로잡힌 민중은 이러한 의학의 몰개성화와 완전한 탈영혼화에 줄곧 저항해왔다. 오늘날 수천 년 전과 똑같이 미개하고 충분히 '교육받지' 못한 사람은 질병이 뭔가 초자연적인 존재인 양 경외심에 사로잡혀 바라본다. 아직도 희망하고 삼가고 기도하고 맹세하는 영적 행위로 대처하고, 아직도 감염이나 동맥경화가 아니라 신을 제일 먼저 떠올린다. 어떤 교재도 어떤 교사도 질병이 '자연적인' 방식으로, 그러니까 죄와 무관하게 아무런 의미 없이 발생한다는 사실을 그에게 납득시킬 수 없다. 또한 그렇기 때문에 무미건조하고 기술적인 방식으로, 차가운—즉 영혼이 없는—방식으로 질병을 제거하겠노라 약속하는 치료술을 그는 처음부터 미더워하지 않는다. 민중이 고학력 의사를 거부하는 것은 범우주적으로 연결되어 있는, 동식물과 친화하는, 어떤 비결을 지닌 '자연' 의사를 향한 그리움—일종의 유전적인 집단 충동—에서 비롯한다. 국가고시와 권위를 통해 의사가 된 사람이 아니라 천생 의사인 사람 말이다. 민중은 여전히 질병에 관한 지식을 갖춘 전문가 대신, 질병에 대한 '지배력'을 지닌 '의술인'을 원한다. 전깃불이 발명되면서 마녀나 악마 숭배가 사라졌다고는 하지만, 기적을 일으키고 마법을 행할 수 있는 사람들에 대한 믿음은 공개적으로 인정하는 것 이상으로 널리 살아 있다. 또한 우리가 천재에게, 베토벤, 발자크, 반 고흐처럼 불가해한 창조력을 지닌 사람에게 감동적인 외경심을 느끼듯이, 보통 사람보다 더 큰 치유력을 지녔다고 느껴지는 사람은 오늘도 여전히 민중을 끌어모은다. 아직도 민중은 차가운 약품Mittel 대신 따뜻한 피가 흐르는 산 사람, 중개인Mittler으로서 '권능이 넘치는' 사람을 갈망한다. 약초 다루는 여인〔=마녀〕, 목자〔=영적 지도자〕, 주술사, 최면술사. 이들은 학문으로서가 아니라 예술로서의 치유, 심지어 금지된 흑마술로서의 치유를 자신의 직무로 삼고 수행한다는 이유로, 마을 공동체에 있는 나이 지긋하고 박식한 의사보다 더 강력하게 민중의 신뢰를 그러모은다. 의학이 더 기술적이 되고, 더 이성적이 되고, 더 국부적이 될수록 민중은 더욱 격렬하게 의학에 반감을 느낀다. 보편화된 보통교육에도 불구하고 강단 의학에 반대하는 이런 물결이 몇백 년 전부터 민중의 마음 심층에 어둡고 은밀하게 흐르고 있는 것이다.

학계는 이미 오래전부터 이런 저항을 알아채고 그것과 전투를 벌였지만 허사였다. 국가권력과 결탁해 돌팔이 의사와 자연 치유자들에게 법을 들이대기도 했지만 아무것도 얻지 못했다. 저 밑바닥에서 움직이는 종교적 감정들이 법 조항으로 인해 숨을 거두는 일은 결코 일어나지 않는다. 오늘날에도 법의 그림자 안에서 중세와 마찬가지로 학위 없는, 즉 국가적 차원에서 보면 불법적인 수많은 치료사들이 계속 활동하고 있고, 자연요법 내지 종교적 치유와 과학적 치료 사이에 끊임없이 유격전이 벌어지고 있다. 그러나 강단 학문의 정말 위험한 적은 농부의 방이나 집시의 숙영지가 아니라, 그들 자신의 대오에서 자라나고 있었다. 프랑스 혁명과 그 밖의 모든 혁명이 민중으로부터 지도자를 선출하지 않고 반反귀족적 귀족들의 도움으로 귀족 지배체제를 근본적으로 동요시켰듯이, 강단 의학의 지나친 전문화에 맞선 대반란이 일어났을 때도 개별적인 독립 의사들이 그 결정적인 대변자가 되었던 것이다. 탈영혼화에, 기적적 치유의 탈신비화에 맞서 싸운 첫 번째 사람은 파라켈수스⁶이다. 그는 촌뜨기의 무례함을 철퇴처럼 휘두르며 '배운 자들doctores'에게 달려들었고, 인간 속의 소우주를 시계처럼 분해했다가 다시 조립하려는 그들의 문서 지식을 비난했다. 생산하는 자연natura naturans⁷이 지닌 고차원적 마력과의 관계를 모두 잃고, 자연력을 존중하기는커녕 알지도 못하며, 개인의 영혼과 세계 영혼으로부터 솟구쳐 나오는 힘을 감지하지도 못하는 한 학문의 오만에 맞서, 독단적 권위에 맞서 싸

파라켈수스(1493?~1541)

독일계 스위스인 의학자. 본초학, 연금술, 점성술 등 다양한 방면에서 위대한 업적을 남겼다. 몇몇 질병의 정신적 원인을 주장했기에 정신의학의 선구자로 평가받는다. 그림은 아르헨티나 작가 호르헤 루이스 보르헤스의 단편소설 〈파라켈수스의 장미〉에 실린 삽화.

웠다. 파라켈수스의 고유한 처방이 오늘날 미심쩍게 여겨질지 모르지만, 그의 정신적 영향력은 이를테면 시간의 덮개 밑에서 계속 자라나다가, 19세기 초 이른바 '낭만주의' 의학에서 고개를 내민다. 그것은 철학적·문학적 운동의 일환으로서 다시금 신체-영혼의 더 높은 통일을 지향하는 이들의 모임이었다.

그들은 자연이라는 우주적 생명체를 절대적으로 신뢰했고, 자연이야말로 가장 지혜로운 치유자이며 인간의 역할은 고작해야 보조자 정도라는 확신을 견지했다. 혈액이 화학자에게 배우지 않아도 모든 독극물에 대한 항독소를 생산하듯이, 유기체는 스스로를 유지하고 개조하면서 자신의 질병을 거의 완전하게 끝장낼 줄 알더라는 것이다. 그러니 모든 인간 의사의 주요 임무는 자연의 흐름을 자기 뜻대로 가로막지 않고 질병 사례에 항상 내적으로 마련되어 있는 건강욕을 강화시키는 것이 될 수밖에 없다. 그들은 많은 경우 투박한 장치와 화학약품보다 영적·정신적·종교적 방식이 더 강력한 효과를 발휘한다고 주장했다. 사실 결과는 외면이 아니라 내면에서 나오는 법이다. 자연 자체가 각 사람이 나면서부터 지니고 있는, 따라서 외부의 증상들만 검사하는 전문가보다 질병에 관해 더 많이 아는 '내면의 의사'라는 것이다. 낭만주의 의학을 통해 질병, 유기체, 치료의 문제가 처음으로 다시 '통일체'로 여겨졌다.

19세기에 등장한 일련의 체계들은 모두 유기체는 질병에 자체적으로 저항한다는 이런 생각의 단초에서 시작되었다. 메스머[8]의

자기磁氣요법은 인간 내면의 '건강욕'에 기초하고, 크리스천 사이언스[9]는 자각이라는 생산적 신앙 능력에 기초한다. 이 치유의 명인들이 자연의 내적인 힘을 이용했다면, 어떤 사람들은 자연의 외적인 힘을 이용했다. 동종同種요법을 쓰는 사람들은 합성되지 않은 재료들을, 크나이프[10]와 그 밖의 자연치료자들은 물, 태양, 빛과 같은 원소들을 다시금 활용했다. 이들은 모든 화학약품과 장치들과 더불어 근대적 학문의 혁혁한 성과들을 버렸다는 점에서 모두 일치한다. 이런 모든 자연 치유, 기적적 치료, '정신에 의한 치유'[11]는 강단에나 어울리는 국부 병리학에 반대하는 것으로, 이들에게 공통된 법칙은 하나의 간명한 표현으로 요약된다. 과학적 의학은 환자와 그의 질병을 '객체'로 고찰하고, 거의 무시하는 투로 환자에게 절대적으로 수동적인 역할을 내맡긴다. 환자는 뭔가를 물어도 안 되고, 말해도 안 되고, 아무것도 해서는 안 된다. 오직 의사의 지시를 순종적으로, 심지어 아무 생각 없이 따라야 하고 되도록이면 취급 과정에서 자신을 배제해야 한다. 이 '취급Behandlung'이라는 단어에 문제의 핵심이 놓여 있다. 다시 말해 과학적 의술에서는 환자가 대상으로 '취급되는behandelt' 반면, 영적 치유는 환자에게 우선 그 자신이 영적으로 '행위하기handeln'를 요구한다. 그 자신이 '주체'로서, 치료의 담당자이자 실행자로서, 질병에 맞서 할 수 있는 한 최대의 능동성을 펼쳐 보이라는 것이다. 스스로 영적으로 떨쳐나서라, 의지의 통일에 집중해라, 자신의 존재 전체를 질병 전체를 향해 내던져라, 하는 환자를 향한 이

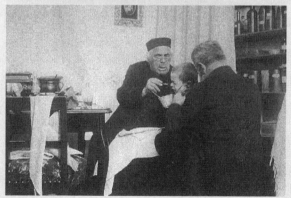

제바스치안 크나이프(1821~1897)

독일의 신부이자 자연요법의 창시자. 그의 이름을 딴 '크나이프 요법'
은 물과 숲 등 자연을 이용한 치료법이다.

호소 속에 모든 정신적 치유의 본질적이고도 유일한 치료제가 존립하며, 그렇기에 많은 경우 치료사의 치료 행위는 다름 아닌 말하기에 국한된다.

그러나 로고스, 창조력을 지닌 말이 어떤 기적을 일으킬 수 있는지, 입술이 허공 속에 일으킨 그 마법적 진동이 얼마나 많은 세계를 일으키기도 하고 허물기도 했는지를 아는 사람이라면, 다른 모든 영역과 마찬가지로 치료술에서도 오로지 말로 인해 진짜 기적들이 수없이 일어나고 있다는 사실에, 위로의 말과 눈길만으로 인격이 인격에게 보내는 그 신호만으로, 오로지 정신에 의해, 때때로 완전히 망가져버린 기관들이 다시 한 번 재건된다는 사실에 그다지 놀라진 않을 것이다. 정말 놀랍다 하더라도, 그런 치료는 기적이나 일회적인 사건이 아니다. 이것은 아직 우리에게 알려져 있지는 않지만 아마도 다가오는 시대에는 명시적으로 밝혀질, 신체와 영혼 사이의 더 높은 연관 법칙을 암시적으로 보여줄 뿐이다. 우리 시대에는 순전히 심리적인 방식에 의한 치유 가능성을 더는 부인하지 않는 선에서, 과학적으로 해석되지 않는 현상들에 대해 어느 정도 편견이 섞인 외경심을 표하는 선에서 만족하는 수밖에 없다.

이렇듯 몇몇 치료자들이 과학적 의술로부터 자발적으로 떨어져 나온 일은 내가 보기에 문화사의 에피소드들 중 가장 흥미로운 부분에 속한다. 역사 속에서, 사실들의 연대기와 정신사를 통틀어서, 개별적이고 빈약하고 고립된 한 인간이 전 세계를 쥐고 있는 거대한 조직체에 혈혈단신으로 저항하는 경우보다 더 극적으로 정신의 활동력을 보여주는 예는 없기 때문이다. 매질 당하던 노예 스파르타쿠스가 로마 제국의 군단과 대대에 대항할 때, 가난한 코사크 출신의 푸가초프[12]가 거인 같던 러시아에 대항할 때, 또는 아우구스티누스회의 박식한 수도사 루터가 전능의 가톨릭 신앙fides catholica에 대항할 때, 다시 말해 한 인간이 전 세계가 규합한 권력에 대항할 때 쏟아부을 힘이라고는 오직 자신의 내적 확신밖에 없기 때문이다. 사람이 아무런 가망성이 없는 말도 안 되는 전투에 투신하게 되면, 그 영혼의 절실함이 곧바로 인류에게 창조적으로 전파되면서, 아무것도 없다는 사실로부터 엄청난 세력을 만들어낸다.

'정신에 의한 치유'의 경우, 우리의 열혈 위인들은 각자 주위에 수십만의 사람들을 모으면서 각자 자신의 행위와 치유를 통해 시대의식을 흔들어 깨웠으며, 각자 학문을 향해 영향력을 강력하게 행사했다. 생각해보면 이런 상황은 환상적이다. 기술이 상상을 초월할 정도로 발달한 덕분에 의학이 실제로 기적을 일으킨 시대에, 의학이 생물의 최소 원자와 분자들을 분석하고 관찰하고 사진 찍고 측정하고 압박하고 변형하는 법을 터득한 시대에, 다른 모든 정밀과학이 의학을 뒷바라지하는 시대에, 어떤 기관도 더는 신비로워 보이지 않는 시대에, 하필 이런 시점에 일련의 독립 연구자들이 많은 사례를 통해 이 모든 도구의 불필요성을 보여준 것이다. 그들은 옛날과 똑같이 오늘날에도 아무런 도구 없이 오직 영적인 방식으로, 의과 대학의 훌륭한 정밀기기가 효과를 발휘하지 못했던 사례들에서조차 치료가 이루어질 수 있다는 사실을 공공연하게, 반론의 여지 없이 입증한다.

그런데 밖에서 보면 그 체계가 이해되지 않고, 초라함으로 말하면 거의 우스꽝스럽기까지 하다. 의사와 환자는 그저 평화롭게 앉아서 수다를 떠는 것처럼 보인다. 뢴트겐 사진도 없고, 측정기계도 없고, 전류도 없고, 석영등도 없고, 체온계도 없다. 기계 설비야말로 우리 시대에 합당한 자긍심의 원천일 텐데, 그런 것이라고는 아무것도 없다. 심지어 태곳적 방법이 선진적 치료법보다 더 강한 효력을 발휘하는 경우가 빈번하다. 기차를 타고 여행하는 것은 인간 영혼의 구조에 아무런 변화도 일으키지 않았다.[13] 오로지 기적에 의해 병이 낫고 싶어 하는 순례자들이 해마다 수십만 명씩 루르드 동굴을 방문하지 않는가? 마찬가지로 고주파 전류의 발명 또한 신비를 향한 영혼의 태도를 변화시키지는 못했다. 예컨대 1930년 갈스파흐에서는 어느 영혼 사냥꾼이 고주파 전류를 장착한 마술봉을 들고 혈혈단신으로 시작해 호텔, 요양소, 유원지를 포함해 그 도시 전체를 마법에 빠뜨렸다.[14] 암시요법 그리고 이른바 기적 치료에 관한 수천 가지 성과는 너무도 확실하게 증명된 실제 사실이고, 이런 엄청난 신앙 에너지는 20세기를 맞이할 채비를 하고 있었다. 세균학과 세포학만 바라보는 의학은 비합리적인 것의 모든 가능성을 고집스레 부인했고 정확하게 계산되지 않는다는 이유로 영적 자기 치유를 완고하게 배

Miracle Doctor of the City of Healing

(By Lady Drummond Hay)

IF Christ came to earth again He would no doubt be denounced as a "quack" by a large part of the medical profession for unscientific healing.

That is the experience of Valentin Zeileis, the Austrian "wonderdoktor," or "miracle doctor," of Gallspach, Austria.

Zeileis, a big, virile man, with a long beard and remarkable magnetic personality, whose very appearance and manner arouses hope and confidence in the sick, has become the central figure around whom there now rages the bitterest controversy of the medical profession in many years.

An ever-increasing stream of suffering mankind pours into Gallspach, now a veritable "Mecca for the sick." Last year 140,000 patients passed through the alleged "health factory." At present 1,300 afflicted are being treated daily by Dr. Zeileis and his assistants. It is expected that the number of patients this year will pass the 200,000 mark. Each treatment costs 1-5. The very poor are treated free.

From an unknown little village, Gallspach has become a small city with many hotels and pensions. Now members of the medical profession, especially of Austria and Germany, are training their bearded artillery on Zeileis, on the grounds that he is "quack" and his treatments "unscientific."

In his castle, in which Zeileis has his laboratory and treatment rooms,

Dr. Zeileis

electric sparks and sizzling crackling bluish lightning—like streaks of high frequency currents, splutter and flash as the "wunderdoktor," his son Fritz, a doctor of the regular school, and other assistants, continue the wholesale treatment of the health-seekers who crowd Gallspach.

With a quartz-like "diagnosing rod," which patients call the "magic wand," Zeileis passes over the ailing to ascertain their illness. Treatment would seem to consist of a combination of electric currents and radium, repeated twice daily for a period of two weeks or more.

Thousands, it is declared in Gallspach, have been cured or received benefits.

The medical chamber of Vienna demands that the Austrian Government suppress Zeileis. It threatens to become a Cabinet question.

Daily 1,300 patients are being treated at Gallspach, Austria, by Dr. Valentin Zeileis, the "miracle doctor," and his assistants. Last year 140,000 passed through his "health factory."

Treatment seems to consist of a combination of electric currents and radium.

"What I do is practical Christianity—nothing else," asserts Zeileis.

Medical circles in Munich call it a "scandal." Prof. Lazarus, a specialist of Berlin, characterises it as a "grotesque advertising suggestion" and "suggestion tragedy." Zeileis does not advertise. Never did. It is his patients who spread his fame.

Among those whom Zeileis claims he has treated are Prince Waldemar, brother of the King of Denmark, Prince George of Greece, bankers, professional and business men from all over Europe.

"That I do is practical Christianity, nothing else," asserts Zeileis.

Undeniably it is not Zeileis' patients who make the charges, but the medical doctors. Gallspach, that section of Austria, even members of the Austrian Parliament, hundreds of patients, are up in arms against the doctors who attack Zeileis. If is feared that the "miracle healer" will move his institution across the border into Germany.

Dr. Fritz Zeileis has announced that 150 regular physicians have applied to study his father's methods. Hans Sterneder has made Zeileis the central figure in his novels. "The Sun Brother" and "The Miracle Apostle." Prof. Max Auer, president of the International Froebner Society, has dedicated a work to Zeileis as "The Great Helper of Mankind." Prof. Auer declares that Zeileis saved him from blindness.

There seems to be no overwhelming testimony that Zeileis has done much good. That it would be the banner for so many thousands of ailing if he were a fraud, seems doubtful. The charge that there are many whom he has not cured or helped can well be directed against regular doctors. But they have the advantage of not being held responsible for failures.

발렌틴 차일라이스(1873~1939)

1930년 오스트리아 갈스파흐에서 고주파 전류와 라듐으로 환자들을 치료함으로써 '갈스파흐의 기인'이라 불렸다. 오스트레일리아 신문《더 메일 *The Mail*》은 1930년 5월 17일 자에서 차일라이스를 "치유의 도시에서 기적을 일으키는 의사"라고 소개했다.

제했기 때문에, 실질적 치료 가능성에 관한 너무도 많은 것들을 오랜 세월 동안 의도적으로 무시해왔다.

물론 이런 새롭고도 오래된 보건 체계들 가운데 어떤 것도 월등한 일관성과 완비성을 갖추고 있는 현대 의학을 순식간에 동요시키지는 못했다. 또한 개별적인 영적 치료법과 체계들이 성과를 거둔다 하더라도, 그것이 과학적 의학이 옳지 않음을 증명하는 것도 아니다. 도리어 최근의 발명품은 무조건 옳고 유일하게 가능한 치료법이라고 항상 독선적으로 주장하면서 나머지는 모두 비현대적이고 옳지 않고 불가능하다는 식으로 비웃어버리는 저 독단론이 옳지 않았음을 증명할 뿐이다. 이런 오만한 권위는 강한 반발에 부딪히게 마련이다. 특히 이 책에서 이야기하는 정신적 요법들 가운데 더 이상 부인할 수 없는 개별적 성과들은 의학의 정신적 지도자들에게 약이 되는 반성의 기회들을 곧바로 제공했다. (자우어브루흐의 반열에 드는 어떤 사람[15]이 공개적으로 고백한 바와 같이) "단순히 세균학과 혈청학만으로 질병을 파악하려 한 것이 의학을 막다른 길로 이끈 것"은 아닌지, 한편으로는 전문가를 추종하고 다른 한편으로는 개별 진단이 아니라 수량적 계산에 주도권을 줌으로써, 치료술이 인간에 대한 봉사로부터 자기목적적이고 인간소외적인 방향으로 서서히 고개를 돌리기 시작한 것은 아닌지, 그의 뛰어난 표현을 다시 한 번 그대로 옮겨보자면 "의사는 지나칠 정도로 의학자가 된 것"은 아닌지 하는, 우리 같은 문외한들도 알아들을 수 있는 이런 의심의 목소리가 나지막하나마 그들의 대열에서 새어나오기 시작한 것이다.

그런데 오늘날 '의학적 양심의 위기'라는 말은 지엽적인 전문 분야의 문제만을 뜻하지는 않는다. 이것은 유럽의 불안이라는 총체적 현상 속에, 널리 퍼진 상대주의 속에 숨겨져 있는 문제이다. 상대주의는 수십 년간 학문의 모든 범주에서 독재적인 주장과 무조건적인 비난을 일삼던 전문가들에게 마침내 한번 되돌아보고 의문을 품는 법을 가르쳐주었다. 여느 때라면 학자들이 낯설게 여겼을 일종의 관대함이 반갑게도 두각을 나타내기 시작한 것이다. 아슈너의 뛰어난 책《의학의 위기》[16]는 엊그제라면 중세풍이라고 비웃음과 놀림을 당했을 요법들(피 뽑기와 불붙이기 등)이 오늘날 다시 최신 유행이 되고 있다는 놀라운 예들로 가득 차 있다. 이제 의학계는 19세기까지만 해도 의학과를 마친 사람들이 사기, 날조, 허풍쯤으로 치부하며 조롱하던 '정신에 의한 치유' 현상을, 이 현상의 법칙성을 더욱 공정하게, 그리고 마침내는 호기심 어린 눈으로 바라보고 있다. 또 이런 치유는 순전히 심리적인 성과들이기 때문에, 외면적으로 드러난 부분들을 정확한 임상적 방식에 서서히 적응시키려는 노력들이 처음으로 진행되고 있다.

의사들 가운데 가장 지혜롭고 가장 인간적인 사람들한테서 명백하게 느껴지는 것은, 고대의 보편적 탐구정신universalismus을 향한 향수, 배타적인 국부 병리학으로부터 체질요법으로, 인류를 덮친 개개의 질병은 물론 각 환자들이 드러내는 개성까지 포괄하는 지식으로 돌아가려 하는 동경이다. 창조적 지식욕은 신체와 더불어 세포라고 하는 보편적 기저를 거의 분자 단위에 이르도록 연구하더니, 마침내 때에 따라 다른 병인들의 총체로 눈길을 돌리고는 국부적 조건들에 숨겨진 상위의 조건들을 탐색하고 있다. 새로운 학문들—유형학, 인상학, 유전학, 정신분석, 개인심리학—은 종種으로 환원되지 않는 각각의 인간들의 특성, 각각의 개인들의 일회적 통일체를 관찰의 전면으로 다시 부각시키려 노력하고 있고, 사려 깊은 의사들은 저마다 학계 외부의 심리학적 성과들, 암시와 자기 암시의 현상들, 프로이트와 아들러Alfred Adler[17]의 통찰에 점점 더 주목하고 있다.

　　수백 년 전부터 따로따로 흘러온 기관 치료술과 영혼 치료술이 다시 서로 가까워지고 있다. 모든 발전은—괴테의 나선형 이론처럼!—어느 단계에 이르면 그 출발점으로 되돌아가기 때문이다. 모든 역학은 결국에는 운동의 최종 법칙에 대해 의문을 가지고, 모든 분화는 다시 통일을 위해 애쓰며, 모든 합리적인 것은 비합리적인 것으로 다시 이어지는 법이다. 마찬가지로 엄밀한 학문은 수백 년간 편파적으로 인간 육체의 질료와 형상을 밑바닥까지 파헤친 뒤 다시금 "신체를 만든 정신"[18]에 관해 묻고 있는 것이다.

　　　　　　　　　　　　　　　　　　　1930년, 잘츠부르크

욕구 능력의 은밀한 활동이 일상적 감정들의 희미한 빛 가운데 숨어 있다면, 그것은 격정에 내몰린 상황에서 더욱 용솟음치고 더욱 거대해지고 더욱 큰 소리를 낼 것이다. 인간을 섬세하게 탐구하는 자라면 알고 있다. 사람들이 일상적 자유의지의 메커니즘을 얼마나 엄밀하게 계산하려 하는지를, 또한 유추를 통해 그것을 결론짓는 일이 얼마나 드넓게 허용되고 있는지를. 그는 이 영역에서 얻은 많은 경험을 자신의 심리학으로 가져다가 도덕적인 삶에 관한 연구 자료로 사용할 것이다. (…) 언젠가 린네 같은 사람이 나타나 자연의 다른 영역들처럼 인간의 충동과 경향들을 분류해준다면 사람들은 얼마나 놀랄까! (…)[19]

_프리드리히 실러

세기말의 상황

한 정신이 얼마나 많은 진리를 *견뎌내는가*? 얼마나 많은 진리를 *감행하는*
가? 나에게는 이것이 언제나 참된 가치 기준이 되었다. 오류(이상에 대한 믿
음)는 무지함이 아니고, *비겁함*이다. (…) 인식의 모든 성과와 발전은 용기
에서, 자신에 대한 냉정함에서, 자신에 대한 결백함에서 *비롯한다*.[20] _니체

어떤 힘의 크기를 측정하는 가장 확실한 방법은 그것이 얼마
만큼의 저항력을 이겨내는지를 보여주는 것이다. 그러므로 전복자
이자 재건자로서 지그문트 프로이트가 이룬 업적을 제대로 인식하
려면, 세계대전 이전에 우리가 인간의 충동세계에 관해 과연 어떤
견해—아니, 견해도 아닌 것—를 갖고 있었는가 하는 정신적 문맥
과 대비해보아야 할 것이다. 오늘날 프로이트의 사상—20년 전에는
신성모독이고 이단으로 여겨졌던—은 이미 시대와 언어의 혈관 속

에 남김없이 흘러들어 순환하고 있다. 그가 각인해놓은 표현들은 이제는 추종하기보다 다시 배격하기가 훨씬 더 힘들 정도로 당연하게 여겨진다. 특히, 머지않아 폭로될 심리적 충동의 힘을 19세기가 왜 그토록 가로막았는지를 20세기의 우리들은 더 이상 파악할 수 없으므로, 그 세대가 심리학적 문제들에 취했던 태도를 재조명하고 전쟁 이전의 풍속이라고 하는 가소로운 미라를 관에서 다시 한 번 꺼내볼 필요가 있다.

그 도덕—우리의 청춘이 이것에 어찌나 격렬히 시달렸던지, 우리는 그것을 열렬히 증오하지 않을 수 없다!—을 경멸하는 것과는 별도로, 도덕과 그 필요성을 논하는 편이 좋겠다. 인간의 모든 공동체는, 종교적으로 결합되었든 민족적으로 결합되었든, 자기 보존을 위해 개인의 공격적·성적性的·무정부적 성향들을 강제로 억제하고, 관습과 규약이라는 이름의 방파제 뒤편으로 그것들을 끌고 가 가두어야 한다고 생각한다. 그 공동체들이 저마다 특수한 도덕 규범과 형식들을 형성한다는 것 또한 자명한 사실이다. 다시 말해 원시 씨족사회부터 전기電氣의 시대에 이르기까지 모든 공동체는 각기 다른 방법을 동원해 원초적 충동을 억누르려고 애써왔다. 냉혹한 문명들은 냉혹한 폭력을 행사했다. 예컨대 라케다이몬 시대, 원시 유대 시대, 칼뱅 시대, 청교도 시대는 인류의 가공할 만한 쾌락의지를 붉게 달군 쇠로 지져버리려 했다. 그러나 계율과 금지령이 아무리 지독했다 하더라도 드라콘 법전[21] 하의 시국들은 사실상 이념의 논리에 지속적으로 봉사했다. 또한 모든 이념, 모든 신앙은 자신을 위해 투입한 권력을 어느 정도 신성화한다. 스파르타 체제가 비인간적일 정도의 훈육을 요구한 것은 용감하고 호전적인 종족을 육성하기 위해서였다. 다시 말해 폴리스, 즉 공동체에 대한 스파르타식 이상에 따르면 감성이라는 것은 제멋대로 떠돌기 때문에 국력의 손실로 간주할 수밖에 없었다. 또한 그리스도교는 성령화를 위해, 즉 본성상 늘 잘못된 길로 빠지는 영혼을 구원하기 위해 인간의 육체적 성향과 끊임없이 싸워왔다. 특히 교회, 이 영리하기 짝이 없는 심리학자는 영원히 아담과 같을 인간의 육체적 열정을 잘 알고 있었기에, 인간의 정신적 열정을 이상理想으로 설정하고 육체적 열정을 난폭하게 적대시했다. 영혼을 더 높은 고향으로 돌려보내기 위해 제멋대로의 교만을 화형장의 장작 더미와 감옥 속에서 파괴한 것이다. 냉혹한 논리였지만 어쨌든 논리는 논리였다. 확고한 세계관의 줄기로부터 뻗어 나온 도덕 원칙의 지침들이 도처에서 창궐했다. 윤리란 초감각적 이념이 감각적 형식으로 드러난 것이다.

그러나 도대체 누구를 대신해, 어떤 이념에 봉사하기 위해, 오랫동안 겉치레로만 경건한 척했던 19세기가 도덕의 법전을 편찬하려 했을까? 그 자신이 앞선 경건의 세기들 동안 막강했던 배타적 신앙의 그늘에서 벗어나 향락적이고 우악스러운 태도로 물질을 추구하고 돈벌이밖에 몰랐기 때문에, 민주주의와 인권의 대변자〔=19세기〕는 당대 시민들이 누리게 된 자유로운 향락의 권리를 더

1899년 오스트리아 빈의 타보 거리 풍경 ⓒ Austrian National Library, Vienna

당시에 빈은 예술과 학문이 융성한 유럽 문화의 중심지로 번영을 누렸으나 한편으로는 인간의 본성을 억압하는 보수적인 분위기가 지배적인 곳이었다.

이상 엄격히 금지하려 하지 않았는지도 모른다. 문화의 종마루에 한 번 관용의 깃발을 내건 사람은 더 이상 개인의 도덕관에 개입할 권한이 없었다. 사실 근대국가 역시 자기 신민들의 성실한 내면적 윤리화를 위해 많이 노력하지는 않았으며, 무엇보다 교회와는 많이 달랐다. 오로지 사회적 규범만이 외적 관습을 고수하고자 했다. 따라서 진짜 도덕주의는 필요하지 않았다. 윤리적일sittlichsein 필요는 없었다. 도덕적으로 처신할sichmoralischverhalten 필요뿐이었다. 다른 무엇보다 '척als ob'하기가 필요했던 것이다. 이제 개인이 어느 정도까지 윤리적으로 행동할지는 그의 사적인 문제이다. 즉 개인은 예절에서 벗어나는 행동만 하지 않으면 된다. 별의별 일이 다 일어나도 상관없지만, 도덕에 관해 이야기하면 안 된다.

  그러므로 엄밀하게 말해, 19세기의 윤리는 본질적인 문제에 전혀 접근하지 않았다. 오히려 본질적인 문제를 회피했고, 그것을 지나치기 위해 온 힘을 다했다. 서너 세대를 거쳐 시민도덕은 뭔가를 감추면 그것은 더 이상 존재하지 않게 되리라는 어리석은 추론으로 모든 윤리적·성적 문제를 대적해왔다. 아니, 정확히 말해서 멀리해왔다. 아래의 무서운 농담이야말로 실제 상황을 가장 구체적으로 보여준다. 19세기를 윤리적으로 지배한 것은 칸트Kant가 아니라 '위선cant'이다.[22]

  그러나 그토록 눈부신 이성의 시대가 어떻게 이렇듯 거짓되고 근거 없는 심리학 속에 빠져들 수 있었을까? 어떻게 그 위대한 발견과 기술적 완성의 한 세기가 자신의 도덕을 그렇게 빤한 눈속임으로 전락시킬 수 있었을까? 대답은 간단하다. 자기 이성에 대한 자긍심, 자기 문화에 대한 오만, 자기 문화에 대한 지나친 낙관주의 때문이었다. 19세기는 당대의 학문조차 예기치 못했던 진보로 인해 일종의 이성 도취에 빠져 있었다. 정말이지 모든 것이 지성의 제국에 노예처럼 굴복하는 것처럼 보였다. 시시각각 도처에서 정신과학의 새로운 승전보가 날아들었다. 줄곧 다루기 어려운 요소였던 지구의 시공간이 제어되었고, 높은 산봉우리와 깊은 심연은 인간 시선의 체계적인 호기심 앞에서 자신의 비밀을 토설했다. 무정부 상태는 조직 체계에, 무질서는 합리적 정신의 의지에 도처에서 자리를 내주었다. 인간의 이성은 정말로 자기 핏속에 흐르는 무정부적 충동의 주인이 될 수 있는가? 껄렁패나 다름없는 그 충동을 쉽사리 제어할 수 있는가? 이 점에서 볼 때 주요 작업은 이미 오래전에 이루어졌다. 현대적인, 이른바 '교양 있는' 사람들의 핏속에 아직도 때때로 끓고 있는 것은 물러가는 뇌우의 맥 빠진 섬광, 빈사 상태에 처한 늙은 짐승의 최후 경련에 지나지 않는다. 인류는 식인 풍습으로부터 휴머니즘과 사회적 감각에 이르기까지 정말 멋지게 도약해왔고, 이제 몇 년만, 몇십 년만 더 기다리면 마지막 더러운 찌꺼기까지 인류의 윤리적 불길 속에서 정화되고 소실될 터였다. 그러므로 그 마지막 찌꺼기의 현존은 대체로 언급할 필요가 없었다. 그저 성적인 문제에 주목하지 않게만 하면 사람들은 그것을 잊어버릴 터였다. 자극적인 말이나 질문

만 던지지 않으면, 윤리의 쇠창살 뒤에 가둬놓은 태고의 야수는 얌전히 길들여질 터였다. 그러니 모든 고통스러운 것에서 눈을 돌리고 항상 아무 일도 없는 척 행동할 것, 이것이 바로 19세기의 도덕 원칙이었다.

솔직함에 맞선 이 대대적인 출정을 위해 국가는 자기가 부릴 수 있는 모든 세력을 규합했다. 예술과 학문, 윤리, 가족, 교회, 학교, 대학 모두가 똑같은 전투 지시를 받았다. 대결을 일절 피할 것, 적에게 무관심할 것, 멀리 돌아가고 진지한 논의에 절대로 말려들지 말 것, 결코 논거를 가지고 싸우지 말 것, 그냥 침묵하면서 계속 보이콧하고 무시할 것.

결집한 정신계 세력들과 문화의 노예들은 이런 전략에 놀라우리만치 복종하면서도, 문제를 맞닥뜨리면 용감한 자라도 되는 양 스스로를 꾸며댔다. 100년 동안 유럽에서 성性과 관련된 질문은 격리 수용되었다. 긍정되지도 부정되지도, 제시되지도 해결되지도 않았다. 아주 조용히 병풍 뒤에 밀려나 있었다. 대규모의 경비대가 교사, 교육자, 목사, 검열관, 가정교사의 제복을 입고 청춘남녀가 솔직함과 관능적 쾌락에 다가서지 못하도록 막았다. 그 어떤 자유의 외풍도 이 청춘남녀의 신체를 건드려서는 안 되고, 그 어떤 개방적 대화와 계몽도 그들의 순결한 영혼을 건드려서는 안 되었다. 동서고금을 막론하고, 건강한 민족이라면, 정상적인 시대라면, 남성이 되어가는 소년은 축제에 가듯 성년에 들어섰다. 또한 그리스·로마·유대

문화에서, 심지어 모든 비문화권에서도 열서너 살짜리 남자아이는 남자 중의 남자로서, 전사 중의 전사로서 알 것을 아는 남자들의 공동체에 거리낌 없이 받아들여졌다. 반면 우리의 경우에는 신이 두들겨 패놓은 교육학이 인위적으로 그리고 자연에 반하여 모든 개방성의 문을 닫아건 채 그를 막아선다. 아무도 그 앞에서 거침없이 말하지 않고, 그에게 거침없이 말하지 않는다. 그가 아는 것이라고는 윤락가에서 또는 선배들의 속삭임에서 얻어들은 것이 전부이다. 또한 그 본성적이고도 본성적인 것들에 관한 지식을 모두가 다시 속삭이며 퍼뜨리려 들기 때문에, 자라나는 모든 아이들은 이런 문화적 위선에 새로운 협력자로서 무의식적으로 동조하게 되는 것이다.

이렇게 100년 동안 모두가 모두에게 자기를 감추고 자기를 말하지 않은 결과, 심리학은 정신적으로 뛰어난 문화의 한복판에서 전례 없는 침체기를 맞이했다. 개방성과 정직함이 없는데 어떻게 근본적인 심리 통찰이 발전할 수 있었겠는가? 교사, 목사, 예술가, 학자처럼 직업적으로 지식을 전달하는 사람들이 문명의 위선자이거나 못 배워먹은 사람인데, 어떻게 명확한 지식이 유포될 수 있었겠는가? 무지는 언제나 냉혹함만을 낳는다. 그리하여 아는 것이 없어 동감하지도 못하는 부류의 교육자가 젊은이들에게 파견되어 '도덕적'이 되어라, '자신을 다스리라'는 밑도 끝도 없는 명령으로 그들의 동심에 불치의 상처를 냈던 것이다.

미성년의 사내들은 성적 성숙기에 압박을 당하면서, 여자를 모르는 채로 오직 자기 몸 안에서 해소할 방법을 찾았다. '계몽된' 조언자들은 그들에게 건강을 엄청나게 파괴하는 '패륜'을 범하고 있다는 현명한 경고를 함으로써 영혼을 위험에 빠뜨리는 상처를 입혔고, 그렇게 강제적으로 그들을 열등감 속으로, 기만적인 죄의식 속으로 몰아넣었다. 대학생들은(나 자신도 체험한 바이다) 당시 사람들이 '탁월한 교육자'라는 메스꺼운 명칭으로 곧잘 불렀던 부류의 교수들에게서 모든 성병은 예외 없이 '치료 불능'임을 알리는 전단지를 받았다. 그 미친 도덕은 그들을 무기 삼아 신경계를 향해 사정없이 포격을 퍼부었다. 교육 윤리는 그 철갑 전투화를 신고 미성년의 세계를 이리저리 짓밟았다. 이 주도면밀한 공포의 사육 때문에 지금도 불안정한 영혼들에게 매 순간 리볼버의 총성이 울리고 있다는 것은 놀라운 일이 아니다. 이런 강제적 억압 때문에 수많은 사람의 내적 무게중심이 동요되고, 청소년기의 공포로 인해 남은 장애를 평생 떠안고 가는 유형의 신경쇠약증 환자들이 줄지어 생겨나는 것 또한 놀라운 일이 아니다.

그 위선적 도덕에 의해 불구가 된 뒤 제대로 상담을 받지 못한 수천 명의 사람들이 이 의사 저 의사를 전전했다. 그러나 당시 의사들은 이 질병을 그 뿌리에서, 말하자면 성적인 영역에서 캐내야 한다는 것을 알지 못했다. 또한 프로이트 이전 시대의 심리학은 윤리적 단정함에서 벗어나 그 침묵해야 했던 구역으로 들어갈 용기가 없었기에, 신경학자들도 그런 특수한 경우의 환자들을 만나면 어찌할 바를 몰랐다. 진료소나 정신병원에 적합하지 않은 정신분열 환자들을 접하면, 그들은 당황해서 그 환자들을 물 치료 시설로 보냈다. 그 환자들에게 브롬²³을 먹이고 피부를 전기진동기로 쓰다듬어주었다. 그러나 진짜 원인들에 다가갈 용기를 가진 사람은 아무도 없었다.

무지는 비정상적인 성향을 지닌 사람들을 더욱 심하게 몰아갔다. 그들은 학문에 의해 윤리적으로 열등한 자로, 죄를 물려받은 자로 낙인찍히고, 국법으로는 범죄자로 낙인찍혔으므로, 뒤에는 협박자를, 앞에는 형무소를 둔 채 흉측한 비밀을 평생 동안 눈에 보이지 않는 멍에로 지고 가야 했다. 그들은 아무에게도 충고나 도움을 구할 수 없었다. 예를 들어 프로이트 이전 시대에 동성애 성향을 가진 사람이 의사를 찾아가면, 그 의학 박사 양반은 환자가 감히 그따위 '음담패설'로 자신을 성가시게 한다고 인상을 쓰며 격노했을 것이다. 그런 사적 훈계는 진료실에 적합하지 않다. 그러면 어디에 적합한가? 감정세계에 분열을 일으키거나 궤도를 이탈한 사람은 어디에 적합하며, 그 수백만 명의 상담과 해방을 위해서는 어떤 문이 열려 있단 말인가?

학계는 회피하고, 판사들은 법 조항에 매달리고, 철학자들은 (대담한 쇼펜하우어를 제외하고) 이전의 모든 문화권에서 너무도 자명하게 받아들여졌던 에로스의 그런 이탈 형태를 자신들의 질서정연한 세계 속에서 언급하는 것을 좋아하지 않았다. 여론은 안간힘을 다해 눈을 감고, 괴로운 문제는 논할 필요가 없다고 공표했다. 신문에도 책에도 그것에 관한 언급이 없었고, 학문 내부에서도 논의가 없었다. 경찰에 신고하면 그것으로 충분했다. 높은 도덕 수준을 자랑한 그 관용의 세기는 벽에 빈틈없이 완충제를 둘러놓은 비밀의 방에 수십만 명이 감금된 채 광란하고 있다는 사실을 잘 알고 있었고 또 그만큼이나 그 사실에 무관심했다. 중요한 것은 어떤 비명도 밖으로 새나가지 않는다는 것, 전 세계에서 가장 윤리적인 문화가 스스로 꾸며놓은 그 후광이 세인들 앞에서 잘 보존되고 있다는 것뿐이었다. 그 시대에는 도덕적인 척하는 것der moralische Schein이 도덕적인 것das moralische Sein보다 더 중요했던 것이다.

이런 비겁한 '윤리적' 침묵이라는 음모가 끔찍이도 긴 유럽의 100년을 통째로 지배하고 있었다. 그때 갑자기 어떤 사람의 목소리가 그 침묵을 깨뜨렸다.

변혁을 일으키려는 의도 따위는 없었다. 어느 날 한 젊은 의사가 동료 모임에서 일어나더니, 히스테리의 본질에서 시작해 충동 세계의 장애와 그 정체, 그것들의 발견 가능성에 대해 이야기했다. 그는 비장한 몸짓을 사용하지도 않았고, 새로운 토대 위에 도덕관을 세우고 성에 관한 문제들을 자유롭게 거론할 때가 되었다고 선동하지도 않았다. 이 엄정한 젊은 의사는 결코 학계의 문화 설교자 역할을 하지 않았다. 오로지 정신병과 그 원인들에 관해 강연을 할 뿐이었다. 곧이어 그는 대부분의, 아니, 애초에 모든 신경증은 성적 욕망

1895년의 프로이트

그는 한 젊은 여성의 사례를 분석하면서 신경증은 주로 성적인 억압에
서 기인한다는 결론을 내렸고, 그해 요제프 브로이어와 함께 관련 연구
결과를 담은 《히스테리 연구》를 출간했다.

을 억압한 데서 시작되었다는 사실을 선입견 없이 자명하게 규명했고, 그로 인해 의사들 집단에는 창백한 공포가 발생했다. 그들은 결코 이 병인학이 잘못되었다고 해명하지 않았다. 거꾸로 그들 가운데 대부분이 그 비슷한 현상을 이미 자주 예감하거나 경험해왔다. 그들은 모두 비공식적으로는 성이 개인의 균형에 미치는 중요성을 잘 알고 있었다. 하지만 젊은 의사가 그 뻔한 사실을 그렇게 공개적으로 언급하자 그들은 자기 시대에 공감하는 자로서, 시민 도덕의 추종자로서 상처받았다고 생각했다. 그런 진단을 내리는 일 자체가 뭔가 외설적인 행위이기라도 한 것처럼 말이다. 그들은 당혹스러운 표정으로 서로를 바라보았다. 도대체 이 젊은 강사는 존경받는 '의사협회'의 공식 회의에서는 그런 까다로운 문제는 거론하지 않는다는 불문율을 모르는 것인가? 19세기에는, 그 높은 교양의 세기에는 동료들끼리 성적인 사안에 관해 눈짓으로 소통하고 타로카드 판에서 수다를 떨기는 했지만, 학술 포럼에서 논제로 제시하지는 않았다.

신참은 그런 전통을 반드시 배우고 주의해서 지켜야 했다. 지그문트 프로이트의 이 공식적 데뷔는—위에 묘사한 것이 그 실제 장면이다—그의 학계 동료들에게 마치 교회 안에 울려 퍼진 총성처럼 영향을 미쳤다. 그들 가운데 호의를 가진 자들은 곧바로 그에게 일러주었다. 학술적인 경력을 쌓으려면 앞으로는 그런 불쾌하고 불순한 연구는 그만두는 편이 좋다고. 그것은 아무런 변화도 가져오지 못하거나 적어도 공식적으로 다루기에 적합하지 않다고.

그러나 프로이트에게 중요한 것은 예의범절이 아니라 솔직함이었다. 그는 실마리를 찾았고 그것을 추적했다. 동료들이 경악하자, 그는 자신이 무의식중에 어떤 병든 곳을 움켜쥐었다는 사실을, 처음 움켜쥐자마자 문제의 핵심에 대단히 가까이 접근했다는 사실을 알게 되었다. 그의 태도는 확고했다. 성실하게 선의를 지켜온 나이 지긋한 동료 의사들이 호의를 가지고 경고해도, 무뚝뚝하게 정곡을 찌르는 일에 익숙하지 않은 도덕이 모욕감에 탄식을 해보아도, 그는 물러서지 않았다. 그의 천부적 재능을 형성하는 굽힐 줄 모르는 대담함으로, 인간적인 용기로, 직관적인 능력으로 그는 곧바로 가장 예민한 부위를 더욱 세게 눌렀다. 그리고 침묵의 농양이 마침내 터질 때까지, 상처가 드러나 치료를 시작할 수 있을 때까지 멈추지 않았다. 하지만 이 외톨이 의사는 그 미지의 영역에 첫발을 들이면서도 자신이 그 어둠 속에서 얼마나 많은 것을 찾아내게 될지는 짐작하지 못했다. 오직 그 깊이만을 느꼈을 뿐이다. 그리고 그 깊이는 이 창조적 정신의 소유자를 자석처럼 계속 끌어당겼다.

　　사소해 보이는 계기일지 모르지만, 프로이트와 그의 세대의 첫 만남이 충돌을 일으키고 만 것은 우발적 사고가 아니라 상징적 사건이다. 그러므로 그 자리에서 동료 의사들이 그의 이론에 분노한 것은 단순히 모욕을 당해 새침 떤 것도, 의례적으로 도덕적 체면치레를 한 것도 아니었다. 아니, 노쇠한 침묵의 방법은 위협당하고 있는 자의 신경질적인 예감처럼 진짜 적수를 알아챘던 것이다. 프로이트가 그 영역을 '어떻게' 건드리는지가 문제가 아니라, 감히 '그것'을 건드린다는 사실 자체가 이미 끝장을 보자는 선전포고를 의미했다. 다시 말해 첫 순간부터 개선이 아니라 완전한 전복이 문제가 되고, 규칙이 아니라 원리가 문제가 되고, 개별적인 것들이 아니라 전체가 문제가 되었던 것이다. 두 사고의 틀이 서로 머리를 맞세웠고 두 방법이 수직적 차이로 대립했으므로, 그들 사이에는 어떤 양해도 없었고, 앞으로도 양해가 있을 수 없었다. 낡은 심리학, 즉 프로이트 이전의 심리학은 피보다는 두뇌가 우세하다는 이데올로기에 매몰되어 개인들에게, 교화된 문명인들에게 이성으로 충동을 억압하라고 요구했다.

프로이트는 이에 대해 거침없이 명백하게 대답했다. 충동은 결코 억압되지 않는다, 충동을 억압하면 사라질 거라는 생각은 피상적이다, 우리는 기껏해야 충동을 의식에서 무의식으로 밀어넣을 수 있을 뿐이다. 그러나 그렇게 하면 충동은 위태롭게 구부러진 채로 영혼의 방 안에 갇혀 지속적으로 동요하면서 신경 불안, 장애, 질병 등을 일으킨다고. 프로이트는 아무런 망상 없이, 진보에 대한 믿음 없이, 가차 없고 과격하게 주장했다. 도덕이 배척한 리비도라는 충동은 모든 태아와 함께 새롭게 태어나는, 인간의 소멸되지 않는 한 부분을 형성하며, 우리가 결코 제거할 수 없는, 기껏해야 의식으로 옮겨 위험하지 않은 행위로 전환할 수 있을 뿐인 힘의 요소라고. 프로이트는 옛 사회윤리가 극도로 위험하다고 공표한 것, 의식화야말로 그것의 치유 방법이고 옛 사회윤리가 그것의 치료 방법이라고 생각했던 것, 즉 충동의 억압이야말로 위험하다고 표명했다. 옛 방법이 은폐하려 애쓰던 그것을 만천하에 드러내라고 요구했다. 모르는 체하지 말고 확인하라는 것이다. 돌아가지 말고 들어가라는 것이다. 눈 돌리지 말고 깊이 들여다보라는 것이다. 외투를 입히지 말고 벌거벗기라는 것이다. 충동을 인식하는 사람만이 그것을 틀어쥘 수 있다. 악마의 심연에서 충동을 끌어내 거리낌 없이 마주하는 사람만이 그것을 길들일 수 있다는 것이다. 의학은 미학이나 문헌학 못지않게 도덕이나 수치심과는 상관이 없다. 가장 중요한 과제는 인간의 가장 은밀한 비밀을 침묵하게 하는 것이 아니라, 오히려 그것을 말하게 하는 것이다. 프로이트는 그 세기가 얼버무리고 싶어 한 것에 아랑곳하지 않고 억압과 무의식에 대한 자기 인식과 자기 고백의 문제를 시대의 한복판에 던져놓았다. 그리하여 그들의 억압된 근본적 갈등을 위선에서 학문으로 변모시킴으로써 수많은 개인들뿐 아니라 도덕병에 걸린 그 시대 전체를 치료하는 일에 착수했다.

프로이트가 새로이 제시한 이 방법은 인간의 개인심리에 대한 견해를 변화시켰을 뿐 아니라, 우리 문화의 모든 근본적 의문과 우리의 계보를 다른 방향으로 틀어놓았다. 따라서 1890년부터 이어져온 프로이트의 업적을 단순히 의학적 사안으로 평가하려는 사람들은 조야한 과소평가와 얄팍한 지적 오류를 범하고 있는 셈이다. 의식적이든 무의식적이든 출발점과 종착점을 혼동하고 있다는 뜻이다. 프로이트가 낡은 심리학의 만리장성을 우연히 의학 쪽에서부터 돌파했다는 사실은 역사적으로는 옳지만 그의 업적 면에서는 중요하지 않다. 창조적인 인간에게는 그가 어디서 시작했는지가 아니라, 어디로 가고 있고 얼마나 멀리 가 있는지가 중요한 것이다. 파스칼이 수학에서, 니체가 고전문헌학에서 출발한 것과 마찬가지로, 프로이트는 의학에서 출발했다. 이런 원천은 의심의 여지 없이 그의 저서들에 어떤 특색을 부여하지만, 그것이 그의 위대함을 규정하거나 제한하지는 않는다. 그의 나이 이제 75세가 되었으니, 마침내 밝힐 때가 된 듯하다. 그의 저서들과 그 가치는 매년 정신분석으로 치유받는 쇼크 노이로제 환자의 수가 늘고 있는가 아니면 줄고 있는가 하는 부차적인 일에 근거를 두고 있지도 않고, 그의 몇몇 이론적 신조와 가설에 기초하고 있지도 않다. 리비도가 성적인 것으로 '가득 채워져' 있는지 그렇지 않은지, 거세 콤플렉스와 자기애적 태도와 내가 모르는 또 다른 체계적인 신조들이 모든 시대의 규범이 되어야 할지 말지, 이 모든 것은 대학 교수들이 끝없이 벌이는 신학 논쟁의 대상이 된 지 오래이며, 프로이트가 심리적 동력학과 새로운 질문 기술을 발견함으로써 우리 세계의 정신사에 일으킨 결정적 변화에 비하면 전혀 중요하지 않다. 한 인간이 창조적 통찰력을 통해 인간의 내적 영역을 변화시켰다. 그리고 그와 동시에 혁신이 문제가 되었고, 그의 '진실을 향한 가학적 욕구Wahrheitssadismus'가 모든 심리적 의문에 대한 세계관 혁명을 불러왔다.

저물어가는 세대의 대변자들은 그의 학설이 지닌 이런 위험 요소들을(다시 말해 자기들에게 위험한 요소들을) 가장 먼저 알아챘다. 뒤이어 몽상가들, 낙관주의자들, 이상주의자들, 수치심의 변호인들과 선량한 옛 도덕의 변호인들이 깜짝 놀라며 그것을 알아차렸다. 여기 한 인간이 일에 착수한다. 그는 모든 경고판을 통과해버린다. 어떤 금기도 그를 두렵게 하지 못한다. 어떤 반대도 그를 위협하지 못한다. 정말이지 그에게 '신성한 것'은 없다. 반反기독교주의자 니체 직후 프로이트가 등장하자, 그들은 두 번째의 거물급 파괴자가 출현했음을 직감적으로 알아차렸다. 구시대의 판도를 부숴버리는 막강한 자, 몽상을 용납하지 않는 자, 냉혹한 뢴트겐의 눈길로 모든 겉모습을 꿰뚫어보는 자, 리비도 뒤에 숨어 있는 성을, 해맑은 아이 뒤에 숨어 있는 원초적 인간을, 허물없는 친족 관계에서 태곳적부터 시작된 부자간의 위태로운 긴장을, 아무런 악의 없는 꿈에서 뜨거운 피의 용솟음을 폭로하는 자가 왔다는 것을. 그는 그들의 가장 신성한 보루, 즉 문화, 문명, 휴머니티, 도덕, 진보를 그저 소원-꿈으로 간주한다. 혹시 그가—불편한 느낌이 첫 순간부터 그들을 괴롭힌다—이 잔혹한 정탐을 앞으로도 계속 하려는 것은 아니겠지? 이 우상 파괴자가 개인심리에 관한 거리낌 없는 분석 기술을 가지고 기어이 대중심리까지 건너가는 것은 아니겠지? 마지막에는 아예 국가윤리의 근간과 공들여 접착해놓은 가족 복합체를 그의 망치로 타진하고, 조국이라는 감정 그리고 심지어 종교적 감정까지도 그의 잘 듣는 산화제로 부식시켜버릴 셈인가?

전쟁을 앞두고 쇠락해가던 세계의 직감은 옳았다. 프로이트의 무한한 용기와 정신적 대담성은 어디서도 결코 멈추지 않았다. 반론과 질투에도, 소음과 침묵에도 아랑곳하지 않고, 그는 수공업자의 계획적이고 흔들리지 않는 인내심을 가지고 아르키메데스의 지렛대와 같은 자신의 지렛대를 마침내 세계 전체에 투입할 수 있을 때까지 완성시켰다. 70세가 되었을 때 프로이트는 드디어 저 최후의 과업을 수행했다. 개인을 검사했던 자신의 방법을 온 인류에, 더나아가 신에게까지 시도하려 한 것이다. 그는 용기를 내어 계속해서 나아갔다. 망상 저편의 궁극적 허무를 향해, 광대하기 그지없는 저곳을 향해. 그곳에는 더 이상 믿음이 없었고, 희망과 꿈이 없었다. 천국에 대한, 또는 인류의 의미와 과제에 관한 희망과 꿈이 결코 없었다.

지그문트 프로이트는 인류가 자신에 관해 더 명백하게 알게 해주었다. 이것은 한 개인의 위대한 업적이다. 나는 더 명백하게라고 말하지, 더 행복하게라고 말하지는 않는다. 그는 한 세대 전체의 세계상을 심화했다. 나는 심화했다고 말하지, 미화했다고 말하지는 않는다. 과격한 것은 행복을 주지 않고 결단을 가져올 뿐이다. 그러나 인류의 영원한 동심을 언제까지나 꿈결 속에서 달래어 재우는 일은 학문의 과제가 아니다. 학문의 과제는 이 무정한 대지 위에서 올곧게 걸어갈 것을 인류에게 가르치는 것이다. 지그문트 프로이트는 이 불가결한 작업을 함으로써 자기 몫을 모범적으로 행했다. 일하면서 그의 냉혹함은 강인함이 되었고, 그의 엄격함은 불굴의 법칙이 되었다. 프로이트는 단 한 번도 사람들을 위로하기 위해 안식처로 가는 탈출로를 가르쳐준 적이 없다. 지상의 낙원이나 천상의 천국을 향해 도주하는 길을 가르쳐준 적이 없다. 언제나 자기 자신에게로 들어가는 길, 자기만의 심연에 이르는 위험한 길을 가르쳐주었을 뿐이다. 그의 통찰에 너그러움 따위는 없었다. 그의 사고방식은 사람들의 삶을 단 한 치도 가볍게 만들지 않았다. 그는 매서운 북풍처럼 예리하게 음습한 대기 속으로 침입하여 황금빛 안개와 장밋빛 구름으로 가득 찬 감정을 불어내버렸다.

그리하여 맑게 갠 지평선 앞에 정신적인 것을 향한 어떤 전망이 열렸다. 그의 업적 덕분에 새로운 세대는 새로운 시대를 다른 눈으로, 더 자유롭고 더 박식하고 더 솔직하게 보게 되었다. 100년 동안 유럽의 도덕을 위협해온 위선이라는 정신병이 최종적으로 사라졌고, 우리는 그릇된 수치심 없이 우리의 삶을 들여다볼 수 있게 되었다. '죄악'이나 '죄책감' 같은 단어들이 우리에게 공포를 불러일으키게 되었고, 인간의 본성에 존재하는 충동의 압도적인 힘을 알게 된 뒤로는 판사들이 많은 유죄 판결을 보류하게 되었다. 오늘날 교사들은 자연적인 것Natürliches을 자연스럽게mit Natürlichkeit 받아들이게 되었고, 가족들은 솔직한 것Offenes을 솔직하게mit Offenheit 받아들이게 되었다. 도덕관에 정직성이 더 많이 도입되었고, 청소년기에는 우애가 더 많이 도입되었다. 여성들은 더 자유롭게 자신의 의지와 자신의 성性을 지지할 수 있게 되었고, 우리는 모든 개체의 일회성을 존중할 줄 알게 되었으며, 우리 고유의 정신적 본질이 지닌 비밀을 독창적으로 파악할 줄 알게 되었다. 우리와 우리의 새로운 세계는 우리를 더 훌륭하게, 더 도덕적이 되도록 급성장시킨 이 모든 요소에 대해 그 사람에게, 자신이 무엇을 알았는지를 알기 위해 용기를 냈던 그 사람에게, 불쾌하고 비겁하게 사람을 억압하던 시대의 도덕에 자신의 지식을 강요하기 위해 세 배의 용기를 냈던 그 사람에게 가장 먼저 감사의 뜻을 표한다.

그의 업적 가운데 세부적 요소들이 논란을 일으키는지도 모른다. 하지만 그런 낱낱의 사항들이 무엇이란 말인가! 사상은 동의 못지않게 반론을 먹고산다. 한 권의 저서는 그것이 불러일으킨 사랑과 그만큼의 미움을 동시에 먹고사는 것이다. 어떤 이념이 살아 있다는 것은 그것이 다시 없이 결정적으로 승리했음을 뜻하며, 그 승리는 오늘날 우리가 기꺼이 경의를 표하고자 하는 단 하나의 것이다. 정의가 흔들리고 있는 우리 시대에 정신적인 것의 우위에 대한 신뢰를 촉진하는 데 이러한 실례보다 더 좋은 것은 없다. 한 사람이 혼자 진리를 향한 용기를 품는 것만으로도 온 세상의 진정성을 증대하기에 충분하다는 것을 우리는 살아 숨 쉬며 체험한 것이다.

성격 초상

솔직함은 모든 천재성의 근원이다.[24]   _뵈르네

    빈Wien의 한 임대 주택에 있는 그 엄격한 문은 반백 년 전부터 지그문트 프로이트의 사생활을 가둬두고 있다. 사생활이 전혀 없다고 말할 정도로 그는 무대 안쪽에서 별 볼 일 없이 살아왔다. 같은 도시에서 70년, 같은 집에서 40년 남짓을 살았다. 같은 공간에서 진료를 하고, 같은 안락의자에서 독서를 하고, 같은 책상 앞에 앉아 집필을 했다. 그는 개인적인 욕구가 전혀 없는, 천직 의식 말고는 다른 정념이 없는, 슬하에 여섯 아이를 둔 가장이었다. 그는 알뜰하면서도 남김없이 시간을 활용했다. 헛된 자기 과시를 하거나 직책과 지위, 영향력을 행사하려고 자신의 독창적인 저서 앞에 스스로를 내세우며 시간을 낭비한 적이 한 번도 없었다.

그의 삶의 리듬은 쉼 없이 균일하고 끈기 있게 흘러가는 일의 리듬에 완전히 예속되어 있었다. 75년 동안 한 주 한 주가 제한된 활동의 똑같은 순환 주기를 명확히 보여주었으며, 하루하루가 다른 날과 쌍둥이처럼 비슷하게 지나갔다. 대학에 몸담은 시기에는 매주 한 번의 강의와 매주 수요일 저녁 제자들과 했던 소크라테스 대화법에 따른 학술 심포지엄, 매주 토요일 오후의 카드놀이를 제외하고는 아침부터 저녁까지, 아니, 더 정확히 말하면 자정이 될 때까지 일분일초까지도 분석, 치료, 연구, 독서, 이론적 구성에 바쳤다.

이 무자비한 일정표는 빈 칸을 알지 못하고, 반백 년의 길이로 팽팽히 당겨져 있는 프로이트의 하루는 비정신적인 것에 낭비되는 시간을 알지 못한다. 끊임없이 활동하는 것은 언제나 운동 중인 그 두뇌에게는 심장이 혈액을 순환시키는 것만큼이나 당연한 일이다. 프로이트에게 일은 의지에 따른 활동이 아니라 철저히 본성적인 것, 끊임없이 저절로 솟아나는 기능처럼 보인다. 이 끊임없는 각성과 주의력이야말로 그의 정신이 보여주는 가장 놀라운 점이다. 이 경우 정상성은 불가사의가 된다.

40년 전부터 프로이트는 매일 여덟 건에서 열 건, 이따금은 열한 건을 분석했다. 다시 말해 매일 그 횟수만큼, 매번 한 시간 동안 전율을 일으킬 만한 극단적인 긴장감을 가지고 타인 속으로 집중해 들어가 모든 말에 귀 기울이고 숙고했다. 그러면서 절대 감퇴하지 않는 기억력으로 그런 정신분석에서 얻은 진술을 이전의 모든 진술과 동시에 비교했다. 다시 말해 그는 완전히 타인의 인격 안에 살고 있으면서도, 동시에 심리진단을 위해 그것을 밖에서 관찰했다. 그리고 진료를 마치자마자 곧바로 다른 사람으로, 다음 환자로 넘어 갔다. 하루에 여덟 번, 아홉 번씩. 그러니까 수백 개의 운명을 메모나 기억의 도구 없이 자기 내부에 분류·보존하고 자잘한 곁가지들 사이사이를 전체적으로 훑어본 것이다.

이렇듯 끊임없이 전환되는 작업은 다른 사람들의 경우 두세 시간 하고 나면 더 깨어 있기도 힘들 만큼의 정신적 각성, 심리적 각오, 신경의 긴장을 필요로 한다. 그러나 프로이트의 놀라운 활력은, 정신이 발휘하는 초능력은 맥이 풀리거나 지칠 줄을 모른다.

저녁 늦게, 그러니까 분석 활동을 아홉 시간 내지 열 시간 동안 하고 나면 그제야 비로소 그 결과들을 철학적으로 구성하는 일에, 다시 말해 세계가 오직 그의 것이라고 여기는 일에 착수한다. 수천 명의 사람들에게 실제로 영향을 미쳤고, 수백만의 사람들에게 계속 영향을 미치고 있는, 이 거대하고도 지속적인 작업은 반백 년 동안 조수 없이, 비서 없이, 조교 없이 이루어졌다. 그는 모든 편지를 손수 쓰고, 모든 탐구를 혼자 마무리하고, 모든 작품을 혼자 구상했다. 엄청나게 균일한 이 창조적 힘은 겉보기에는 지루한 그의 생활 뒤에 숨겨진 무시무시한 저력을 보여준다. 그의 창조적 성과 면에서 볼 때에야 이런 평범해 보이는 삶을 산 그가 얼마나 독창적이고 탁월한지가 비로소 드러난다.

오스트리아 빈 9구의 베르크가세 19번지

프로이트가 47년간 살면서 환자들을 진료한 곳으로, 지금은 프로이트 박물관으로 운영되고 있다.

한 번도 고장 나지 않은, 수십 년간 멈추거나 약해진 적이 없는 이 정밀한 작업기계는 자료가 완전할 경우에만 생각을 할 수 있다. 끊임없이 작품을 쏟아낸 헨델, 루벤스, 발자크 같은 창작자처럼, 프로이트의 경우에도 타고난 건강 체질에서 그 거대한 정신이 나온다. 이 위대한 의사는 70세가 될 때까지 심한 병에 걸린 적이 없고, 이 섬세한 관찰자는 신경질적이 된 적이 결코 없다. 모든 심리적 비정상을 훤히 들여다보는 이 통달자, 살아서 자신의 개인적 의견을 피력하는 동안 끝없이 비난받은 이 성애주의자는 일생을 극히 단조롭고 건강하게 살아왔다. 그의 신체는 자신의 경험으로 인한 그 흔해빠진 정신노동의 장애도 겪지 않고, 두통이나 피로도 거의 알지 못했다. 수십 년 동안 프로이트는 동료 의사에게 진찰받으러 간 적이 한 번도 없고, 몸이 무겁다는 이유로 진료를 거절한 적도 한 번도 없다. 노년이 되어서야 음험한 질병이 그 강력한 건강 체질을 해치려 했다. 그러나 소용없었다! 그의 활력은 곧바로 그리고 전혀 줄어들지 않은 채로 거의 상처 없이 다시 일어섰다.

프로이트의 경우, 건강함은 숨을 쉬는 것과 같고, 깨어 있음은 일하는 것과 같고, 뭔가를 만들어내는 것은 삶과 같다. 쇠를 두드려 만든 듯한 그의 신체는 낮의 긴장이 강하고 밀도 높은 만큼이나 밤의 이완도 완전하다. 짧지만 완전히 내부에 봉쇄된 잠이 매우 정상적이면서도 동시에 매우 비정상적인 그의 정신적 긴장 능력을 아침마다 새롭게 한다. 프로이트는 잘 때 아주 깊이 자고, 깨어 있을 때는 확실하게 깨어 있다.

내적 힘들의 이 완벽한 균형은 외적 모습과도 모순되지 않는다. 모든 윤곽이 완전한 비례를 이루고 있고, 철저히 조화로운 모습이다. 크지도 작지도 않은 체형, 육중하지도 가냘프지도 않은 신체. 구석구석이 극단들 사이의 모범적인 중간의 모습을 띤다. 해마다 풍자화가들은 그의 얼굴을 앞에 두고 좌절을 맛보았다. 그의 완벽하게 대칭인 계란형 얼굴에서는 풍자화로 과장하기에 적당한 특색을 결코 찾을 수 없었으니 말이다. 그의 젊은 시절 사진들을 나란히 놓고 두드러진 특징이나 성격학상의 특이점을 찾아내려 해도 소용없다. 서른 살, 마흔 살, 쉰 살 때의 용모가 말해주는 것은 그저 멋진 남자, 남자다운 남자, 너무나 균형 잡힌 용모뿐이다. 어둡고 집중된 두 눈이 지적인 사람들에게 어떤 암시를 주기는 하지만, 아무리 애를 써도 그 빛바랜 사진들 속에서 우리가 발견하는 것은 잘 손질한 수염을 기른 의사의 얼굴, 렌바흐Franz von Lenbach와 마카르트Hans Makart가 즐겨 그렸던 이상적인 남자의 얼굴뿐이다. 어둡고 부드럽고 근엄하지만 결국 아무것도 알려주지 않는다. 이제야 드는 생각은, 자신만의 조화 안에 갇힌 이 얼굴 앞에서 성격학적 시도는 포기해야 한다는 것이다.

그러자 갑자기 최근의 사진들이 말하기 시작한다. 노화는 대다수 사람들의 개인적 특징을 무너뜨리고 찰기 없는 점토처럼 부스러뜨리지만, 프로이트의 경우에는 노년에 이르러 비로소 조형예술이 시작된다. 질병과 노령이 그 단순한 얼굴에 비로소 명확한 인상을 새기기 시작한다. 머리가 세고, 수염이 단호한 턱을 완전히 가리지 못하고 날카로운 입매를 어둡게 가리지 못하게 되자, 뼈대가 두드러져 얼굴의 하부 구조가 입체적으로 드러나자, 냉정함, 절대적인 공격성, 화가 난 듯 무자비하게 밀어붙이는 천성적 의지가 제 모습을 드러낸다. 전에는 그저 관찰만 하던 시선이 더 깊은 곳으로부터, 더 음울하게, 더 절박하게 압박하며 사람을 꿰뚫어본다. 쓰디쓴 불신의 주름 하나가 훤히 드러난 주름진 이마를 마치 상처처럼 날카롭게 위아래로 가른다. 가느다란 입술은 뭔가에 관해 '아니' 또는 '그것은 참되지 않아'라고 말하기나 하듯 악다물고 있다. 우리는 처음으로 프로이트의 얼굴에서 그의 실체가 지닌 힘과 엄격함을 감지한다. 아니, 그것은 '머리 희끗한 선량한 노인good grey old man'의 모습이 아니다. 노년인데도 온화해지거나 사교적이 되기는커녕, 아무것에도 속지 않고 속으려고 하지도 않는, 냉정하고 무자비한 검사관의 얼굴이 되었다.

그와 마주하면 거짓말하기가 두려울 듯하다. 그는 의심의 그늘에 덮여 있으면서도 그 어둠 속에 서서 과녁을 맞히는 궁수의 시선으로 모든 회피적 표현을 추적하고 모든 은신처를 구석구석 미리 검토하기 때문이다. 해방하기보다는 오히려 압박하는 얼굴, 하지만 인식에 집중함으로써 활달한 생기를 얻는 얼굴, 단순한 관찰자가 아니라 냉혹한 통찰자의 얼굴이다.

1930년의 프로이트

《문명 속의 불만》을 발표한 1930년, 프로이트는 독일 프랑크푸르트 시의 괴테상을 수상하는 영예를 누렸다.

구약성서에 나올 법한 이런 저돌적인 태도, 백전노장의 눈에서 이글거리는 이 으르대는 듯한 비타협성을 우리는 이 사람의 프로필에서 삭제하지 않으려 한다. 날카롭게 단련된, 공평무사하고 가차 없이 잘라버리는 이런 결정력이 만약 프로이트에게 없었다면, 그의 업적에서 가장 훌륭한 것, 가장 결정적인 것도 없었으리라. 니체가 망치를 들고 철학을 했다면, 프로이트는 평생 동안 메스를 들고 철학을 했다. 이런 도구들은 온순하고 순종적인 손에는 어울리지 않는다. 정중함, 공손함, 동정, 배려는 창조적 본성을 지닌 그의 과격한 사고방식과 결합할 수 없다. 그의 의미와 소명은 극단의 것들을 명료하게 만드는 일이지 그것들을 결합하는 것이 아니다. 프로이트의 전투적인 결정력은 언제나 자신의 사안에 대해 매끈한 찬성이나 반대, 예 또는 아니오를 원한다. '한편으로는 이렇고 다른 한편으로는 저렇고', '그 사이 어디쯤', '어쩌면'이라는 말은 원하지 않는다. 정신적 영역에서 옳다고, 이치에 맞는다고 여겨질 때 프로이트는 배려도 주저도 협상도 관용도 알지 못한다. 마치 야훼처럼 차라리 변절자는 용서해도 어설프게 의심하는 자는 용서하지 않는다. '반쯤 그럴듯함'은 그에게 가치가 없다. 그를 유혹하는 것은 100퍼센트의 순수한 진리뿐이다. 한 사람과 다른 사람 사이의 개인적 관계들 속에 존재하는 불명확함이든 인류의 모든 숭고한 불명료한 생각들, 이른바 환상들이든, 모든 불명확함은 그의 의욕을 격렬하게 도발해 자동적으로 분류하도록, 경계 짓도록, 정렬하도록 만든다. 그는 항상 자신의 시선을 굴절되지 않은 빛처럼 날카롭게 벼려 기이한 일들에 고정하려 한다. 아니, 그럴 수밖에 없다.

명백하게 보기, 명백하게 생각하기, 명백하게 만들기는 프로이트에게 노력, 즉 의지 행위를 뜻하지 않는다. 분석은 그의 본성이 지닌 고유한, 타고난, 억제 불가능한 충동 활동이다. 그는 전제 없이 즉각적으로 이해하지 못한 경우, 자신이 명백하게 이해하지 못한 것을 옹호하지 못했고, 아무도 그에게 그것을 설명할 수 없었다. 그의 두 눈은 그의 정신과 마찬가지로 독재적이고 완전히 비타협적이었다. 또 돌격하려는 의욕으로 가득 찬 그의 사고의 의지는 본성을 두드려 만든 저돌적인 칼로서, 특히 전투에 임했을 때, 압도적인 힘에 맞서 홀로 있을 때 비로소 뜨거워졌다.

그러나 프로이트는 남에게 냉정하고 엄격하고 가차 없는 태도를 보이는 것 못지않게 자신에게도 냉정하고 불신하는 태도를 보인다. 한 인간의 가장 깊숙한 곳에 박혀 있는 비진실성을 무의식이라는 가장 내밀한 직조물에 이르기까지 추적하는 일에 매진했기 때문에, 또한 각각의 층 뒤에 존재하는 더 깊은 층을, 각각의 고백 뒤에 존재하는 더 솔직한 고백을, 각각의 진실 뒤에 존재하는 더 심오한 진실을 폭로하는 일에 매진했기 때문에 타인의 경우와 똑같이 자기 자신에 대해서도 분석적인 검사에 매진한다. 그러므로 프로이트를 일컬어 자주 사용하는 '과감한 사상가'라는 표현은 내가 볼 때는 잘못 선택된 표현으로 보인다. 프로이트의 생각들에는 즉흥적인 요소가 전혀 담겨 있지 않으며 직관적인 것도 거의 담겨 있지 않다. 프로이트는 앞뒤 생각 없이 자신의 표현들을 쉽게 마무리 짓지 않았고, 하나의 추측을 주장으로 공표하기 전에 몇 년을 머뭇거리곤 했다. 사고의 느닷없는 비약이나 성급한 요약 따위는 이 구조적인 천재와는 완전히 모순된다. 프로이트는 항상 단계를 밟아 내려가면서, 모든 불확실한 지점들을 주의 깊게 또한 전혀 도취 없이 진술한 첫번째 사람이다. 우리는 그의 저술 안에서 "이것은 하나의 가설일지도 모른다" 또는 "이런 관점에서 새로 말할 것은 거의 없다는 사실을 나는 알고 있다"와 같은 자기 경고들을 무수히 만나게 된다. 프로이트의 참된 용기는 자기확실성을 확보한 뒤에야 비로소 시작된다. 이 무자비한 환상 파괴자는 자신을 전적으로 확신하고 세상의 환상에 새로운 소원—꿈 하나를 덧붙일지도 모른다는 자기 불신을 때려눕혔을 때만 자신의 견해를 내놓는다. 그러나 그가 한번 어떤 생각을 승인하여 공표하면, 이후 그것은 그에게 온전한 피와 살이 되고 그의 정신적 생존의 일부로 뿌리내리며, 샤일록 같은 사람이 와도 그의 살아 있는 육체로부터는 힘줄 하나도 발라내지 못한다. 프로이트의 확실성은 언제나 뒤늦게 온다. 그러나 한번 획득되면 더 이상 깨지는 법이 없다.

　　프로이트가 이렇듯 자신의 의견을 고수하는 것을 두고 적들은 그를 독단주의자라며 비난하고, 그의 추종자들조차도 종종 크거나 작은 목소리로 탄식하곤 한다. 그러나 프로이트의 이런 '앞뒤 가리지 않는 태도Unbedingtheit'는 그의 천성과 분리될 수 없다. 그것은 의지에 따른 태도에서 온 것이 아니라, 그의 독특한 시각에서 온 것이다. 프로이트는 자기가 독창적으로 바라본 어떤 것을 자기 이전에는 아무도 본 적이 없는 것처럼 여긴다. 생각할 때 그는 자기 이전의 다른 사람들이 같은 문제에 대해 생각했던 것을 모두 잊는다. 그는 자신의 의문들을 본성적이고도 강제적인 것으로 여긴다. 인간 심리라는 수수께끼 같은 책을 펼 때마다 그에게는 새로운 페이지들이 펼쳐진다. 그의 사유가 그것들을 비판적으로 파악하기도 전에 그의 눈은 벌써 창조를 한다. 그러나 누군가에게 의견의 오류를 가르쳐줄 수는 있지만, 창조적 시선을 가르쳐줄 수는 없다. 직관은 외부의 영향이 미칠 수 없는 곳에 있으며, 창조적인 것은 의지 너머에 있다. 우리가 참으로 창조적이라고 부르는 것은 태곳적부터 변치 않은 모든 것을 마치 인간의 눈빛이 한 번도 비춘 적이 없는 것처럼 바라보는 것, 수천 번 표현된 것을 마치 인간의 입이 한 번도 언급한 적이 없는 것처럼 말끔하게 새로 표현하는 것이 아닌가? 직관적 탐구자가 지닌 이 시선의 마법은 배울 수 있는 것이 아니므로 가르칠 수 없고, 천재적 본성의 소유자가 최초이자 단 한 번의 직관을 고수하는 것은 괜한 고집을 부리는 것이 아니라 그의 깊이가 그렇게 하도록 강요하는 것이다.

이런 이유로 프로이트 또한 독자나 청중을 결코 자신의 견해로 설득하거나 꼬드기거나 납득시키려 하지 않는다. 그는 그저 제시할 뿐이다. 그의 앞뒤 가리지 않는 정직성은 자신이 가장 중요하다고 여기는 사상들을 시적으로 매혹하는 형식에 담아내는 일, 이를테면 뻣뻣하고 씁쓸한 음식을 미식가의 입맛에 맞춰 부드럽게 표현하는 일조차 완전히 포기한다. 니체의 산문은 언제나 예술과 기교의 가장 대담한 불꽃을 내뿜으며 사람을 도취시킨다. 이에 비하면 프로이트의 문장은 무미건조하고 냉정하며 창백해 보인다. 프로이트의 산문은 선동하지 않는다. 선전하지 않는다. 시적 동기와 음악적 율동을 완전히 포기한다(그 자신이 고백했듯이, 그에게는 그러한 내적 경향성이 전혀 없다. 그런 것은 순수한 사유를 어지럽힌다고 비난한 플라톤의 견해를 따르고 있음이 틀림없다). 오히려 그는 순수한 사유를 추구하며 스탕달의 어구를 실행에 옮긴다. "좋은 철학자가 되려면 건조해야 하고 명백해야 하며 환상이 없어야 한다Pour être bon philosophe, il faut être sec, clair, sans illusion." 그에게 명백함이란 인간의 모든 표현에서처럼 언어적 표현에서도 최선이자 최후의 것이다. 그는 모든 예술적 가치를 이 최고의 투명함과 명료함 아래에 부차적인 것으로 종속시킨다. 이렇게 문체에 금강석 같은 엄격함을 성취한 덕분에 그의 언어는 비길 데 없는 조형력vis plastica을 지니게 되었다. 그의 언어는 로마풍의 라틴어 산문처럼 전혀 화려하지 않게, 엄밀한 객관성을 가지고 자신의 대상에 대해 결코 시적으로 에둘러 말하지 않고 언제나 냉정하고 투박하게 발언한다. 꾸미지 않고, 늘이지 않고, 뒤섞지도 들볶지도 않는다. 묘사와 비유를 극단적으로 아낀다. 그러나 한번 비유를 사용하면, 어김없이 설득력 있는 충격을 주며 마치 활을 쏘듯 명중시킨다. 프로이트가 조형한 수많은 언어 표현은 마치 세공된 보석 같은 투명한 구체성을 지니고 있고, 그의 유리처럼 맑은 산문은 마치 크리스털 잔의 돋을새김 무늬처럼 한 마디 한 마디를 잊을 수 없게 만든다. 그러나 철학적인 것을 기술할 때 프로이트는 한 번도 곧은길에서 벗어난 적이 없고─그는 딴소리하는 것을 에둘러 생각하는 것만큼이나 싫어한다─, 그의 방대한 저작 속에 나오는 문장 하나하나는 교육받지 않은 사람이라도 힘들이지 않고 명료하게 그 뜻을 파악할 수 있다. 그의 표현은 그의 사유처럼 언제나 기하학적으로 정확한 규정을 목표로 삼는다. 그러므로 겉으로는 보이지 않는, 그러나 사실은 가장 투명한 언어만이 명백성을 향한 그의 의지에 소용되는 것이다.

　　니체는 모든 천재는 가면을 쓴다고 말했다. 프로이트는 가장 간파하기 어려운 가면을 선택했다. 보이지 않는 가면 말이다. 그의 외적인 삶은 무미건조하고 거의 소시민적이지만, 그런 생활 방식 뒤에 악마적인 작업을 숨기고 있다. 그의 반듯하고 평온한 얼굴 뒤에는 창조적 천재가 은닉되어 있다. 그의 작품은 전복적이고 대담하지만, 밖으로 드러날 때는 자연과학적으로 엄밀한 대학의 방식처럼 절제되어 있다. 그의 언어가 지닌 투명하고 예술성 넘치는 조형력은 그 무채색의 냉정함에 가려 보이지 않는다. 무미건조함의 천재인 그는 자신의 본질에서 천재적인 것이 아니라 무미건조한 것만 드러나는 것을 좋아한다. 처음에는 절도만 보이지만, 깊은 곳에 이르면 비로소 과도함이 보인다. 프로이트는 어디에서나 스스로 보여준 것 이상을 보여주지만, 자기 본질의 표현 속에서 언제나 한결같이 동일한 사람이다. 어떤 사람 안에 더 높은 통일의 법칙이 창조적인 방식으로 존재한다면, 그 법칙은 그의 본질을 이루는 모든 요소에서, 즉 언어와 저작과 외관과 생활에서 언제나 성공적으로 구현되는 법이다.

출발

"젊은 시절에 나는 의사라는 신분과 직업에 특별한 애착을 느 낀 적이 없고, 그 뒤에도 마찬가지였다."[25] 프로이트는 자기 삶을 기 술하면서 자신에 대한 이런 무자비한 성격을 동원해 솔직하게 고백 한다. 그렇지만 이 고백은 시사하는 바가 많은 다음의 문장으로 보 충된다. "일찍이 내 마음을 움직인 것은 지식욕이었는데, 그것은 자 연의 대상보다는 인간관계에 더 많이 관련되어 있었다."[26] 그의 이 런 내밀한 성향에 부합하는 학과는 없었다. 빈 대학교 의학부의 교 과 목록에 '인간관계'는 없었으니 말이다. 그 젊은 학생은 눈앞에 닥 친 생계를 고려해야 했으므로, 개인적 성향에 오래 매달려서는 안 되었고, 열두 학기로 지정된 순탄한 길 위를 다른 의학도들과 함께 끈기 있게 행진해야만 했다. 프로이트는 학생 시절에 이미 진지하고 독립적인 연구를 했다. 반대로 그의 솔직한 고백에 따르면, 대학의

필수 과목들은 "상당히 태만하게" 마치고, "꽤 늦게", 스물다섯 살이
된 1881년에야 비로소 의학 박사 학위를 받았다.

운명은 헤아릴 수 없는 것. 불확실한 길 위의 이 사람에게는
정신적인 소명이 예감처럼 준비되어 있었고, 그는 당분간 그것을 전
혀 바라지 않은 실용적 직업과 바꾸어야 했다. 의학의 수공업적인
부분, 즉 도제 제도와 치료술은 매우 보편적인 것에 지향되어 있는
이 정신에게는 원래부터 매력이 없었다. 밑바닥부터 심리학자로 타
고난—그는 아직 이것을 모른다—이 젊은 의사는 본능적으로 자신
의 이론적 활동 영역을 심리학 근처로 몰아가려 했다. 그리하여 그
는 전공으로 정신과를 선택하고 뇌 해부실에서 연구를 했다. 심리학
은 오늘날 독립된 학문이 되어가고 있고 우리에게는 없어서는 안 될
학문이지만, 당시에는 의과 대학 강의실에서 가르치지 않았고 실습
되지도 않았으니 말이다. 프로이트가 처음으로 그것을 우리에게 만
들어줄 것이 틀림없다.

당시의 기계론적 견해는 모든 심리적 불규칙성을 단지 신경
의 퇴화로, 어떤 병적인 변화로 여겼다. 그런 망상이 세상을 확고하
게 지배하고 있었다. 신체 기관을 계속해서 더 정확히 알게 되고 동
물 실험을 하다 보면, 언젠가는 '심리적인 것'이라는 자동기계를 정
확하게 계산하여 모든 오차를 바로잡을 수 있으리라 여겼다. 그리하
여 그 당시 심리학은 생리학 실험실에 자리를 잡았고, 사람들은 외
과용 메스와 랜싯, 현미경과 전기반응장치를 들고 신경의 경련과 동

요를 측정하기 위해 전력을 다하는 것이 심리학이라고 믿었다.

그래서 프로이트 역시 처음에는 해부용 탁자에 앉는다. 그리고 사실 감각적 가시성이라는 조야한 형식으로는 결코 드러나지 않는 원인들을 온갖 기술 장치를 동원해 탐구한다. 그는 여러 해 동안 저명한 해부학자 브뤼케Ernst Wilhelm Ritter von Brücke와 마이네르트Theodor Hermann Meynert의 실험실에서 연구한다. 이 분야의 두 거장은 얼마 지나지 않아 이 젊은 조교에게서 독립적·창조적 발견자로서의 천부적 재능을 알아본다. 둘 다 자기의 특수 분야에서 일할 영원한 동료로서 그를 얻고자 애쓴다. 심지어 마이네르트는 그 젊은 의사에게 자신의 뇌 해부학 강의를 대신 맡아달라고 제안한다. 그러나 내부의 어떤 움직임이 무의식적으로 프로이트에게 저항을 불러일으킨다. 어쩌면 그의 충동은 그때 이미 그런 결정을 예감했는지도 모른다. 어쨌든 그는 그 명예로운 제안을 거절한다. 그렇지만 그가 그때까지 성취한 연구들, 즉 교과서적으로 엄격히 수행한 조직학 및 임상 연구는 빈 대학의 신경학 강사 자리를 얻기에 충분했다.

신경학 강사는 그 시절 빈의 스물아홉 살 난 가난한 청년 의사에게는 꽤 탐나고 벌이도 되는 일자리였다. 이제 프로이트는 성실히 배운 교과서식으로 처방된 요법에 따라 연년세세 한눈팔지 않고 자기 환자들을 치료할 수 있었다. 곧 비정규 교수가 될 것이고 마침내 추밀 고문관까지 될 것이었다. 그러나 일생 동안 그를 더 멀리 더 깊이 끌어가게 될 자기 감시의 충동이 이미 이때 그에게 나타난다.

에른스트 빌헬름 리터 폰 브뤼케(1819~1892)

독일의 생리학자. 빈 대학 생리학 교수로 재직했다. 그의 연구는 프로이트의 초기 저서에 영향을 미쳤다.

테오도어 헤르만 마이네르트(1833~1892)

독일의 신경병리학자이자 해부학자. 빈 대학의 신경과와 정신과의 교수로 재직했다.

카를 빌헬름 헤르만 노트나겔(1841~1905)

독일의 내과 의사로 당대의 저명한 임상가였다. 그가 빈 종합병원 내과 학과장일 때 프로이트를 임상 조수로 맞아들였다.

그리하여 이 젊은 강사는 다른 모든 신경학자들이 두려움 때문에 다른 사람 앞에서는 물론이고 자기 자신에게도 침묵했던 것을 솔직하게 고백한다. 1885년경 대학에서 가르치던, 심리 현상들에 대한 신경 치료 기술 전체가 완전히 곤경에 처해 있고, 무엇보다 막다른 골목에 부딪혀 어쩔 줄을 모르고 있다고 말이다. 그러나 빈에서는 다른 기술은 전혀 가르치지 않는데 어떻게 다른 기술을 익힌단 말인가? 그 젊은 강사는 1885년(그리고 그 후로도 오랫동안) 그곳에서 교수들에게서 배워야 할 것은 마지막 세부 사항까지 모두 배웠다. 깔끔한 임상 작업, 매우 정확한 해부학, 거기에 빈 학파의 주요 덕목인 엄밀한 철저성과 엄격한 근면성까지. 자신보다 더 아는 것이 없는 그 사람들에게 그 이상 무엇을 더 배운단 말인가?

그리하여 몇 년 전부터 파리에서 정신과가 전혀 다른 방향으로 운영된다는 소식을 듣자 그는 거부할 수 없을 만큼 강력하게 매료된다. 빈의 경우 최면은 프란츠 안톤 메스머를 겨우 쫓아버린 이후로 일곱 차례나 추방된 상황이었다.[27] 그런데 파리에서는 원래는 뇌 해부학자인 샤르코가 그 악명 높은 최면의 도움을 받아 독특한 시도에 착수하고 있었다. 처음 이 소식을 듣고 프로이트는 기막혀하고 믿을 수 없어했지만 그래도 매혹당한다. 멀리 떨어져 있는 채로 그저 의학 신문의 보도를 접하는 것만으로는 그 시도를 구체적으로 파악할 수 없다는 것을, 진위를 판단하기 위해서는 자신이 직접 보아야 한다는 것을 그는 즉시 깨닫는다. 곧바로 이 소장학자는 창조

적인 사람들에게 올바른 방향을 알려주는 신비스러운 내면의 직감
에 따라 파리로 이끌려 간다. 그의 스승 브뤼케는 그 가난한 청년 의
사가 여행 장학금을 받을 수 있도록 돕는다. 그리하여 그 젊은 강사
는 한 번 더 새롭게 시작하기 위해, 가르치기보다는 오히려 배우기
위해 1886년(이 되기 전)에 파리로 떠난다.

　　거기서 그는 즉시 뭔가 다른 분위기 속으로 이끌린다. 샤르코
역시 브뤼케처럼 병리 해부학에서 출발했지만 이미 그것을 넘어선
상태였다. 그 위대한 프랑스 사람은 그의 명저《치유하는 믿음*La foi
qui guérit*》에서 그때까지는 의학적 자부심 때문에 신빙성 없는 것으로
배척당해온 종교적 신앙의 기적을 심리학적 조건들을 통해 탐구하
고, 그런 현상들 속에서 일종의 전형적 법칙성을 규명했다. 사실을
부인하는 대신 해석하기 시작했고, 악명 높은 메스머 요법을 포함한
다른 모든 기적 같은 치료 체계들에 아무런 선입견 없이 접근했다.
프로이트는 그런 학자를 처음 만났다. 빈 학파는 히스테리를 마치
꾀병을 다루듯 처음부터 경멸적으로 얕잡아 보았는데, 샤르코는 달
리 보았다. 그뿐만 아니라, 모든 심리 질환 가운데 가장 조형적이어
서 가장 흥미로운 이 질환에 관해, 그는 그것의 발생과 발작이 내적
충격의 결과이며, 따라서 그것은 정신적 원인을 통해 해석되어야 한
다는 것을 증명했다. 공개 강의에서 샤르코는 최면에 걸린 환자들의
경우 암시요법을 통한 가수면 상태에서 언제라도 저 유명한 전형적
마비 증세가 일어날 수 있고 마찬가지로 멈출 수도 있다는 것을, 따

라서 그것은 단순한 생리학적 반응이 아니고 오히려 의지에 종속되어 있다는 것을 보여주었다. 빈의 이 젊은 의사가 매번 그의 이론 가운데 세부 사항들에까지 설득된 것은 아니지만, 파리의 신경학계에서는 단순히 신체적 원인뿐 아니라 심리적, 심지어 초심리적 원인까지 인정되고 존중받는다는 사실에 강한 인상을 받았다.

　　심리학이 다시 옛날의 영혼 치유에 가까워지고 있는 그곳에서 그는 기쁨을 느낀다. 그리고 지금까지 배운 것보다 이 정신적인 방법에 더욱 끌린다. 새로운 활동 공간에서도 프로이트는 스승들의 특별한 관심을 받는 행운을 얻게 된다. 하지만 그것을 행운이라 부를 수 있을까? 그것은 뛰어난 정신들끼리라면 서로 느낄 수 있는 무궁한 본능적 직감이 아닐까? 빈의 브뤼케, 마이네르트, 노트나겔Carl Wilhelm Hermann Nothnagel처럼 샤르코도 곧바로 프로이트에게서 창조적으로 생각하는 천성을 발견하고 그와 개인적 교분을 맺었다. 샤르코는 프로이트에게 자기 책의 독일어 번역을 맡겼고 자주 신뢰를 표했다. 그리고 몇 달 뒤 프로이트가 빈으로 돌아왔을 때 그의 내적 세계상은 바뀌어 있었다. 샤르코의 길도 자신에게 완벽하게 맞지는 않는다고 어렴풋이 느끼게 된 것이다. 샤르코 역시 신체적 실험에 너무 열중한 나머지 그것을 심리적으로 증명하는 일을 소홀히 했다. 그렇지만 그 몇 달은 이 젊은 학자에게 새로운 용기를 주었고 독립의지를 성숙시켰다. 이제 그는 홀로 독창적인 연구를 시작할 수 있게 되었다.

물론 그 전에 간단한 형식적 절차를 밟아야 했다. 여행 장학금을 받은 학생은 자기 대학에 돌아오면 외국에서 한 학술적 체험에 관해 보고할 의무가 있었다. 프로이트는 의사협회에서 그 보고를 한다. 그는 샤르코의 새로운 방법들을 이야기하고 (파리의) 살페트리에르Salpêtrière 병원에서 행해진 최면 실험들을 상세히 서술했다. 그러나 프란츠 안톤 메스머 이후로 빈의 의학계에는 모든 암시적 방식에 대한 지독한 불신이 여전히 체화되어 있었다.

인위적으로 히스테리 증상을 일으키는 것이 가능하다는 프로이트의 보고는 오만에 찬 비웃음으로 무시당했고, 남자가 히스테리를 일으킨 사례도 있었다는 보고에 그의 동료들은 폭소를 터뜨렸다. 처음에 그들은 프로이트가 파리에서 무슨 속임수에 당한 거라고 측은해하며 그의 어깨를 다독인다. 그러나 프로이트가 주장을 굽히지 않자, 여전히—황송하옵게도!—심리 치료를 '진지하게 학문적으로' 다루고 있던 그들은 이 변절자를 무가치하다고 여기고는 뇌 실험실이라는 성스러운 공간에 그의 출입을 허용하지 않는다.

그 일 이후로 프로이트는 빈 대학의 진딧물이 되었고, 의사협회에 더 이상 발을 들이지 않았다. (그 자신이 명랑하게 고백했던 것처럼) 몇 년 뒤 그는 어느 부유한 여자 환자의 개인적인 보호 덕분에 비정규 교수직을 얻게 되었다. 그러나 그 고상한 학부는 그가 대학 교단에 소속된 것을 몹시 못마땅하게 여겼다. 프로이트가 일흔 번째 생일을 맞이했을 때 그 학부는 그가 교원이라는 사실을 단호히 기

88
프로이트를 위하여

장 마르탱 샤르코(1825~1893)

프랑스의 신경병리학자로 그를 위해 세워진 살페트리에르 병원의 신경병과 교수였다. 프로이트는 파리로 건너가 샤르코 밑에서 공부하면서 최면요법을 통한 히스테리 치료에 관심을 갖게 되었다.

앙드레 브루예, 〈살페트리에르 병원에서의 수업〉(1887)

샤르코가 임상 강의하는 광경을 담은 그림으로, 프로이트는 이 그림의 복제화를 개인 병원의 진료실에 걸어두었다.

억하지 '않으려' 했고, 어떤 안부나 축하의 말도 전하지 않았다. 그는 끝내 정교수가 되지 못했다. 궁정 고문관도, 추밀 고문관도 되지 못했다. 그저 처음 시작한 그 자리에, 정교수들 사이에 있는 비정규 교수로 남아 있었다.

당시 빈에서는 심인성 질병들을 피부 자극이나 약품을 이용해 치료해보려는 기계론적 신경학 방식이 시행되고 있었다. 그런데 프로이트는 이러한 방식을 거부함으로써 자신의 학술 경력뿐 아니라 의사 개업까지 망쳐버렸다. 그는 이제 혼자서 가야 했다. 애초에 그가 아는 것은 오직 아니라는 것, 뇌 해부 실험에도 신경반응 측정 도구에도 결정적인 심리학적 발견을 기대할 수 없다는 사실뿐이었다. 완전히 다른 종류의 방법, 다른 자리에서 시작하는 방법으로만 불가사의하게 얽혀 있는 심리학적 난제들에 접근할 수 있었다. 그는 그것을 찾는 일, 아니, 정확히 말하면 그것을 고안하는 일에 이후 50년 동안 노고를 바치게 된다. 파리와 낭시는 그 길을 암시하는 모종의 신호를 그에게 주었다. 그러나 예술과 똑같이 학문 또한 탁월한 착상만으로는 완성되지 않는다. 학문 연구는 언제나 하나의 관념이 하나의 경험과 교차할 때만 참된 성과를 이끌어내는 법이다. 최소한의 자극만 더해지면 그 창조적 힘이 분출할 참이었다.

이미 팽창될 만큼 되어 있는 상태에서, 그의 손위 동료 요제프 브로이어 박사와의 개인적 친분이 이 자극을 제공한다. 프로이트는 전에 브뤼케의 실험실에서 이미 그와 만난 적이 있었다. 몹시 바빴던 가정의 브로이어는 학술적으로도 대단히 활동적이었지만, 결정적으로 창조적 정신의 소유자는 아니었다. 그는 프로이트가 파리 여행을 하기 전에 어느 젊은 미혼 여성의 히스테리 사례를 알려주었고, 기묘하게 치료에 성공했다는 이야기도 들려주었다.

이 젊은 미혼 여성은 모든 신경질환 중에서 전형적인 현상들, 예컨대 마비, 근육 위축, 억제, 의식 혼탁을 보였다. 그때 브로이어는 한 가지 사실을 관찰했다. 그 젊은 미혼 여성이 자기 자신에 관해 많은 이야기를 하고 나면 매번 뭔가 가벼워졌다고 느낀다는 것이었다. 환자가 자신이 시달리는 환상을 말로 표현하게 되면 그때마다 일시적으로 증상이 개선된다는 것을 깨닫고, 그 영리한 의사는 그 환자가 자신에 관해 발설하도록 인내심을 가지고 내버려두었다. 그 미혼 여성은 말하고, 말하고, 말했다. 그러나 맥락 없고 단절적인 그 모든 자기 고백들 사이에서 브로이어는 환자가 본질적인 문제, 즉 자신의 히스테리를 일으킨 근원적이고 결정적인 문제에 관해서는 계속해서 의도적으로 둘러대고 있다는 사실을 알아차렸다. 환자가 자신에 대해 뭔가 알고 있지만 그것이 절대로 알고 싶지 않은 사실이기 때문에 스스로 억압하고 있다는 사실을 깨달은 것이다.

그때 브로이어에게 갑자기 떠오른 생각은, 억류당한 체험으로 가는 매몰된 길을 드러내기 위해 그 젊은 미혼 여성에게 정기적으로 최면을 걸어보자는 것이었다. 의지를 놓아버린 상태에서 사실의 결정적 해명에 저항하는 모든 '억압들'(정신분석학이 이 단어를 고안하지 않았다면 여기서 어떤 단어를 사용할 수 있을지 자문해보자)을 계속해서 쫓아낼 수 있기를 그는 희망했다. 그리고 그의 시도는 정말로 성공했다. 최면 상태에 빠지자 그 미혼 여성은 마치 모든 수치심을 잊은 듯이 그때까지 그토록 완강한 태도로 의사에게, 특히 자기 자신에게 침묵해왔던 것, 즉 자신이 병상에 있는 아버지에게 모종의 감정들을 느꼈고 또한 억눌러왔다는 사실을 솔직하게 털어놓은 것이다. 품위를 유지하느라 억눌려 있던 그 감정들이 이른바 전환을 일으키면서 저 병적인 증상들을 일으켰다. 아니, 정확히 말해서 고안해냈다. 그 미혼 여성이 최면 상태에서 그 감정들을 솔직하게 고백할 때마다 곧바로 대리 증상, 즉 히스테리 증세가 사라졌다. 브로이어는 이것을 깨닫고 체계적으로 치료를 계속했다. 그리고 그가 환자로 하여금 환자 자신에 관해 얼마나 깨닫게 해주는지에 따라 그 치명적인 히스테리 증상들도 줄어들었다. 그 증상들은 쓸모없어졌다. 몇 달 뒤에 그 환자는 완전히 치유되었고 건강한 채로 떠났다.

브로이어는 우연히 이 특별하고 눈에 띄는 사례를 그의 손아래 동료에게 이야기했다. 이 치료에 관해 그가 만족스러워한 점은 무엇보다 신경증 환자를 건강한 상태로 회복시키는 데 성공했다는 것이었다. 그러나 곧바로 프로이트는 브로이어가 밝혀낸 이 치료법 뒤에 훨씬 큰 효력을 지닌 어떤 법칙이 숨겨져 있음을 본능적으로 마음속 깊이 예감한다. '심리적 에너지는 전위轉位를 일으킬 수 있다'는 것, '잠재의식'(이 단어 역시 당시에는 아직 고안되지 않았다) 속에는 특정한 전환 역학이 작동하고 있음이 틀림없다는 것, 이 역학은 본성적인 작용에 의해 억눌려 있는 (또는 이후에 사용된 용어로는 '해소되지 못한') 감정들을 변형시키고 다른 심리적 또는 신체적 행위로 이행시킨다는 것.

브로이어가 발견한 사례는 프로이트가 파리에서 가지고 돌아온 경험들을 다른 측면에서 조명해주었고, 여기서 밝혀진 흔적을 더 깊이 어둠 속으로 추적하기 위해 두 동료는 공동 연구를 진행했다. 이들의 공저 〈히스테리 현상의 심리적 기제에 대하여〉(1893)와 《히스테리 연구》(1895)[28]는 새로운 사상의 첫 번째 기록이다. 이 공동 연구물에서 처음으로 확인된 것은, 히스테리가 그때까지 알려진 것처럼 신체기관의 발병이 아니라 환자 자신조차 의식하지 못하는 내적 갈등에 의한 혼란 때문이라는 것, 그로 인한 갈등의 압박이 그런 '증상들', 즉 병적인 변형들을 만들어낸다는 사실이었다. 체내의 염증으로 인해 열이 나는 것과 마찬가지로, 감정의 과도한 울혈鬱血로 인해 심리적 혼란이 일어난다. 또한 신체의 경우 고름을 짜내면 열이 내리는 것과 마찬가지로, 억압된 채로 정체되어 있는 감정을 내보내면, 즉 "잘못된 길에 빠져 정체되어 있는 채로 증상을 지속시키는 감정 덩어리를 정상적인 출구로 발산시키면"[29] 이 난폭한 전위와 히스테리 경련도 곧바로 해소된다.

그런 심리적 부담을 덜어주기 위해 브로이어와 프로이트가 처음에 사용한 도구가 최면이다. 그러나 최면은 정신분석의 선사시대에도 그 자체로는 결코 온전한 치료 수단이 아니었다. 보조 수단이었을 뿐이다. 최면은 그저 감정의 경련을 해소시키는 데 도움이 되었던 것으로 전해진다. 수술 전에 쓰는 마취제처럼 말이다. 깨어 있는 의식의 억압들이 사라질 때 비로소 환자는 말하지 못했던 것을 솔직하게 털어놓으며, 또한 털어놓았다는 것만으로도 혼란을 일으킨 압력이 감소한다. 압박당하던 영혼에게 출구가 마련되면 긴장이 해소되는데, 이것은 일찍이 그리스 비극이 해방감과 쾌락의 근본 요소라고 자랑하던 것이다. 그래서 처음에 브로이어와 프로이트는 자신들의 방법을 아리스토텔레스의 카타르시스 개념을 따라 '카타르시스적' 방법이라고 불렀다. 인식에 의해, 아니, 자기 인식에 의해 그 위조된 병리적 오류는 필요 없어진다. 상징적 의미만을 지니고 있던 증상이 사라지는 것이다. 따라서 말의 발설Aussprechen은 어떤 면에서는 감정의 배설Ausfühlen을 뜻하기도 하며, 이때의 인식은 해방이 된다.

　　브로이어와 프로이트는 중요하고 결정적인 이 전제들 앞에 함께 다다라 있었다. 이때 그들의 길이 갈렸다. 의사 브로이어는 이런 하강 과정에 수반되는 여러 위험들을 꺼림칙하게 느껴 다시 의학의 영역으로 돌아갔다. 그가 매진했던 문제는 본디 히스테리의 치료 가능성, 증상의 제거였던 것이다. 그러나 이제 막 자기 안에서 심리학자를 발견한 프로이트는 방금 밝혀진 변화 과정의 비밀에, 그 심리적 과정에 곧바로 사로잡혔다. 그 새로운 발견, 즉 감정이 억압될 수 있고 증상으로 대치될 수 있다는 사실이 그의 탐구욕을 점점 더

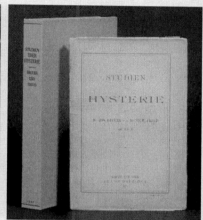

요제프 브로이어(1842~1925)

젊은 여성의 히스테리를 최면을 통해 치료한 사례를 프로이트에게 알림으로써 관련 연구를 시작하는 데 영감을 주었다. 두 사람은 공동 연구를 하고 그 결과물로 《히스테리 연구》(1895)를 함께 펴냈다.

맹렬하게 도발했다. 그는 이 한 가지 문제를 접하고는 심리적 기제의 전체적인 문제점을 예감했다. 감정이 억압된다면 도대체 누가 그것을 억누르는가? 그리고 어디를 향해 억압되는가? 어떤 법칙에 따라 정신에서 나온 힘이 신체적 힘으로 전환되며, 그 끊임없는 변화들은 어떤 공간에서 작동하는가? 깨어 있는 인간은 이런 것에 관해 아무것도 모르지만, 한편으로 그것들에 관해 알기를 강요받으면 곧바로 알게 된다. 지금까지 학문이 감히 탐험하지 못했던 미지의 영역이 그의 눈앞에 어렴풋이 드러나기 시작했다. 그는 멀리서 흐릿하게 보이는 새로운 세계의 윤곽을 알아차렸다. 바로 무의식이었다. 이 "개인적 심리 생활 속 무의식적 부분의 탐구"[30]가 이제부터 그가 평생을 몰두하게 될 문제이다. 심연으로의 하강이 시작된 것이다.

무의식의 세계

    알고 있는 무언가를 잊고자 할 때는, 즉 더 높은 수준의 견해에서 다시 한 번 의도적으로 단순한 수준의 견해로 돌아가려고 할 때는 언제나 특별한 노력이 필요한 법이다. 물론 지금 우리는 1900년의 학계가 무의식 개념을 어떻게 이해하고 사용했는지를 회고해보려는 것이다. 우리의 심리 작용이 결코 의식적인 이성 활동에 전력을 쏟는 것은 아니라는 점, 그 이면에 있는 우리의 존재와 사유의 그림자 속에 다른 어떤 힘이 작용하고 있다는 점은 초기, 즉 프로이트 이전의 심리 치료에서도 당연히 알고 있었다. 다만 그런 지식으로 무엇을 시작할 수 있는지 몰랐을 뿐이다. 다시 말해 무의식 개념을 학문과 연구로 확실하게 발전시키려는 시도를 하지 않았던 것이다. 당대의 철학은 오직 의식의 빛 안에 들어오는 심리적 현상만을 연구 대상으로 삼았다. 무의식적인 것을 의식의 대상으로 삼는다는 것은 말이 안 되는 것—일종의 형용모순contradictio in adjecto—으로 보였다. 감정은 분명하게 느낄 수 있을 때 비로소 감정으로 간주되고, 의지는 활동하고자 할 때 비로소 의지로 간주되었다. 그러므로 심리적 표현들이 의식 생활의 표면 위로 나타나지 않는 한, 심리학은 그것을 측정할 수 없는 것으로 간주하여 정신과학으로부터 배제했다.

프로이트는 '무의식'이라는 학술 용어를 정신분석 안에 차용했지만, 당시 강단 철학이 사용하던 것과는 전혀 다른 의미를 부여했다. 프로이트는 의식된 것만 심리적 활동이고 따라서 무의식은 완전히 다른 범주이거나 하위 범주라고 생각하지 않았다. 오히려 그는 모든 심리적 활동이 애초에 무의식의 산물이라고 단호히 역설했다. 말하자면 의식되는 것들은 질적으로 다른 종류나 상위의 종류로 제시되지 않는다. 그것들이 '의식에 등장하는 것'은 빛이 어떤 대상을 비추듯이 외부로부터 덧붙는 하나의 속성에 불과하다. 책상은 어두운 공간 속에 있어서 보이지 않거나 전등을 켜서 그것이 보이거나, 여전히 책상이다. 빛은 그것의 현존을 감각적으로 더 잘 인식할 수 있게 만들 뿐이지, 그것의 현존을 만들어내지는 않는다. 물론 어둠 속에서도 다른 방법을 통해, 즉 손으로 만지거나 더듬어서 실체의 윤곽을 확인할 수 있을지는 모르지만, 어둠 속에서보다는 빛이 비쳐 더 잘 인지할 수 있는 상태에서 책상을 더 정확히 측정할 수 있다. 그러나 어둠 속에 있어서 눈에 보이지 않는 책상도 보이는 책상과 똑같이 물체의 세계에 속한다. 이와 마찬가지로 심리학의 경우에도 무의식은 의식과 똑같이 심리 공간에 속한다. 그리하여 '무의식'은 프로이트에 와서야 처음으로 알 수 없는 것이 아니라고 여겨졌고, 새로운 의미에서 처음으로 학문의 영역으로 들어왔다. 프로이트의 심층심리학은 의식의 수면 아래로 더듬어 내려가고자 하는 다이빙 벨이었다. 그는 이 신선한 시선과 색다른 방법론적 장치를 가지고 심리 현상들의 표면뿐 아니라 그 근저까지도 밝혀내고자 하는 놀라운 도전을 감행했다. 그 덕분에 강단 심리학은 결국 다시 참된 심리학이 되었고 실용적인 학문, 심지어 치유력을 지닌 삶의 학문이 되었다.

이 새로운 탐구 영역의 발견, 즉 심리적 에너지장의 근본적 전환과 엄청난 확장이야말로 프로이트의 천재적 업적이다. 인식 가능한 심리의 영역이 갑자기 예전의 몇 배로 확장되고, 표면 차원에 머물러 있던 연구에도 심층세계가 활짝 열렸다. 사소해 보이는ー결정적인 사상들은 나중에 보면 늘 단순하고 자명해 보인다ー전환을 통해 심리적 역학 내부의 모든 척도가 변화를 일으켰다. 아마도 미래의 정신사는 심리학의 이 창조적인 순간을 저 위대한 세계 변혁의 순간들, 즉 칸트와 코페르니쿠스가 지적 시각을 뒤바꿈으로써 그 시대의 사고방식을 통째로 변화시켰던 순간들과 나란히 놓을 것이다.

오늘날 우리는 금세기 초 대학들이 인간 심리를 목판화처럼 거칠게 묘사했다고, 마치 지리상 모든 것을 담지 못하고 단편적인 세계만 담아놓고 우리의 세계 전체라고 이름 붙였던 프톨레마이오스의 지도처럼 잘못되고 편협한 것이었다고 생각한다. 저 소박한 지도 제작자들과 똑같이 프로이트 이전 심리학자들도 탐구되지 않은 대륙들을 단순히 '미지의 땅terra incognita'이라고 불렀고, 그들에게 '무의식'은 알 수 없는 것, 인식할 수 없는 것의 대체어였다. 어떤 어둡고 음침한 영혼의 저수지가 어딘가에 틀림없이 있다, 이용되지 않은 우리의 기억들은 그 속으로 흘러들어 가 진흙투성이가 된다, 그곳은 잊힌 것과 쓰이지 않는 것이 처음부터 아무런 목적 없이 팽개쳐져 있는 창고이자, 기껏해야 기억이 어떤 대상을 의식 속으로 끄집어내는 자재 보관소이다, 그들은 이렇게 추측했던 것이다. 그러나 이 무의식의 세계가 그 자체로 완전히 수동적이고, 완전히 비활동적이고, 끝나버린 죽은 생명체에 지나지 않고, 끝장난 과거이며, 그래서 우리의 정신적 현재에 아무런 영향력도 미치지 못한다는 프로이트 이전 학문의 견해는 여전히 뿌리 깊게 잔존했다.

이런 견해에 맞서 프로이트는 무의식은 결코 심리 생활의 쓰레기가 아니라 원료이고 그 가운데 작은 부분만이 의식이라고 하는 밝은 표면에 도달한다는 자신의 견해를 제시했다. 그러나 그렇다고 해서 현상으로 등장하지 않는 대부분의 것, 이른바 무의식이 완전히 죽어 있거나 활력이 없는 것은 아니다. 그것은 실제로 우리의 사유와 감정에 매우 활동적으로 생생하게 작용한다. 아니, 어쩌면 그것은 우리의 심리적 실존 가운데 삶에 더 큰 영향력을 미치는 부분일지도 모른다. 그러므로 결정을 내려야 할 모든 상황에서 무의식적 의지를 고려하지 않는 사람은 착오에 빠진 셈이다. 왜냐하면 우리에게 내적 긴장을 일으키는 가장 본질적인 충동을 헤아리지 못했기 때문이다. 수면 위에 드러난 빙산의 일각을 보고 전체의 충격력을 산출하면 안 되는 것처럼(본래의 힘은 수면 아래 감춰져 있다), 우리의 명백한 사고와 인식력이 우리의 감정과 행동을 규정할 뿐이라고 믿는 사람은 어리석다.

우리의 일생은 합리적으로 구성된 생활공간에서 자유롭게 전개되는 것이 아니라, 무의식의 지속적인 압박을 받고 있다. 각각의 순간들이 잊힌 듯 보이는 과거들로부터 어떤 파동을 우리의 일상 안으로 전달한다. 지상 세계는 우리가 믿고 있는 만큼 의식적인 의지와 계획적인 이성에 속속들이 종속해 있는 것은 아니다. 정말로 결정적인 것은 마치 번개처럼 저 어두운 구름으로부터 갑자기 떨어지며, 예기치 못한 지진처럼 저 충동의 세계라는 심연으로부터 다가와 우리의 운명을 뒤흔든다. 의식의 영역에서 공간과 시간이라는 범주들은 유리 같은 경계에 의해 분리되어 있지만, 저 밑에서는 서로 엉켜 있다. 우리는 유년 시절의 소원들이 이미 오래전에 매장되었다고 여기지만, 그것들은 저곳에서 열망에 휩싸여 떠돌다가 뜨겁고 굶주린 채로 우리의 대낮에 난입하곤 한다. 공포와 불안은 깨어 있는 의식에서는 오래전에 잊힌 듯하나, 어느 순간 느닷없이 우리의 신경조직에 대고 비명을 질러댄다. 우리 자신이 과거에 품은 욕망과 소원뿐 아니라 케케묵은 종족과 야만적인 선조들의 욕망과 소원까지 우리의 본질 속에 뿌리를 박고 있다. 가장 우리다운 행동들은 심연으로부터 기원하고, 우리 자신조차 모르는 비밀스러운 곳으로부터 우리보다 더 강력한 존재에 대한 갑작스러운 깨달음이 온다. 우리 자신에게조차 알려지지 않은 채 그곳 어스름 속에 살고 있는 저 원초적 자아, 우리의 문명화된 자아는 이것에 대해 더는 알지 못하거나 알려고 하지 않는다.

그러나 갑자기 그것이 기지개를 켜고 문명의 얇은 층을 찢어내고 나면, 그것의 원시적이고 길들여지지 않는 충동이 우리의 핏속으로 위험스럽게 흘러든다. 빛을 향해 올라가고 의식화되고 행동으로 옮겨지는 것, 이것이 바로 무의식이라고 하는 근원적 의지인 것이다. "내가 존재하는 한 나는 활동할 수밖에 없다."³¹ 우리는 매 순간, 말 한 마디 한 마디, 일거수일투족에서 무의식의 술렁임을 억눌러야 한다. 아니, 정확히 말해서 도로 밀어넣어야 한다. 윤리적 혹은 문명화된 감정은 충동이라고 하는 야만적인 쾌락의지에 끊임없이 대항해야만 하는 것이다. 그리하여 우리의 심리적 삶 전체는—이것이 프로이트가 처음으로 불러온 엄청난 비전이다—의식적 의지와 무의식적 의지, 책임 있는 행동과 충동의 무책임함 사이에서 벌어지는, 결코 끝나지 않는 비장하고 끈질긴 투쟁임이 드러났다. 드러난 무의식은 자신의 모든 표현 속에서 어떤 특정한 의미를 지닌다. 여전히 우리에게 이해될 수 없는 것으로 남아 있긴 하지만 말이다. 이 무의식의 술렁임이 무엇을 의미하는지 각 개인이 인식할 수 있도록 만드는 것, 이것이 바로 프로이트가 새롭고 필연적인 심리학에 요청한 미래의 과제였다. 한 인간의 지옥 같은 구역을 밝힐 수 있어야 비로소 우리는 그의 감정세계를 알게 된다. 한 영혼의 밑바닥까지 내려가야 비로소 그 장애와 혼란의 본바탕을 발견할 수 있다. 그 인간이 의식적으로 아는 것은 심리학자나 심리 치료사가 굳이 가르쳐줄 필요가 없다. 그가 모르는 무의식의 지점에서만 영혼의 의사는 그에게 참된 조력자가 될 수 있다.

그러나 어떻게 그 어스름의 나라로 내려간단 말인가? 당시의 학문은 그 길을 알지 못했다. 잠재의식에서 일어나는 현상들을 기계적 엄밀함을 갖춘 장치들을 통해 파악할 가능성은 단호하게 거절되었다. 그래서 옛 심리학은 오로지 낮의 빛 속에서만, 오로지 의식 세계에서만 탐구를 수행할 수 있었다. 반면 말 없는 것, 혹은 꿈결에 말하는 것에 대해서는 눈길도 주지 않고 무관심하게 스쳐 지나갔다. 프로이트는 이런 썩은 목재 같은 생각을 깨부숴 구석으로 던져버렸다. 그의 확신에 따르면 무의식은 침묵하지 않는다. 무의식은 말을 한다. 물론 의식의 언어와는 다른 기호와 상징들을 가지고 말한다. 그러므로 의식의 표면에서 그것의 심층으로 내려가고자 하는 사람은 우선 그 새로운 세계의 언어를 익혀야 한다.

이집트 연구자들이 로제타 석판에서 시작했듯이, 프로이트는 기호들 하나하나를 번역하면서 무의식 언어의 어휘와 문법을 연습하기 시작한다. 우리의 언어와 의식적 상태 뒤편에서 경종을 울리머 혹은 유혹적으로 공명하는 저 목소리, 말 많은 우리의 의지보다 더욱 현혹하는 저 목소리를 이해 가능한 것으로 만들기 위해서 말이다. 그런데 새로운 언어를 이해하는 사람은 새로운 의미도 파악하는 법이다. 그리하여 프로이트가 심층심리학을 처음으로 다루면서, 그때까지 인식되지 않은 정신적 세계가 열렸다. 그를 통해 학술적 심리학wissenschaftliche psychologie은 의식 과정에 관한 인식이론적 관찰에 지나지 않던 것에서 비로소 늘 그랬어야 했던 것, 곧 심리에 관한 학문seelenkunde이 되었던 것이다. 내적 우주의 반구가 더 이상 학문의 달그림자에 숨어 있지 않게 되었다. 또한 일찍이 존재하지 않던 무의식의 윤곽들이 얼마나 가시적으로 드러나는가에 따라, 우리 정신 세계의 의미심장한 구조를 들여다보는 새로운 시선도 더 이상 그릇되지 않은 방식으로 계속해서 열리게 된 것이다.

꿈의 해석

인간의 이중적 삶을 드러내는 잠이라는 사건에 대해 사람들은 어찌 그리 생각이 짧았는지! 이 현상에 관한 어떤 새로운 과학이 존재하는 것은 아닐까? (…) 그것은 적어도 우리의 두 가지 본성이 빈번하게 반목하고 있음을 말해주는 거야. 그리하여 나는 마침내 우리의 잠재된 감각과 외적 감각을 구분하는 탁월한 증거를 갖게 되었지.[32]

_발자크,《루이 랑베르*Louis Lambert*》, 1833.

무의식은 각 사람들의 가장 깊은 비밀이다. 정신분석은 사람들로 하여금 그것을 발견하도록 돕는 것을 과제로 삼는다. 그러나 비밀은 과연 어떻게 드러나는가? 세 가지 방식으로 드러난다. 우선, 어떤 사람이 감추고 있는 것을 말하도록 폭력적으로 강요하는 방식이다. 그러나 아무리 고문 도구를 가지고 앙다문 입술을 느슨하게 하려 해도 소용없다는 사실을 지난 수백 년의 세월이 보여주었다. 그다음은, 순간적으로 사라지는 비밀의 윤곽이 어둠으로부터 아주 잠깐—속이 들여다보이지 않는 해수면 위로 등을 내미는 돌고래처럼—자맥질할 때, 감춰진 부분을 짜맞추듯이 추측하는 방식이다. 마지막으로는, 경계심이 느슨해진 상태에서 침묵하던 것이 스스로 실컷 지껄이게 되는 때를 엄청난 참을성을 가지고 기다리는 방식이다.

정신분석은 이 세 가지 기술을 차례로 모두 시행한다. 맨 처음에 정신분석은 최면 상태에서 의지를 강제함으로써 무의식이 억지로 말을 하게 하려 했다. 여태껏 심리학은 인간이 본인이나 타인에게 의식적으로 스스로에 대해 고백하는 것보다 더 많은 것을 알고 있다는 사실은 잘 알고 있었지만, 잠재의식에 접근할 줄은 몰랐다. 메스머 요법이 처음으로 가르쳐준 것은, 깨어 있는 상태보다 기술적인 가수면 상태에서 그 사람에 대한 정보를 더 많이 얻을 때가 많다는 사실이었다. 최면 상태에서 의지가 마취되면 자신이 타인 앞에서 말한다는 사실을 모르기 때문에, 또 그렇게 붕 떠 있는 상태에서는 우주 공간 속에 오로지 홀로 있다고 믿기 때문에, 자신의 가장 내밀한 소원과 침묵을 아무 생각 없이 실컷 지껄인다. 그래서 처음에 최면은 전망이 가장 좋은 방식인 듯 보였다. 그러나 프로이트는 곧 (개인 속으로 너무 깊이 들어간다는 이유로) 강제로 무의식을 뚫고 들어가는 그런 비도덕적이고 수확 없는 방법을 그만둔다. 인도적인 수준에 이르러 법정이 자발적으로 고문을 그만두고 심문과 간접 증거라고

하는 더욱 꼼꼼한 기술로 대체했듯이, 정신분석도 고백을 강요하던 초반의 강제적 방식에서 앞에서 말한 짜맞춰 추측하는 방식으로 이행한다.

사냥감이란 아무리 잘 달아나고 발이 빠르다 해도 언제나 자취를 남기게 마련이다. 그리하여 사냥꾼이 희미한 발자국을 보고 사냥감의 걸음걸이와 종種을 알아내는 것처럼, 고고학자가 꽃병의 파편을 보고 파묻힌 도시 전체의 시대 특성을 규명하는 것처럼, 정신분석은 진보의 시기에 이르러 무의식의 활동이 의식 안에 남겨놓은 현재의 표식들에 자신의 탐정 기술을 적용했다. 그런 작은 암시들을 탐색하던 초기에 프로이트는 어이없는 발자취를 발견했다. 이른바 실수라는 것이다. 심층심리학은 실수라는 말 아래에(프로이트는 늘 새로운 개념을 위해 정곡을 찌르는 단어를 찾아내곤 했다) 특수한 현상들을 모두 그러모았다. 가장 위대하고 가장 오래된 심리학의 대가인 언어는 오래전부터 이런 현상들을 하나의 그룹으로 인식하고 있었고, 그런 까닭에 하나같이 '페어ver'라는 음절을 달고 있다. 이를테면 페어-슈프레헨ver-sprechen(잘못 말하기), 페어-레젠ver-lesen(잘못 읽기), 페어-슈라이벤ver-schreiben(잘못 쓰기), 페어-베크젤른ver-wechseln(혼동하기), 페어-게센ver-gessen(잊어버리기), 페어-그라이펜ver-greifen(잘못 붙잡기) 같은 것이다. 물론 사소한 사건들이다. 우리는 잘못 말한다. 어떤 단어 대신에 다른 단어를 말한다. 이 물건을 저 물건으로 여긴다. 우리는 잘못 쓴다. 어떤 단어 대신에 다른 단어를 쓴다.

A. MESMER

프란츠 안톤 메스머(1734~1815)

오스트리아 출신의 의사로, 인체에서 나오는 특유의 에너지를 이용해 환자를 치료하는 생명체 자기요법의 창시자이다. 근대적 최면술의 선구자라고도 불린다. 치료법에 대한 논란으로 빈 의학계에서 추방당한 그는 파리로 건너가 '메스머 열풍'을 일으켰다.

이런 오류는 누구에게나 하루에도 열두 번씩 일어난다. 하지만 어떻게 해서 일상생활에 오자의 마법이 일어나는 것일까? 대상이 우리의 의지를 거부하는 이유는 무엇일까? 그런 이유는 없다. 우연 혹은 피로 탓이라고 옛 심리학이 대답한 것은 그나마 그런 보잘것없는 일상의 오류에 주의를 기울였을 경우이다. 생각 없음, 주의 산만, 부주의.

그러나 프로이트는 더욱 예리하게 각을 세운다. 생각 없음이란 다름이 아니라 생각을 가지려는 곳에서 생각을 가지지 못하는 것이 아닌가? 또한 바라던 것이 의도대로 실현되지 않았을 때, 어째서 바라지도 않던 다른 의도가 그것 대신 뛰어드는 것일까? 왜 우리는 의도와는 달리 다른 단어를 말하는 것일까? 실수하면서 원했던 행동이 다른 행동을 불러일으켰으니, 갑자기 누군가가 끼어들어 다른 행동을 하게 한 것이 틀림없다. 누군가가 있는 것이 틀림없다. 올바른 단어 대신 잘못된 단어를 내보내고, 우리가 찾는 대상을 감추며, 의식적으로 찾는 물건 대신 짓궂게도 다른 물건을 손에 쥐여주는 그 누군가. 이것에 관해 프로이트는 심리적 영역 안에서는 그 어떤 것도 무의미하거나 우연적이지 않다는 사실을 받아들인다(이 생각이 그의 방법론을 통째로 지배했다). 그가 보기에는 모든 심리적 사건에는 특정한 의미가 있고 모든 행위에는 행위자가 있다. 또한 그렇게 실수할 때 한 사람의 의식은 행동으로 드러나지 않고 오히려 억압받는데, 이 억압하는 힘이야말로 그가 오랫동안 성과 없이 찾아다녔던 그 무의식이 아니겠는가? 그러므로 프로이트가 보기에 실수는 생각 없음이 아니라 억압된 채 밀려들어 가 있던 생각의 자기 관철이었다. '잘못' 말하기, '잘못' 쓰기, '잘못' 잡기에서 뭔가가 말을 걸어온다. 우리의 깨어 있는 의지는 그것이 말로 나오기를 바라지 않는다. 또한 그 무언가는 지금껏 알려지지 않았지만 이제는 우리도 배워야만 하는 무의식의 언어를 구사한다.

이로써 하나의 원리가 밝혀졌다. 첫째, 모든 실수는, 잘못 저질러진 듯 보이는 모든 일은 깊은 바람을 표출한다. 둘째, 의식적인 의지 영역에는 이런 무의식이 드러나는 것에 대해 어떤 저항이 작용하는 것이 틀림없다. 예컨대(프로이트 자신이 든 예를 골랐다) 모 교수가 모 학회에서 동료의 논문에 대해 "이 발견은 아무리 낮게 평가해도 부족할 정도입니다"라고 말했다면, 그는 별생각 없이 '높게 평가해도überschätzen'라고 말하고 싶었지만, 마음속 깊은 곳에서는 '낮게 평가해도unterschätzen'라고 생각했던 것이다. 바로 이 실수가 그의 진짜 생각을 흘린 장본인이다. 자신도 놀랐겠지만, 그는 동료의 업적을 드높이기보다는 깎아내리고 싶어 한다는 마음속 비밀을 자기도 모르게 지껄여버린 것이다. 또 다른 예로, 만일 등산 교육을 받은 숙녀가 알프스 돌로미텐의 어느 구간에서 블라우스와 속옷이 땀에 흠뻑 젖었다고 투덜거리고는, 이어서 "그나저나 바지로³³ 가서 옷을 갈아입을 수 있다면 좋을 텐데"라고 말했다면, 그녀가 원래는 그 말을 더 완성된 상태에서 전하려 했는데 어리석게도 블라우스, 속옷, 그리고 바지가 땀에 흠뻑 젖었다는 말을 했다는 것을 누가 모르겠는가! 바지라는 생각이 바지라는 단어로 형성되기 직전이었다. 마지막 순간 그녀는 상황이 적당하지 않다는 것을 의식했고, 그 의식이 그 말을 도로 밀어넣었다. 그러나 밑바닥에 있는 의지는 완전히 버려지지 않았고, 그래서 그 단어가 일시적 혼란을 틈타 '실수'로 그다음 문장 속에 튀어들어 갔던 것이다. 뭔가를 잘못 말할 때verssprechen, 우리는 애초에 말하려 하진 않았지만 정말로 생각하고 있던 것을 이야기한다. 우리는 속으로 잊어버리고 싶었던 것을 잊어버린다vergessen. 상실하고 싶었던 것을 상실한다verlieren. 대개의 경우 실수는 고백과 자기 폭로를 뜻한다.

　이 심리학적 발견은 프로이트의 진짜 발견들에 비하면 보잘 것없는 것이었지만, 그나마 가장 재미있고 별로 불쾌감을 주지 않았기 때문에 그의 모든 고찰들 가운데 가장 많은 호응을 얻었다. 그러나 이것은 그의 이론 내부에서 견인차 역할을 했을 뿐이다. 그런 실수들은 상대적으로 드물게 일어나기 때문에 원자와 같은 잠재의식의 파편들만 전해주며, 전체 모자이크로 짜맞추기엔 너무 적고 시간적 간격도 너무 드문드문하다. 그러나 프로이트의 주도면밀한 지식욕은 여기서 출발해, 그런 '무의미한' 현상들이 다른 형태로 존재하는 것은 아닌지, 새로운 관점으로 해석할 수 있는 것은 아닌지 하며 우리의 정신생활을 전면적으로 더듬어갔다. 그런데 우리의 정신생활 가운데 가장 일상적인 것, 똑같이 무의미한 것, 아니, 정확히 말해 무의미한 것의 전형으로 여겨지는 것과 마주치기 위해서는 멀리 갈

필요가 없었다. 꿈, 잠을 방문하는 이 일상적 손님이야말로, 그 말의 용례가 보여주듯이, 말짱한 제정신의 궤도에서 마주치는 정신 나간 침입자이며 환상으로 가득 찬 방랑자이다. '꿈은 물거품 같은 것!'이라고 우리는 말한다. 꿈은 공허한 것, 목적도 의미도 없이 다채롭게 부풀려진 허무이자 핏속에 흐르는 신기루Fata Morgana로 간주되며, '해석'할 만한 요소가 없다. 우리는 우리가 꾸는 꿈과 아무 관계가 없다고, 우리의 환상이 순진하게 도깨비 장난질을 하는 것은 우리 탓이 아니라고 옛 심리학은 주장하며 모든 합리적 해석을 거부했다. 이 거짓말쟁이이자 바보를 대상으로 삼아 진지한 이야기를 한다는 것은 학문의 관점에서 볼 때 아무 의미도 가치도 없는 일이었다.

하지만 우리의 꿈속에서 말하고, 행동하고, 꿈을 보여주고, 묘사하고, 만드는 것은 누구인가? 우리의 깨어 있는 자아와는 다른 누군가가 말하고 행동하고 원한다는 것을 사람들은 이미 옛날부터 느끼고 있었다. 고대인들은 꿈이 '입력'되는 거라고, 초능력을 가진 어떤 존재가 우리 안에 꿈을 넣어준다고 생각했다. 인간 세계 너머의, 혹은—이 단어를 사용해도 좋다면—초자아적인 의지가 여기서 모습을 드러낸다. 그러나 신화의 세계에 존재하는 인간을 초월하는 의지는 오직 하나뿐이다. 바로 신神들이다! 신들이 아니라면 도대체 누가 그런 변형 능력과 상위의 권력을 가지고 있단 말인가? 그들은 평소에는 보이지 않다가, 상징적인 꿈을 통해 사람들에게 접근하여 어떤 소식을 암시하고, 그들의 감각기관을 공포나 희망으로 가득 채운다. 경고하거나 맹세하면서 잠의 흑판에 가지각색의 그림을 그려넣는다. 태고의 모든 민족들은 이 밤의 계시에서 성스럽고 신적인 목소리를 듣는다고 믿었으므로, 신적인 의지를 깨닫기 위해 신들의 언어인 '꿈'을 인간의 언어로 해석하는 데 온갖 열정을 바쳤다. 다시 말해 꿈의 해석Traumdeutung은 인류의 가장 일찍 형성된 학문들 중하나였다. 모든 전투에 앞서, 모든 결정에 앞서, 그리고 꿈을 꾸고 난 아침마다, 사제들과 현자들은 그 꿈들을 검토했고 꿈에서 일어난 일들을 다가올 길흉화복의 상징으로서 해석했다. 말하자면 옛날 사람들은 꿈을 통해 한 사람의 과거를 들춰내려는 정신분석과는 정반대로, 그 환상들 속에서 불멸하는 존재들이 필멸하는 존재들에게 미래를 알려준다고 생각했던 것이다. 그리하여 파라오의 사원들에서, 그리스의 아크로폴리스에서, 로마의 신전들에서, 팔레스타인의 타는 듯한 하늘 아래에서, 수천 년 동안 이 신비주의적 학문이 꽃을 피웠다. 수백 수천의 종족과 민족에게 꿈은 운명의 가장 참된 해설가였던 것이다.

물론 근대의 경험과학은 이런 견해를 미신적이고 단순한 견해로 여기고 부숴버렸다. 근대의 경험과학은 신도 신적인 것도 인정하지 않았기 때문에, 꿈에서 위로부터의 전언을 들으려 하거나 그밖의 의미를 깊이 생각해보지 않았다. 경험과학에서 볼 때 꿈은 의미가 없기 때문에 일종의 혼돈이고 가치 없는 것이었다. 단순한 생리활동이자, 무조음악처럼 불협화음을 일으키는 신경 흥분의 잔상,

과도 울혈로 인한 뇌의 수포 및 부종에서 생겨나는 것, 낮에 소화하지 못한 잔상들의 최종 폐기물들이 잠이라는 검은 파도에 쓸려온 것이었다. 그런 마구잡이 뒤범벅에 논리적 혹은 심리적 의미는 있을 수 없었다. 그런 까닭에 경험과학은 꿈을 그림들의 연속 정도로 여기고 거기서 어떤 진실이나 목적, 법칙, 의미를 인정하지 않았다. 또한 그런 까닭에 경험과학 계열의 심리학은 의미 없는 것에 의미를 부여하거나 무의미한 것을 해석해보려는 시도를 아예 하지 않았던 것이다.

그런데 이삼천 년이 지나 프로이트와 더불어 비로소 꿈은 운명이 자신을 드러내는 행위로서 다시 긍정적인 평가를 받기 시작했다. 다른 학문들은 꿈에서 오로지 혼돈과 불규칙한 충동만을 지각했지만, 심층심리학은 그것에서 규칙의 지배를 인식했다. 다시 말해 선대의 학문들에는 출구도 목적도 없는 뒤죽박죽의 미로로 보였던 것이, 심층심리학에는 무의식적 활동을 의식적 활동에 연결시키는 왕도via regia로 보였던 것이다. 꿈은 우리 배후의 감정세계와 우리의 통찰에 속하는 세계 사이를 매개한다. 다시 말해 우리는 깨어 있는 상태에서는 알기를 거부하는 많은 것을 꿈을 통해 알 수 있다. 프로이트의 주장에 따르면, 어떤 꿈도 의미가 전혀 없지는 않고, 각각의 꿈들은 충분히 타당한 심리적 활동으로서 어떤 특정한 의미를 지닌다. 그 각각이 더 높고 신적이고 인간을 초월하는 의도를 전달하는 것은 아닐지라도, 많은 경우 인간 속의 가장 내밀한 의지를 전달한다.

물론 이 전령은 일상 언어, 표면적 언어가 아니라, 심층 언어, 무의식적인 본성의 언어로 말을 한다. 그러므로 우리는 그것의 전언과 의미를 곧바로 이해하지는 못한다. 다시 말해 우리는 그것을 어떻게 해석하는지를 사전에 배워야 한다. 새로운 학문, 비로소 형성되는 학문은 그 그림들 속에서 영화처럼 빠르게 잠의 흑판 위로 스쳐가는 것을 붙잡고 식별하는 법을, 이해 가능한 것으로 다시 번역하는 법을 가르쳐야 한다. 말하자면 인류의 모든 원초적인 원시 언어처럼, 이집트인, 칼데아인, 멕시코인의 언어처럼, 꿈의 언어는 오로지 그림들을 통해 자신을 표현하고, 우리는 그때마다 그림 상징을 개념으로 바꿔 해석해야 하는 과제와 마주한다.

이렇게 꿈 언어를 사고 언어로 변환하는 것이야말로 프로이트의 방법론이 새로운, 일종의 성격학적 의도에서 꾀한 것이었다. 고대의 예언적 꿈의 해석이 사람의 미래를 밝혀내려 했다면, 생성 중인 심리학의 꿈의 해석은 무엇보다 인간의 심리적·생물학적 과거를 드러내고, 이를 통해 그의 가장 내적인 현재를 드러내려고 시도한다. 말하자면 꿈속에 등장하는 자아는 깨어 있을 때의 자아와 같아 보일 뿐이다. 꿈속에서는 시간이 통용되지 않으므로(우리가 '꿈처럼 빠르다'고 말하는 것은 우연이 아니다), 우리였던 것과 우리인 것, 예컨대 어린아이, 청소년, 어제의 성인, 오늘의 성인이 모두 동시에 공존한다. 꿈속에서 우리는 총체적 자아, 우리의 삶뿐만 아니라 살아온 것의 총체인 것이다. 반면 깨어 있을 때 우리는 오로지 우리의 순간-자아를 지각할 뿐이다. 그러므로 모든 삶은 이중생활이다. 아래쪽 무의식에서 우리는 우리의 전체, 즉 옛날이자 오늘, 감정이 뒤죽박죽된 원시인이자 문화인, 본성에 예속된 더 광대한 자아의 선사시대 흔적이다. 위쪽의 밝고 냉정한 빛에서 우리는 그저 의식된 시간-자아일 뿐이다. 이 보편적이지만 매우 음침한 생활은 오직 밤에 은밀한 어둠의 전령을 통해서만 우리의 현존재와 소통한다. 꿈을 통해서만. 우리가 우리 자신에 관해 짐작하고 있는 가장 본질적인 것을 우리는 꿈을 통해서 안다는 말이다. 그런 까닭에 꿈을 엿듣고 그 전언을 이해하는 것은 우리 고유의 특성을 배운다는 뜻이다. 깨어 있는 공간뿐 아니라 꿈속 깊은 곳에서도 자신의 의지를 아는 사람만이 과거의 삶에 현재의 삶을 더한 합계, 이른바 우리의 개성Persönlichkeit을 진정으로 알게 되는 것이다.

그렇지만 헤아릴 수도 측량할 수도 없는 심연의 수심에 어떻게 측심연을 내린단 말인가? 제 모습을 절대로 분명히 드러내지 않는 것, 아무 표정 없이 뭐가 뭔지 모르게 우리의 잠 속을 암행하며 가물거리는 것, 말은 하지 않고 오로지 신탁만 내리는 것을 어떻게 또렷이 인식한단 말인가? 이것을 위한 열쇠를 찾아내는 데는, 마법의 암호를 푸는 데는, 꿈의 알 수 없는 그림 언어를 깨어 있는 언어로 번역하는 데는 마법적인 투시력 같은 것이 필요한 듯했다. 그러나 프로이트는 자신의 심리학 실험실에 모든 문을 열 수 있는 만능열쇠

1898년 프로이트의 가족

가족의 생일 파티 때 찍은 사진으로, 맨 윗줄에 장남 마르틴과 프로이트가 서 있다. 맨 앞줄 좌측부터는 조피, 안나, 에른스트가, 가운뎃줄 좌측부터는 올리버, 아내 마르타, 처제 민나 베르나이스가 앉아 있다.

하나를 갖고 있었다. 그는 거의 틀림없는 방법을 연마했다. 어디서든 가장 복잡한 것에 도달하고자 할 때면 가장 원초적인 것에서 출발했다. 언제나 최종 형태 옆에 최초의 형태를 두었다. 언제 어디서나 꽃을 파악하기 위해 먼저 뿌리로 더듬어 내려갔다. 그래서 프로이트는 높은 교양을 지닌 어른이 아니라 어린이로부터 자신의 꿈-심리학을 시작했다.

어린이의 의식 속 표상 공간에는 더 적은 사물들이 축적되어 있고, 사고 범위가 더 한정적이고, 연상 작용이 더 빈약하다. 따라서 꿈-재료를 한눈에 볼 수 있는 것이다. 어린이-꿈의 경우 최소한의 해석 기술만으로도 그 얇은 사고층을 뚫고 들어가 심리적·감정적 기초를 볼 수 있다. 낮에 초콜릿 가게 앞을 지나갔는데 부모가 초콜릿을 사주지 않았으면, 그 어린이는 초콜릿에 관한 꿈을 꾼다. 욕망은 완전히 걸러지지도, 완전히 채색되지도 않은 채 어린이의 뇌 속에서 그림으로 바뀌고, 소원은 꿈으로 바뀐다. 어린이에게는 정신적인 것도, 도덕적인 것도, 수치도, 지성의 억제도, 조심성도, 배려도 결여되어 있다. 어린이는 벌거벗어도 부끄러운 줄도 모르고, 자신의 외면, 자신의 신체를 누구에게나 보여준다. 마찬가지로 어린이는 꿈속에서 솔직하게 자기 내면의 소원을 드러낸다.

이로써 앞으로의 해석을 위한 사전 준비가 어느 정도 이루어졌다. 꿈의 상징적 그림들은 대개는 성취되지 않은, 도로 밀려들어 간 소원들을 감추고 있다. 낮에 실현할 수 없었던 소원들이 꿈속에서 우리의 삶으로 다시 밀려온다. 어떤 이유 때문에 낮에는 행위나 말로 표현할 수 없었던 것이 꿈에서는 다채로운 환상 속의 그림과 묘사를 통해 말을 한다. 감시받지 않는 꿈의 물결이 차오르면 내적 자아의 모든 욕망과 충동은 벌거벗은 채로 근심 없이 쉽게 떠돌 수 있다. 완전히 자제력을 잃은 듯—조만간 프로이트는 이 오류를 수정하게 된다—, 현실의 삶에서는 통하지 않는 것, 즉 가장 어두운 소원과 가장 위험하고 금지된 욕망들이 그곳에서는 실현된다. 온종일 갇혀 있던 심리가 마침내 자신의 온갖 성적 성향과 공격적 성향을 그 통행금지 구역에 풀어놓을 수 있게 된다. 예컨대 꿈속에서 남자는 깨어 있을 때 자기를 거절한 여자를 강제로 안을 수 있고, 거지는 남의 재산을 약탈할 수 있고, 헐벗은 사람은 좋은 가죽을 걸칠 수 있고, 노인은 회춘할 수 있고, 절망한 사람은 행복해질 수 있고, 잊힌 사람은 유명해질 수 있고, 약한 사람은 강해질 수 있다. 꿈속에서만 인간은 자신의 적을 죽일 수 있고, 자신의 상관을 부릴 수 있고, 마침내 신처럼 자유롭고 속박 없이 자신의 가장 내적인 감정이 하자는 대로 황홀하게 즐길 수 있다. 그러므로 꿈은 다른 것이 아니라 온종일 억압받은, 아니, 정확히 말해 자기 자신에 의해 억압받은 인간의 소원을 뜻한다. 초기의 공식은 그런 듯 보였다.

대중은 프로이트의 이 첫 번째 잠정적 주장에 머물러 있었다. 꿈은 이루어지지 않은 소망이라는 이 공식은 매우 단순하고 편안해서 마치 구슬처럼 가지고 놀 수가 있었던 것이다. 실제로 일군의 사람들은 사교 모임 중 각자의 꿈에서 소원 상징, 할 수만 있다면 성적 상징을 찾아내면서 재미있는 시간을 보냈고, 진지하게 꿈-분석을 했다고 믿었다. 꿈의 복합적인 조직망과 그 어지러운 무늬의 예술적 신비를 프로이트보다 더 경외하며 고찰하고 거듭 찬양한 사람은 정 말이지 아무도 없었다. 그러나 그는 때 이른 성과를 신뢰하지 않았 고, 오래지 않아 내적 충동을 한눈에 보고 즉각 이해할 수 있는 경우 는 오로지 어린이의 꿈밖에 없다는 사실에 이르렀다. 어른의 경우에 는 꿈에서 연상과 기억으로 조형한 대량의 상징 재료를 이용했던 것 이다. 또한 그림 어휘의 경우, 어린이의 뇌는 많아야 수백 개의 특정 표상들에 한정되지만, 어른의 뇌는 파악되지 않는 솜씨와 속도로 수 백만, 어쩌면 수십억의 체험 계기들을 가지고 혼란스러운 직물을 짜 낸다.

수치심을 느끼지 않고 자신의 소원을 거침없이 보여주던 어 린이 심리의 노골성과 솔직성은 어른의 꿈에서는 사라졌다. 어린 시 절 밤의 그림놀이가 전해주던 무사태평한 수다 떨기도 사라졌다. 어 른의 꿈은 어린이의 꿈보다 더 분별력을 지니고 있을 뿐 아니라, 더 교활하고 더 많은 것을 숨기며 더 솔직하지 못하고 더 위선적으로 처신하는 것이다. 절반은 도덕적이 된 셈이다. 인간 속의 영원한 아 담은 꿈이라는 사적인 가상세계에서조차 솔직함의 낙원을 잃어버 렸다. 그는 깊은 꿈속에 있을 때조차 자신의 선과 악을 알고 있다. 윤 리적·사회적 의식으로 통하는 문이 잠 속에서도 완전히 닫히지 않고, 눈이 감기고 의식이 갈팡질팡해도 인간의 영혼은 금지된 소망과 범죄적인 꿈-행위로 인해 자기 내면의 교도소장인 양심—프로이트가 초자아das Über-ich라고 부른 것—에게 체포당할까봐 두려워한다.

그리하여 꿈은 자신의 전언을 탁 트인 자유로에서 솔직하고 거침없이 쏘아 올리지 않고, 도리어 극히 기묘한 변장을 하고 비밀 통로에서 암거래를 한다. 따라서 프로이트는 꿈이 이야기하는 것을 섣불리 진짜 내용으로 간주하지 말라고 명시적으로 경고했다. 어른은 꿈에서 어떤 감정을 발설하고 '싶어 한다'. 하지만 '감히 솔직하게' 발설하지는 못한다. '검열관'이 무서워 오로지 의도적으로 매우 교활하게 왜곡한 것들만을 말한다. 자신의 참뜻을 들키지 않으려고 언제나 말도 안 되는 것을 앞세운다. 모든 시인이 그러하듯, 꿈은 진실한 거짓말쟁이이다. 말하자면 꿈은 '비밀엄수하에sub rosa' 고해를 한다. 그것은 어떤 내적 체험을 오로지 상징을 통해 고백한다. 그러므로 두 개의 층이 조심스럽게 구분되어야 한다. 하나는 꿈이 베일로 감추기 위해 '꾸며낸' 것, 이른바 '꿈-작업'이고, 다른 하나는 이 다채로운 베일 뒤에 감춰진 진짜 체험 요소, 즉 '꿈-내용'이다. 이제 정신분석의 과제는 혼란스러운 왜곡들로 짜인 이 직물을 풀어내는 것, 그리고 모든 실화소설에서—모든 꿈은《시와 진실Dichtung und Wahrheit》[34]이다—진실, 진짜 고백 및 사실의 핵심을 노출시키는 것이다. 꿈이 말하고 있는 것이 아니라 꿈이 원래 말하고 '싶어 했던' 것, 이것이야말로 심리 생활의 무의식적 공간으로 우리를 안내한다.

오직 여기에 심층심리학이 추구하는 심층이 있다.

 그러나 프로이트는 인간의 개성을 탐색하는 데 꿈-분석이 특별히 중요하다고 주장하면서 막연한 해몽 따위를 말한 적은 결코 없다. 프로이트는 과학적으로 정확한 탐구 과정을 필요로 했다. 문학 연구자가 하나의 문학작품에 접근하는 것과 유사한 탐구 과정 말이다. 독문학자가 상상의 첨가물을 본래의 체험 동기와 구분하려 애쓰고, 무엇이 시인으로 하여금 그런 이야기를 짜내도록 충동질했는지를 탐구하듯이, 예컨대《파우스트*Faust*》의 그레첸 이야기에서 프리데리케 체험[35]이 전위되어 자신으로 하여금 창작하도록 충동질했다는 점을 괴테가 깨닫게 되듯이, 정신분석학자는 꿈의 창작과 압축[36]에서 자기 환자를 충동질하는 감정을 찾는다.[37] 그에게 한 개성의 형상은 형성된 내용들을 살펴볼 때 가장 명확해진다. 이 점에서 프로이트는 언제나 창조적인 상태에서 한 인간을 대단히 깊게 인식한다.

 그러나 사람의 개성을 인식하는 것은 정신분석학자의 본래적 목적일 수밖에 없으므로, 그는 각 사람이 창작한 실체들, 즉 꿈-재료를 검토하고 이용하는 일에 전념해야 한다. 그러는 동안 그가 과장을 경계하고 자신이 다루는 대상에 어떤 의미를 만들어 붙이고 싶은 유혹에 저항한다면, 그는 많은 사례에서 개성 속 지층들에 대한 중요한 참조 사항들을 얻을 수 있다. 인간학이 다양한 꿈들의 심리적 의미를 풍부하게 발견할 수 있었던 것은 의심의 여지 없이 프로이트로부터 엄청난 자극을 받은 덕분이었다. 그리고 거기서 더 나

프리데리케 브리옹

20대 초반의 괴테가 프랑스 스트라스
부르에서 법학을 공부하던 시절 사랑
했던 여인으로,《파우스트》에 등장하는
인물인 그레첸에 영감을 주었다.

**요하네스 리펜하우젠,
〈그레첸에게 말을 거는 파우스트〉(1827)**

파우스트는 젊고 천진한 그레첸에게
첫눈에 반해 접근한다. 둘 사이에는 열
정적인 사랑이 싹트지만 파우스트는
그레첸을 파멸로 몰아가고 만다.

아가 그는 자신의 탐구 과정에서 더 중요한 일, 즉 꿈 현상의 생물학적 의미를 처음으로 일종의 심리적 필연성으로 해석하는 일을 해냈던 것이다.

잠이 본성의 살림살이에서 어떤 의미를 지니는지 과학은 이미 오래전에 확인했다. 수면은 낮 동안의 일과로 소모된 원기를 되살리고, 소진된 신경 조직을 되살리고, 근무 교대를 통해 뇌의 고된 의식 활동을 멈추게 한다. 이에 따르면 막막한 공허, 죽은 듯한 침잠, 모든 뇌 활동의 중지, 보지 않음, 알지 않음, 생각하지 않음은 위생학에서 말하는 가장 완벽한 잠의 형태임이 틀림없다. 따라서 생물학은 매우 자연스러운 이 물음에 어떻게 대답해야 할지 몰랐다. 왜 자연은 긴장 완화라는 목적에 가장 적합한 수단을 인간에게 선사하지 않았는가? 다른 부분에서는 항상 진지한 자연이 왜 그토록 자극적인 그림놀이를 이 흑판에 투사하는가? 왜 자연은 밤이면 밤마다 아른거리며 영혼을 유혹하는 환상을 동원해 인간이 완전한 허무, 열반에 드는 것을 방해하는 걸까? 무엇을 위해? 꿈은 본디 현명하게 고안된 긴장 완화 수단을 가로막고 혼란스럽게 하고 방해하고 훼방 놓는 존재인 걸까? 꿈은 사람들이 흔히 말하는 것처럼 무의미한 것인가? 사실상 부조리해 보이는 이런 현상은 평소에는 언제나 목적에 맞고 광범위한 체계를 따르는 자연과는 모순되는 것이 아닌가?

프로이트는 꿈이 우리의 심리적 균형을 안정시키는 데 필수적임을 처음으로 입증한다. 꿈은 우리 감정 능력의 밸브이다. 우리의 작은 세속적 육신 속에는 정말이지 너무도 막강한 욕망, 헤아릴 수 없는 쾌락욕과 생존 본능이 활동하고 있는 것이다. 수많은 소원 가운데, 평범한 사람들이 옹졸하게 꽉 짜인 일상 속에서 성취할 수 있는 것이 과연 몇 개나 되겠는가? 우리들 중 누구도 자신의 쾌락의지를 천분의 일도 실현하기 어렵다. 그러므로 이루어지지 않고 이룰 수도 없는 한없는 욕망이 더없이 궁색한 소액 연금 생활자, 임금 노동자, 일용직 노동자의 가슴속에 밀려드는 것이다. 저마다의 마음속에 못된 욕망들이 음란하게 들끓는다. 지배권이 부재하는 권력의지, 억눌리고 비겁하게 일그러진 무정부주의적 욕구, 감춰진 허영심, 열정, 질투 등. 날이면 날마다 수많은 여자들이 지나다니며 저마다 순간적인 정욕을 도발하고, 이루어지지 못한 그 모든 소망과 소유욕은 똬리를 튼 채 독사처럼 틀어박혀 혀를 날름거리며 새벽종이 울릴 때부터 밤이 깊어질 때까지 잠재의식 속에 숨어 있다. 밤마다 꿈이 이 모든 웅어리진 소원들에 배출구를 마련해주지 않는다면, 영혼은 그런 대기압 아래에서 폭발하거나, 갑자기 흉악한 난동이라도 부릴 수밖에 없지 않겠는가?

온종일 갇혀 있던 우리의 욕구들을 꿈이라고 하는 안전지대에 풀어놓을 때, 우리는 우리의 감정생활로부터 그 악령들을 떼어내고, 잠이 피로라는 독성 물질로부터 신체를 구해내는 것처럼 과도한 압력에 짓눌린 우리의 영혼을 이 자기 이탈 속에서 풀어준다. 우리는 처벌을 받아야 하는 진짜 행동이 아니라 책임질 일 없는 가상 행동을 하면서 우리의 모든 사회적 범죄행위들을 우리만 들여다볼 수 있는 가상세계 속으로 옮겨놓는다. 꿈은 행위의 대체물로서, 자주 우리로 하여금 행위의 책임을 면하게 해준다. 그런 까닭에 플라톤이 한 다음의 말은 대가의 풍모를 더할 나위 없이 보여준다. "선한 사람들은 다른 사람들이 진짜로 하는 일을 꿈꾸는 것으로 만족한다."[38] 꿈은 삶의 훼방자나 잠의 방해자가 아니라, 잠의 파수꾼으로서 우리를 방문한다. 해방시키는 꿈의 환상 속에서 영혼은 과압 상태의 긴장을 몽환적 상태에 빠뜨리며—중국의 격언 하나가 이것을 명확하게 표현한다. "저 깊은 가슴속 응어리는 꿈에 대고 재채기를 한다"—, 그리하여 아침이면 생기를 되찾은 신체는 과포화 상태의 영혼이 아니라 자유롭게 숨 쉬는 정화된 영혼을 느끼는 것이다.

프로이트는 압력을 해소하는 이 카타르시스적 효과를 우리의 삶에서 꿈이 지닌, 오랫동안 아쉬워하면서도 부인해온 의미로 인식했다. 더 높은 형식의 환상과 백일몽, 즉 문학과 신화에서 통용되는 이 해소 작용은 밤잠의 손님에게도 똑같이 통용된다. 문학이 하고자 하는 바는 상징을 통해 과포화 상태에 있는 인간 내면의 긴장을 풀어주는 것, 그를 압박하는 것이 그의 영혼을 더는 침수시키지 못하도록 안전지대로 건져내 주는 것이 아니던가! 모든 참된 예술작품에서 형상화Gestalten는 '자기로부터 형상을 떼어내는 것'이다. 베르테르가 자기 대신 목숨을 끊었다고 고백했을 때, 괴테는 자기가 하고 싶던 자살을 꿈속에 반영된 형상을 향해 던져버림으로써 그 자신의 목숨을 구한 것이다. 정신분석 용어로 말하자면, 그는 자신의 자살을 작품 속 베르테르의 자살로 해소했다는 사실을 놀라울 만큼 조형적으로 표현했던 것이다.

그러나 개인이 자신의 사적 근심과 쾌락을 꿈속에서 해방시키듯이, 모든 민족의 공포감과 소원도 우리가 신화와 종교라고 부르는 조형적 형성물들 속에서 해방된다. 다시 말해 내면의 피 끓는 욕망은 제물을 바친 제단들 위에서 상징 속으로 피신함으로써 정화되고, 심리적 압박은 고해와 기도 속에서 해방시키는 말로 변화한다. 인간의 영혼은 언제나 창작적 환상인 문학 안에서만 드러난다. 그렇지 않다면 우리가 그것에 관해 무엇을 알았겠는가? 종교, 신화, 예술 작품 안에서 형상화된 꿈들 덕분에 우리는 인류의 창조적 능력을 짐작할 수 있다. 그런 까닭에 어떤 사람이 깨어 있을 때 하는 행동, 책임지는 행동만을 관찰하는 심리학은 결코 그 사람의 진짜 개성에 도달할 수 없다. 프로이트는 바로 이런 인식을 우리 시대에 각인시켰다. 심리학은 심층으로 내려가야 한다. 그곳에서는 그의 본질이 신화가 되며, 무의식적 형상들이 범람하고 있는 환경 속에서 내적 생활의 가장 참된 모습을 형성한다.

정신분석의 기술

기이하다. 인간의 내면이 이제껏 이토록 하찮게 고찰되었고 이토록 무지하게 다뤄졌다니. 우리는 자연학을 마음에, 또한 마음을 외부세계에 얼마나 많이 적용했던가.[39]

_노발리스

땅을 파지도 않았는데 값비싼 석유가 지구의 심층 다양한 형태의 지각들 가운데 몇몇 장소들을 뚫고 갑자기 분출한다. 강모래 속 여기저기에 금이 굴러다니며 제 모습을 드러낸다. 이곳저곳에 석탄이 노출되어 있다. 그러나 인간의 기술은 그런 빈도 낮은 사건들이 스스로 일어날 때까지 친절하게 기다리지 않는다. 기술은 우연에 기대지 않고 자원을 캐내기 위해 손수 땅에 구멍을 뚫는다. 수천 번 실패해도 단 한 번 값진 광석을 얻기 위해 심층 속에 갱도를 만든다. 마찬가지로 적극적인 심리학은 꿈과 실수들이 그저 흔적으로만 드러내는 우연한 고백들에 만족하지 못한다. 무의식이라는 본질적인 층에 도달하기 위해서는 심리 기술, 목적을 향한 체계적 작업으로 땅속 가장 깊은 곳까지 밀어붙이는 지하공사 기술을 사용해야 한다. 프로이트는 그런 방법을 발견하고 정신분석psychoanalyse이라고 이름 붙였다.

이 방법은 이전의 어떤 의학이나 심리학도 상기시키지 않는다. 이 방법은 완전히 독자적이고 새롭다. 다른 모든 방식에 견주어 볼 때 매우 자립적이고, 이전의 모든 심리학의 심층에 있는 듯하다. 그래서 프로이트는 이 방법을 스스로 심층심리학이라고 불렀다. 이 방법을 사용하게 되면 곧바로 정신분석가에게 과연 전문의 훈련이 필요한가, 하고 자문할 만큼 대학교에서 가르치는 지식은 거의 필요하지 않았다. 실제로 프로이트는 오랫동안 망설인 끝에 이른바 '비전문가 분석', 즉 학위 없는 의사들의 치료 행위를 자유롭게 허용해 주었다.[40] 다시 말해 프로이트가 뜻하는 영혼의 조력자seelenhelfer란, 해부학적 탐구는 생리학자에게 맡겨두고 보이지 않는 것을 보이게 만드는 데만 노력을 기울이려는 사람이다. 기계적으로 측정하거나 탐지할 수 있는 것을 찾지 않으니, 그에게는 모든 도구가 쓸모없다. 크리스천 사이언스의 경우와 똑같이 의사가 앉는 안락의자가 이 심리 치료에 사용되는 의료기구의 전부였다. 그러나 크리스천 사이언스는 치료 중에 향정신성 마약과 마취제들을 이용했다. 그들은 고통을 제거하기 위해, 불안한 영혼에게 신과 신앙과 같은 일종의 강화제를 투여했던 것이다. 이와는 반대로 정신분석은 영혼에든 신체에든 일체의 투약 행위를 꺼렸다. 다시 말해 정신분석의 의도는 인간에게 약품이든 신앙이든 뭔가 새로운 것을 집어넣는 것이 아니고, 그 안에 이미 박혀 있는 어떤 것을 끄집어내는 것이다. 인식만이, 오직 적극적인 자기 인식만이 정신분석적 의미의 치유Heilung를 가져다준다. 자기 자신으로, 자신의 개성으로 되돌아오기만 하면, (또한 건강에 대한 진부한 확신 속에 빠지지 않으면,) 환자는 자기 병의 지배자이자 전문가가 된다. 따라서 그 작업은 환자 외부에서가 아니라 완전히 그의 심리적 생활환경 내부에서 진행된다.

정신분석의는 자신이 감독하고 주의 깊게 이끌어가는 경험 말고는 아무것도 치료 방식 속에 끌어들이지 않는다. 그는 개업의처럼 치료제를 미리 구비해놓지 않았다. 크리스천 사이언스 추종자들처럼 기계적인 공식을 준비하지도 않았다. 말하자면 그의 본질적인 지식은 처방되거나 완성된 것이 아니라, 환자의 체험 내용을 통해 비로소 증류되는 것이다. 환자가 다시 치료에 응할 때는 자신의 갈등 외에는 아무것도 가져오지 않는다. 그런데 환자는 그것을 솔직하고 투명하게 가져오는 것이 아니라, 가장 기묘하고 가장 기만적인 방식으로 포장하고 왜곡하고 은폐해서 가져온다. 그러니 처음에는 환자든 의사든 그 혼란의 본질을 알 수가 없다. 신경증 환자가 보여주고 고백하는 것은 오로지 증상들이다.

그러나 심리적 영역에서 증상들은 결코 질병을 분명하게 보

메리 베이커 에디(1821~1910)

종교단체 '크리스천 사이언스'의 창립자. 의학을 버리고 신앙에 의지할 때만 참된 치유와 영생을 얻는다고 주장했다. 저서 《과학과 건강》은 크리스천 사이언스의 교본으로 쓰였다.

여주지 않고, 반대로 질병을 감춘다. (완전히 새로운) 프로이트의 견해에 따르면, 신경증에는 내용이 전혀 없고, 오로지 각각의 원인들만 있을 뿐이다. 신경증 환자는 무엇이 자신을 혼란스럽게 하는지 모르거나, 알려고 하지 않거나, 아니면 의식적으로 알지 않는다. 그는 여러 해 동안 자신의 내적 갈등을 이리저리 다양한 강박 행동과 증상들로 떠넘기고, 그리하여 결국에는 그 자신도 애초에 그 갈등이 어디에 박혀 있었는지를 더 이상 알지 못하기에 이른다. 이 지점에서 정신분석가가 개입한다. 그의 과제는 신경증 환자가 수수께끼를 폭로하도록 돕는 것이다. 그것의 해답은 환자 자신이다. '둘이서 적극적으로 인식하는' 동안 의사는 환자와 더불어 장애의 본질적 원형을 찾아 증상의 화면을 더듬어간다. 두 사람은 환자의 심리 생활 전체에 걸쳐 내면의 이중성을 최종적으로 올바르게 인식하고 밝힐 때까지 한 걸음 한 걸음 거슬러 올라간다.

처음에 정신분석 치료의 이런 기술적 부분은 의술의 영역보다는 오히려 범죄학의 영역을 더 많이 연상시켰다. 프로이트의 견해에 따르면, 모든 신경증 환자와 신경쇠약증 환자들은 언제 어디서인지는 모르지만 인격적 통일성을 향한 어떤 침입을 겪었다. 첫 번째 조처로 이 [범죄] 사실을 가능한 한 정확하게 탐색해야 한다. 잊히거나 배제된 내적 사건의 장소, 시간, 드러난 형태가 심리 기억 안에서 가능한 한 정확하게 재구성되어야 하는 것이다. 그러나 이미 이 첫 단계에서 정신분석 과정은 법률적 과정에는 없는 한 가지 어려움에 봉착한다. 다시 말해 정신분석 과정에서 환자는 일정 정도까지 모든 것이기도 하다. 그는 행위를 당한 사람이면서 행위자이기도 하다. 자기 증상을 통한 고발자이자 원고 측 증인이면서 동시에 원한에 사무쳐 증거를 은폐하거나 인멸하는 자이다. 그는 자기 속 깊은 어딘가에서 그 일이 어떻게 진행되었는지 잘 알고 있지만, 동시에 그것을 모르기도 한다. 그가 원인이라고 이야기하는 것은 원인이 아니다. 그는 자신이 아는 것을 알고 싶어 하지 않으며, 자신이 알지 못하는 것을 어떻게든 알고 있다. 하지만 더욱 환상적인 것은 이런 〔재판〕 과정이 신경과 의사를 만나 처음으로 시작된 것이 절대로 아니며, 엄밀히 말해 이미 여러 해 전부터 신경증 환자 속에서 그런 과정이 부단히 진행 중이었다는 사실이다! 그리고 정신분석적 개입이 최종심으로서 성취해야 할 임무는 다름 아닌 이 〔재판〕 과정을 끝내는 것이다. 이 해답을 위해, 이 해결을 위해 환자는 (무의식적으로) 의사를 찾는다.

그러나 정신분석은 신경증 환자, 심리적 미로에서 길을 잃은 사람에게 신속히 처방을 함으로써 갈등으로부터 즉시 데리고 나오려고 하지 않는다. 반대로 정신분석은 자신의 모든 체험 과정과 오류 과정을 통과해 비로소 위험한 이상이 시작된 결정적 지점까지 거슬러 올라가도록 착란 상태에 있는 사람을 압박하고 부추긴다. 예컨대 하자가 있는 직조물에서 잘못된 코를 고치고 다시 매듭을 지으려면 직조공은 처음 실이 끊어진 그곳에 기계를 다시 가져가야 하는 것이다. 마찬가지로 정신과 의사는 내면적 삶의 연속성을 끊김 없이 재생하기 위해 은밀한 범행이 굴곡과 균열을 일으킨 지점까지 언제나 불가피하게(직관에 의한 신속 처방이나 투시력 따위는 없다) 되돌아가야 한다. 일찍이 쇼펜하우어가 인접 영역에서 예측한 바에 따르면, 우리가 표상 생활 내의 결정적 쇼크가 일어난 지점까지 나아갈 수 있다면 정신착란의 완전한 치유가 가능할지도 모른다. 예컨대 꽃잎이 시드는 이유를 파악하기 위해서는 그 뿌리까지, 즉 무의식까지 탐구해야 한다. 그것은 먼 길, 굽잇길, 미로 같은 길이며, 책임과 위험으로 가득 차 있다. 외과의사가 수술을 할 때 손상받기 쉬운 신경으로 다가갈수록 더욱 조심하고 주의를 기울이는 것처럼, 정신분석은 한 체험층에서 더 깊은 체험층으로 수고롭고 느리게 더듬어 내려간다. 정신분석 치료는 며칠 혹은 몇 주 안에 끝나지 않고 몇 달 혹은 몇 년씩 걸리며, 또한 의사의 정신에 그때까지만 해도 의학계에 거의 알려져 있지 않던 지속적 집중과 장기적 파악을 요구한다. 비교할 만한 것이 있다면, 아마도 예수회의 의지력 훈련 정도일 것이다. 이 치료에 들어가면 모든 것이 기록 없이, 아무런 보조 수단 없이, 오로지 많은 시간이 소요되는 관찰 기술을 통해 진행된다.

환자는 소파에 누운 채, 좀 더 정확하게 말하면 자기 뒤에 앉아 있는 의사를 볼 수 없도록(이는 수치심과 의식의 억압을 막기 위한 조치이다) 소파에 누운 채 이야기를 한다. 그러나 환자는 많은 사람들이 잘못 알고 있는 것처럼 정해진 순서에 따라 이야기하지 않는

프로이트의 진료실에 놓인 소파

그를 찾아온 환자들은 이곳에 누운 채로 자유롭게 자신의 이야기를 했다. 편안하게 머릿속에 떠오르는 생각을 털어놓는 이 절차를 정신분석에서는 '자유연상'이라 한다.

다. 그는 자신의 행위를 참회하는 것이 아니다. 만약 열쇠 구멍으로 엿본다면 이런 치료는 대단히 그로테스크한 구경거리가 될 것이다. 겉보기에는 여러 달 동안 두 사람 중 한 사람은 이야기하고 다른 한 사람은 귀 기울이는 것 말고는 아무 일도 일어나지 않으니 말이다. 정신분석의는 환자에게 이런 이야기를 하는 동안에는 절대 의식적으로 곰곰이 생각하지 마라, 의사는 변호사나 검사나 판사처럼 계류 중인 소송 건에 개입하는 것이 아니다, 그러니 의지를 풀어놓은 채 떠오르는 것들(이런 착상들은 밖에서 오는 것이 아니라 환자 안의 무의식에서 오는 것이다)을 아무 생각 없이 말해주기만 하면 좋겠다고 분명하게 일러둔다. 특히 자신이 문제라고 여기는 것은 끄집어내지 말아야 한다. 그의 정신착란이 근본적으로 뜻하는 것은 다름 아니라 그가 자신의 '문제', 자신의 질병이 무엇인지를 모른다는 것이니 말이다. 그가 그것을 알았다면 그는 심리적으로 정상이었을 테고 아무런 증상도 일으키지 않았을 것이며 틀림없이 의사에게 오지도 않았을 것이다. 그러므로 정신분석은 모든 준비된 고백, 모든 문서화된 것을 거부하고, 심리 생활의 기억들을 가능한 한 많이, 자유분방하게 내어놓으라고 환자에게 주의를 준다. 신경증 환자는 속마음을 터놓고 말해버리고, 독백조로 마구 중얼거리고, 종으로 횡으로, 뒤죽박죽 뒤범벅으로, 지금 머릿속을 스쳐가는 것, 중요하지 않아 보이는 것까지 죄다 이야기해야 한다. 말하자면 즉흥적인 것, 의식적으로 의도하지 않은 것, 우연한 착상이야말로 정신분석의에게 가장 중요하다. 그런 '부차적인 것들'을 통해서만 의사는 주요 문제에 접근할 수 있다. 참이든 거짓이든, 중요하든 중요하지 않든, 극적이든 솔직하든 간에, 환자가 전념해야 할 의무는 많이 이야기하는 것, 가능한 한 많은 체험 자료를 제시하는 것, 그리하여 자신의 생애사와 심리적 특성을 보여주는 실체를 의사에게 내어놓는 것이다.

여기서 분석가의 고유한 과제가 시작된다. 의사는 삶의 건설현장에서 버려져 차츰차츰 수백 번에 걸쳐 떠밀려온 엄청난 양의 쓰레기 더미를, 그 수천의 기억, 진술, 꿈 이야기를 심리학이라는 여과기를 가지고 걸러내고 오랫동안 제련해 관찰에 적합한 본연의 광석을 얻어내야 한다. 단순한 원료material로부터 정신분석적 자료materie를 얻어내야 한다는 말이다. 환자가 이야기한 것을 날것 그대로 옳다고 받아들여서는 결코 안 되며, 언제나 그 내용을 기억하고 있어야 한다. "환자의 전언과 연상은 우리가 찾고 있는 것을 왜곡시킨 것, 이를테면 암시 같은 것이며, 우리는 이것을 근거로 그 이면에 숨겨져 있는 것을 알아맞혀야 한다."[41] 다시 말해 질병의 판결에 중요한 것은 신경증 환자의 체험이 아니라(그것은 그의 영혼에서 떨어져 나간 지 오래다), 오히려 환자가 아직 실현하지 못한 것이다. 소화가 되지 않고 위장 속에 남아 있는, 내려보내려 하지만 뜻대로 되지 않고 버티고 있는 음식물처럼, 의지에 반해 그의 내면에서 사라지지 않고 남아 있는 잉여의 감정 요소가 중요한 것이다. 과정을 차근차근 거쳐 하나의 추측에 이르고 그 추측으로부터 확신에 이르려면, 의사는 환자가 한 낱낱의 심리적 발언들 속에서 억제된 내용과 억제 활동을 "한결같이 거리를 유지하는 주의력"[42]을 가지고 골라내야만 한다.

그러나 이렇듯 조용하게, 객관적으로, 말하자면 외부로부터 관찰하는 일은 환자 자신으로 인해 치료 초기에 쉬워지기도 하고 어려워지기도 한다. 어려워지는 것은 불가피하다 해도 과언이 아닌 환자의 감정이입 때문인데, 프로이트는 이것을 '전이'라고 불렀다. 의사를 찾아오기 전에 신경증 환자는 사라지지 않은, 실현되지 않은 감정의 찌꺼기를 떨쳐내지 못하고 오랫동안 품고 다닌다. 십여 가지의 증상들을 통해 그것을 이리저리 굴리고, 자신의 무의식적 갈등을 매우 기이한 연극들을 통해 상연한다. 그러나 정신분석가를 만나 비로소 그에게서 주의 깊은 전문적 청중이자 대화 상대를 발견하자마자 그는 자신의 짐을 공처럼 의사에게 던지고, 어찌 해보지 못했던 감정들을 의사에게 떠넘기려 한다. 사랑이든 미움이든, 그는 의사와 어떤 특별한 '관계rapport'에, 즉 강도 높은 감정 관계에 빠져들어 간다. 이제까지 가상세계에서 의미 없이 경련을 일으켰던 것, 결코 완전히 풀어놓을 수 없던 것이 마치 사진판에 상像이 맺히듯 처음으로 포착된다. 이 '전이'와 더불어 비로소 정신분석적 상황이 주어진다. 이것을 하지 못하는 환자는 이 치료에 적절하지 않은 것으로 간주된다. 다시 말해 의사가 환자의 갈등을 인식하기 위해서는 그것이 생생한 감정적 형태로 자기 눈앞에 전개되는 것을 보아야 한다. 즉 환자와 의사가 그것을 공동으로 '체험해야' 한다.

정신분석 과정에서 일어나는 이러한 공유는 환자가 갈등을 생산하고, 아니, 정확히 말해 재생산하고 의사가 그 의미를 해석하는 데 존립한다. 그러나 이 의미 부여와 해석 과정에서 의사는(사람들이 당장 믿고 싶어 하는 것처럼) 환자가 도우리라 예상해서는 결코 안 된다. 심리에 관한 모든 것은 감정의 분열과 이중성에 지배를 받는다. 한 사람 안에 자신의 질병—이것에 관해서 그는 증상만 알고 있다—을 없애기 위해 정신분석가를 찾아온 환자가 있고, 동시에 무의식적으로 그 병에 집착하는 환자가 있다. 그의 질병은 확실히 이물질이 아니다. 오히려 절대 양도하지 않으려 하는 자신의 특유한 성과물이자 산물이며, 자아의 활동적이고 특정적인 부분이다. 그래서 환자는 자신의 질병에 강하게 집착한다. 그는 의사가 (당초 자신의 뜻과는 달리) 설명해주려고 하는 그 두려운 진실을 감당하느니, 차라리 그 불쾌한 증상들을 감당하려 한다. 환자는 이중적으로 느끼고 때로는 의식이 때로는 무의식이 반박하므로, 한 환자 안에 사냥꾼과 사냥감이 함께 들어 있는 셈이다.

따라서 의사에게는 그 환자의 일부만이 협력자일 뿐이고, 나머지는 가장 사나운 적이 된다. 한 손이 의사에게 기꺼이 고백을 하는 동안, 다른 손은 사실관계를 어지럽히고 은폐한다. 그러므로 신경증 환자는 의식적으로는 의사라는 협력자를 결코 돕지 못한다. 그는 의사에게 '그' 진실을 절대 말할 수가 없다. 왜냐하면 진실을 알지 못한다는 것, 아니, 알고 싶지 않다는 것이 바로 그로 하여금 균형을 잃고 착란에 빠지게 했기 때문이다. 정직하려고 마음먹은 순간조차 그는 자신에 관해 거짓말을 한다. 모든 진실 뒤에는 더 깊은 진실이 감추어져 있게 마련이며, 누가 뭔가를 고백한다면 대개는 그 고백 뒤에 더 비밀스러운 것을 감추려고 벌이는 일이다. 고백하려는 욕망과 수치심이 내밀하게 상호작용하면서도 상호대립하고, 말하는 동안 화자는 한 번은 자신을 보여주고 한 번은 자신을 감춘다. 고백 의지의 한복판에서 불가피하게 고백 억제가 일어난다. 다른 누군가가 그의 마지막 비밀에 다가가려고 하면, 그 사람 속에 있는 어떤 근육 같은 것이 불끈 일어서서 전투를 벌인다. 그러므로 모든 정신분석은 실제로 전투이다!

그러나 프로이트는 천부적 재능을 발휘해 가장 사나운 적을 최고의 협력자로 변모시켰다. 앞에서 말한 저항이 원치 않은 고백의 폭로자가 되는 경우가 빈번해진 것이다. 섬세한 청력을 지닌 관찰자는 환자의 이야기를 이중으로 경청한다. 즉 첫 번째는 환자가 말하는 것을, 두 번째는 환자가 침묵하는 것을 듣는 것이다. 프로이트의 탐정술은 상대방이 말하고 싶어 하면서 말하지 못한다는 것을 감지하는 지점에서 결정적 비밀이 임박했다는 낌새를 명확하게 알아차린다. 이 지점에서 억제는 협력자로 돌아서고, 신호를 보내면서 길을 알려준다. 환자가 너무 크게 혹은 너무 작게 말할 때, 너무 빨리 말할 때, 말하다가 멈출 때는 무의식이 직접 말하고자 하는 것이다. 이야기하다가 어떤 특정한 콤플렉스에 접근하면 곧바로 미세한 동요가 일어나고 말문이 막히고 너무 크거나 너무 작게 말하게 된다. 이런 작은 저항들이 억제하는 것과 억제당한 것, 한마디로 지금까지 추적해온 은폐된 갈등을 마침내 명확하게 알려주는 것이다.

정신분석 과정에서 중요한 것은 언제나 무한소나 다름없는 작은 인식들, 체험의 편린들이며, 내면의 체험상은 이것들을 재료로 하여 점차 구성되어간다. 마치 자판기처럼 정신분석가에게 자신의 꿈과 고백들을 던져넣고 몇 가지 질문과 함께 손잡이를 돌리면 뚝딱 하고 진단서가 나온다는 생각이 요즘 살롱과 카페에 널리 퍼져 있는데, 이보다 단순한 생각은 없다. 실제로 정신분석 치료는 엄청나게 복잡하고, 전혀 기계적이지 않으며, 오히려 예술적인 과정이다. 이 작업에 견줄 만한 것이 있다면, 서투른 덧칠로 오염된 옛날 그림을 원래 양식에 맞게 복원하는 일이다. 덧칠을 걷어내고, 마침내 원형이 자연스러운 색채로 드러날 때까지 엄청난 인내심을 발휘해 상하기 쉬운 정교한 질감을 밀리미터 단위로 켜켜이 살리며 새로이 생명을 불어넣어야 한다. 세부들과 부단히 씨름하지만 정신분석의 건축 작업은 언제나 전체를, 전체 인격의 재생을 목적으로 삼는다. 그런 까닭에 특정한 분석에서 몇몇 콤플렉스를 개별적으로 잡아낼 수는 없고, 언제나 한 사람의 심리 생활 전체를 재료로 하여 기초에서부터 지어 올려야 한다.

그러므로 인내력이야말로 이 방법이 요구하는 첫 번째 특성이다. 정신이 지속적으로, 그러면서도 눈에 띄지 않게 팽팽한 주의력을 기울이는 동안 인내할 수 있는 힘 말이다. 다시 말해 의사는 환자가 알아채지 못하도록 하면서 그가 이야기하는 것과 이야기하지 않는 것에 자신의 선입견 없는 청취력을 중립적으로 분배하고, 나아가 그 이야기의 뉘앙스에 주목해야 한다. 상대방이 어떤 일화들을 두드러지게 자주 반복해서 이야기하는지, 그의 이야기가 어떤 점에서 모순되는지를 파악하기 위해 의사는 진찰 시간마다 이루어지는 보고를 예전의 모든 보고들과 대조해야 한다. 의사는 각성 상태에서 호기심에 가득 차 있는 자신의 의도를 들켜서는 안 된다. 누군가 잠복해 자신을 기다리고 있음을 눈치채자마자 환자는 솔직함을 잃어버리기 때문이다. 솔직함만이 순간적으로 빛을 발하는 무의식의 섬광으로 의사를 안내한다. 의사는 그 속에서 낯선 심리적 풍경의 윤곽을 깨닫는다. 그러나 의사는 자신의 이런 해석조차도 자기 환자에게 강요하지 못한다. 정신분석의 의미는 다름 아니라 자기 인식이 환자의 내면에서 자라는 것, 그 체험을 즐기는 것이다. 환자가 마침내 자신의 신경증 시위를 불필요하다고 인식해, 자신의 감정 에너지들을 망상과 꿈으로 허비하지 않고 생활과 업적으로 해방시키면, 비로소 이상적 치료에 도달한 것이다. 그런 다음에야 분석은 환자를 놓아준다.

　　그러나 정신분석은 얼마나 자주—위험한 질문!—그런 완벽한 의학적 성공을 거두는가? 염려스럽게도 그리 자주는 아니다. 질문하고 경청하는 정신분석의 기술은 마음의 소리를 듣는 특별히 섬

1909년 미국 클라크 대학 방문 기념 사진

프로이트는 미국 클라크 대학 총장이자 심리학자 스탠리 홀의 초청을 받아 미국을 방문했다. 클라크 대학 개교 20주년 행사에 초대되어 명예박사 학위를 받고 강연을 하기 위해서였다. 앞줄 좌측부터 프로이트, 스탠리 홀, 스위스의 심리학자 카를 구스타프 융. 뒷줄 좌측부터 각각 오스트리아 태생의 미국인, 영국인, 헝가리인 정신분석학자 에이브러햄 브릴, 어니스트 존스, 산도르 페렌치.

세한 청력, 감정을 꿰뚫어보는 깊은 투시력, 매우 값진 정신적 물질들을 합금해내는 특별한 기술을 필요로 하며, 그런 만큼 정말로 숙명적인 사람, 천생 심리학자인 사람만이 치유의 협력자로서 이 영역에서 활동할 수 있는 것이다. 크리스천 사이언스나 쿠에 요법Coué-Methode은 그 체계의 기계공들을 양성할 뿐이다. 그들은 '질병은 없다', '나는 날마다 더 좋아지고 있다'와 같은 만병통치용 문구 몇 가지를 가르칠 뿐이다. 특별한 위험성은 없지만, 그들의 굳은 손은 망치로 두드려 만든 듯한 이 조잡한 개념들을 쥐고는 질병의 비관주의가 완전히 파괴될 때까지 병약한 영혼을 마구 두들겨댄다. 그러나 정신분석 치료의 경우 정말로 책임 있는 의사가 각각의 개별적 사례에서 자신의 체계를 독립적으로 고안해내야 하는 의무를 마주하고 있으며, 그런 창조적 적응력은 열의와 지능을 통해서만 얻을 수 있는 것이 아니다.

그것은 타고난 것은 물론 훈련까지 받은 영혼 전문가를 필요로 한다. 낯선 사람의 운명 속으로 들어가 생각하고 느끼는 능력을 천성적으로 지녔을 뿐만 아니라, 인간에 대한 직감과 조용히 관찰하는 인내심을 겸비하고 있는 사람 말이다. 게다가 정말로 창조적인 정신분석가한테서는 특별한 마법적 요소, 즉 타인으로 하여금 기꺼이 열정적으로 순종하면서 자기 속내를 털어놓게 하는 동감과 안심의 기운이 흘러나와야 한다. 이 모든 것은 배울 수 있는 성질의 것이 아니고 신의 은총을 받은 사람만이 타고난다. 내가 보기에 그런 진짜 영혼 전문가가 드문데도 제한까지 있을 수밖에 없는 까닭은 정신분석이 개인의 천직일 뿐—유감스럽게도 오늘날 너무나 자주 그러듯이—직업과 사업이 될 수는 없기 때문인 것 같다.

그러나 이 점에서 프로이트는 특별히 너그럽게 생각했다. 자신의 해석 기술을 성공적으로 사용하는 데는 직감과 훈련이 필요하지만 "배우기 어렵지 않다"라고 말한 대목[43]에서는, 그 문장 끄트머리에 격분한 듯한 물음표를 굵직하게 그려넣는 것이 좋으리라. 내가 보기에는 '사용'이라는 표현 자체가 심리적 지식에 관한 가장 정신적인, 그야말로 영감에 따른 능력들을 요구하는 과정에 쓰이기에는 적절치 않고, 보편적 습득 가능성에 관한 언급은 위험하기조차 하다. 시작법을 안다고 해서 시인이 될 수 없듯이, 심리술을 열심히 연구한다고 해서 진짜 심리학자가 될 수는 없다. 감정이입 능력을 지닌 타고난 영혼 투시자 외에는 어느 누구에게도 모든 기관 중 가장 섬세하고 미묘하고 예민한 이 기관을 다루는 일이 허용되어서는 안 된다.[44] 프로이트 같은 창조적 정신이 최고의 섬세함과 책임감을 가지고 고안해낸 일종의 심문 방식이 서투른 사람의 손에 쥐어졌을 때 얼마나 위험해질지는 생각만 해도 두렵다. 소수 정예로 선발된 집단에 한정되지 않고 학습 불가능한 것임에도 불구하고 정신분석이 강단에서 가르쳐지고 있다는 사실만큼 정신분석의 평판에 해가 되는 것은 아마도 없을 것이다. 속성으로 별생각 없이 손에서 손으로 전수되는 동안 정신분석의 개념들 가운데 상당수는 거칠어지기만 할 뿐 전반적으로 더 나아지지는 않을 테니 말이다.

오늘날 구대륙은 물론이고 신대륙에서조차 전문가든 아마추어이든 정신분석 요법이라고 사칭하는 것들은 지그문트 프로이트의 인내심과 천재성에 기반한 최초의 치료 행위와 가련한 패러디 수준의 유사성을 지니고 있을 뿐이다. 아무것에도 구애받지 않고 판단하고자 하는 사람은 다음의 사실을 깨닫게 마련이다. 정신분석은 본질적으로 치료를 위해 실행되며, 미덥지 않은 비전문가들의 개입 이후로도 정신분석이 하나의 엄밀한 임상적 방법으로서 절대적 타당성을 입증할 수 있을 것인가 하는 문제에 관한 조망 능력은 강단 정신분석 교육의 결과 오늘날에는 부재한다는 사실을 말이다. 이것에 관한 결정은 우리의 소관이 아니라 미래의 소관이다.

한 가지 확실한 것은 프로이트의 정신분석 기술이 심리 치료 영역에서 최종적이자 결정적인 것은 결코 아니라는 점이다. 그것은 너무도 오랫동안 봉인되어 있던 책의 맨 첫 장이었고 개인의 고유한 개성을 재료로 삼아 이해하고 치료하고자 한 최초의 방법론적 시도였다. 이것만큼은 모든 시대를 통틀어 정신분석 기술이 얻게 될 명예이다. 천재적 본능을 지닌 한 사람이 동시대의 의술 한복판에 공백이 있음을 깨달았다. 오래전부터 인간의 신체는 아무리 작은 기관이라 할지라도 책임 있는 관리—치아 관리, 피부 관리, 모발 관리—를 받아온 반면, 영혼의 곤경은 학문 안에서 어떤 피난처도 찾지 못하고 있다는 불가해한 사실 말이다. 교육자들은 미숙한 학생들을 성숙해질 때까지 도운 다음, 그들을 아무렇게나 홀로 내버려두었다. 혼자 힘으로 학교를 졸업하지 못한 자들, 학업을 소화하지 못해 어찌할 바를 모르며 해소되지 않는 갈등을 짊어지고 있던 자들은 완전히 잊히게 되었다. '자기 자신 속으로 물러나 있는 사람들'을 위한, 신경증 환자와 정신병자들을 위한, 자신의 충동세계 안에 감금된 사람들을 위한 어떤 공간이나 상담소도 존재하지 않았다. 병든 영혼은 기댈 곳이 없어 방황했고, 충고를 찾아 나서보았지만 헛일이었다. 바로 이들의 주무관청을 프로이트가 설립했다. 그는 고대에는 영적 지도자, 즉 주술적 영혼 치유자와 지혜 교사가, 경건의 시대에는 사제가 강력하게 차지했던 그 자리를 새로운 근대적 학문에 배정했다. 그 과제는 웅장하게 제시되었고 문들이 활짝 열렸다. 그리고 헤아릴 수 없는 넓이와 깊이를 느끼는 곳마다 인간 정신은 거기서 멈추지 않고 오히려 뛰쳐나가 자신의 지치지 않는 날개를 펼쳤던 것이다.

성性의 세계

자연스럽지 않은 것도 자연이다. 어디서나 자연을 보지 못하는 사람은 어디서도 자연을 제대로 보지 못한다.[45]　　　　　　　　　　_괴테

지그문트 프로이트가 오늘날 더 이상 없어서는 안 될 성과학性科學의 창시자가 되었다는 사실은 애초에 그가 의도한 바는 아니다. 하지만 그것은 그의 생애에 숨겨진 법칙인 듯하다. 길은 매번 처음의 탐색 지점 너머로 그를 이끌었고, 그는 자유의지에 따랐다면 감히 발을 들여놓지 않았을 영역들을 열어젖혔던 것이다. 신경학자였던 그가 꿈의 해석과 성생활의 생물학적 층위를 학문의 대상으로 고양시키는 일을 하게 되리라고 누군가 예언했다면, 서른 살의 그는 아마도 믿지 못하겠다는 듯 비웃었을 것이다. 성향상 그는 개인적으로나 학문적으로나 그렇게 샛길로 빠진 관찰 영역에 조금이라도 관

심을 내비친 적이 없다. 프로이트가 성 문제에 도달한 것은 그것을 원했기 때문이 아니다. 오히려 그것이 그가 탐색하는 사유의 항로로 스스로 마중을 나온 것이다.

부른 적도 없고 기대하지도 않았는데, 브로이어와 함께 개척한 저 심층으로부터 그것이 마중을 나오니, 그 자신도 놀랄 지경이었다. 히스테리에서 출발한 그들의 공동 연구[46]는 어떤 공식을 발견했는데, 이 공식은 노이로제와 대부분의 정신착란은 어떤 본능이 본래의 해소 방식을 방해받아 성취되지 못한 채 잠재의식 속에 억제되었을 경우에 발생한다는 사실을 알려주었다. 그런데 특히나 문명인이 억제하는 욕망들은 어떤 것인가? 가장 친밀하고 가장 고통스러운 것이지만 세상은 물론이고 자기 자신에게조차 감추고 있는 그 욕망들 말이다. 얼마 지나지 않아 프로이트는 귀담아듣지 않을 수 없는 답변을 제시했다. 어느 신경증 환자에 대한 첫 번째 정신분석 치료는 에로틱한 감정들이 억압되어 있음을 보여주었다. 두 번째도, 세 번째도 마찬가지였다. 그리하여 프로이트는 곧바로 깨달았다. 언제나 또는 거의 언제나 신경증은 어떤 성적 충동이 자신의 욕구를 충족시키지 못한 상태에서 억제와 울혈로 변화하여 정신생활을 압박하는 경우에 발생한다는 사실을 말이다. 예기치 않았던 습득물을 주워 들고 프로이트는 처음에 아마도 놀라움을 느꼈을 것이다. 이렇게 분명한 사실을 선배들이 모두 놓쳤다니. 이 분명한 원인을 정말 아무도 보지 못했다고? 아니, 분명 그것은 그 어떤 교과서에도 없었다.

그때 갑자기 프로이트는 유명한 스승들이 던져준 몇몇 암시와 논의를 떠올렸다. 크로박Rudolf Chrobak이 신경 치료가 필요한 어느 신경증 여자 환자를 그에게 보내면서 슬그머니 알려주었다. 그 부인은 성불구인 남자와 결혼했기 때문에 18년간 결혼생활을 했음에도 처녀 상태라는 것이었다. 그러고는 생리학적이고도 신의 뜻에 따르는 수술로 치료하는 것이 이 환자에게 정말로 최선인지에 관한 자신의 개인적 의견을 농담조로 덧붙였다. 파리 시절 스승이었던 샤르코도 비슷한 주제를 가지고 대화하던 중에 신경 장애의 원인을 이렇게 규정했다. "하지만 언제나 성적인 문제예요, 언제나!Mais c'est toujours la chose sexuelle, toujours!" 프로이트는 놀란다. 그들은 알고 있었다. 그의 스승들은 물론이고 어쩌면 그들보다 앞선 수많은 의학 전문가들까지도! 그러나—그의 소박한 정직성이 이렇게 물었다—그들은 알고 있는데도 왜 그것을 은밀히 감추며 대화로만 알려주고, 공식적으로 발표하지 않은 것일까?

그 노련한 사람들이 왜 자신들의 깨달음을 세간에 알리기를 삼갔는지, 이 젊은 의사는 곧바로 강렬하게 체감하게 된다. 프로이트는 자신의 결론을 차분히 객관적으로 표현한다. "현실 속의 에로틱한 욕구가 외적으로 혹은 내적으로 저지당해 좌절되어 있을 때 신경증이 발생한다." 그러자 사방에서 그를 향한 격렬한 저항이 터져 나왔다. 학문은 그때까지만 해도 도덕의 의연한 기수였기에 그런 성적 병인론을 공개적으로 인정하기를 거부했던 것이다. 그 비밀을 풀

루돌프 크로박(1843~1910)

오스트리아 빈의 산부인과 의사로, 프로이트가 신경증이 성적인 것에 기인한다고 주장하는 데 영감을 주었다. 산부인과 강의실에서 수업 중인 크로박을 묘사한 이 그림은 페르디난트 슈무처의 동판화이다.

기 위해 프로이트를 직접 이끌어주었던 친구 브로이어도 자신이 판도라의 상자를 열도록 도왔음을 알아차리자마자 정신분석으로부터 황급히 뒷걸음질 쳤다. 오래 지나지 않아 프로이트 역시 깨달았다. 1900년에 그런 식의 검증들은 마치 신체처럼 가장 민감하고 신경질적으로 반응하는 영혼의 어느 지점을 건드린다는 것, 또한 성적 충동은 여전히 각 개인 속에 존속하며 삶의 형식을 결정하고 최고의 문화 창조물들에도 결정적인 영향을 주고 있지만, 문명시대의 허영심은 그것을 상기하느니 차라리 온갖 정신적 퇴행을 기꺼이 감내하려 한다는 것을 말이다. "사회는 성적 충동이 해방되어 원래의 목표로 회귀하는 것보다 더 문화를 위협하는 것은 없다고 생각합니다. 그러므로 사회는 자기 밑바탕에 존재하는 몹시 까다로운 이 부분을 떠올리는 것을 좋아하지 않습니다. 성적 충동의 영향력을 인정하고 성생활의 의의를 개인에게 알리는 데 사회는 아무런 관심이 없습니다. 그러기는커녕 교육적 목적이라는 미명하에 사람들의 주의를 다른 쪽으로 돌리는 길을 선택했습니다. 그래서 사회는 정신분석의 연구 성과 전체를 소화하지 못하고, 감성적으로 반감을 일으키는 것으로, 도덕적으로 혐오스러운 것으로, 아니, 위험한 것으로 낙인찍고야 마는 것이죠."[47]

프로이트가 그 길에 첫발을 내디디자마자 시대 전체가 그에게 반발했다. 그가 이 전투를 결연히 맞이했다는 사실, 뿐만 아니라 앞뒤 가리지 않는 그의 천성이 그 전투를 더욱 어렵게 만들었다는 사실은 솔직함으로 얻은 그의 명예와 잘 어울린다. 프로이트가 미리 생각해 성생활의 계보학을 더 조심스럽게, 더 완곡하게, 더 정중하게 표현했더라면, 많은 사람의 분노를 일으키지 않고도 자신이 말한 모든 것, 혹은 거의 모든 것을 발언할 수 있었으리라. 그는 자신의 신념들에 언어의 외투를 걸쳐 문학적으로 약간 분칠할 수도 있었고, 눈에 띄는 차림을 하지 않고 자신의 신념들을 여론 속으로 잠행시킬 수도 있었다. 세상에 적나라하게 보여주려 했던 거친 남근적 충동의 힘과 충격력을 '리비도'라고 하지 않고 더 점잖게 '에로스'나 '사랑'이라고 부르는 데 그칠 수도 있었다. 우리의 심리 세계가 에로스의 지배를 받는다고 말했다면 어쨌든 플라톤의 말처럼 들렸을 테니 말이다.

그러나 프로이트는 파렴치하고 어정쩡한 태도를 싫어했기 때문에 딱딱하고 각지고 오해 여지가 없는 말들을 선택했다. 명료성의 문제라면 결코 물러서지 않았다. 에로스나 사랑이라고 말하지 않고, 직설적으로 리비도, 쾌감 충동, 성, 성 충동이라고 말했다. 조심스럽게 돌려서 글을 쓰기에는 프로이트는 언제나 너무도 솔직했다. 그는 고양이를 고양이라 부른다Il appelle un chat un chat.[48] 그는 지리학자가 산과 도시를 부를 때나 식물학자가 초목과 채소를 부를 때와 똑같이 공평무사하게, 모든 성적인 것과 일탈적인 것을 평범한 독일어 이름들로 불렀다. 그는 성적인 것에 관한 모든 표현—죄악과 도착증이라고 낙인찍힌 것들까지—을 도덕적인 사람들의 폭발적인 분노나 수치스러워하는 사람들의 무서운 비명에 아랑곳하지 않고 일상적으로 냉정하게 탐구했다. 느닷없이 등장한 문제 속으로 귀머거리인 양 끈기 있고 태연하게 파고들었고, 인간의 충동세계에 대한 최초의 심리-지리학적 탐구를 체계적으로 시작했다.

의식적으로 속세의 세계를 탐구했던, 뼛속까지 반종교적이었던 사상가 프로이트는 충동 속에서 우리 내면의 왕국의 최하부, 마그마가 출렁이는 그 지층을 보았던 것이다. 인간은 영원을 원하지도 않고, 영혼은 정신의 삶을 우선적으로 욕망하지도 않는다는 것이 그의 생각이다. 말하자면 영혼은 오로지 충동적으로, 맹목적으로 욕망할 따름이다. 모든 것에 대한 욕망은 모든 심리 생활의 첫 호흡이다. 육체가 양분을 갈구하듯, 영혼은 쾌감을 갈구한다. 리비도, 그 원초적인 쾌락의지, 그 가라앉을 줄 모르는 영혼의 허기는 세상을 향해 움직인다. 그러나―성과학을 위한 프로이트 고유의 근본적 발견이 바로 이것이다―이 리비도는 처음에는 아무런 특정한 내용 없이 그저 자기 자신으로부터, 자기 자신을 넘어서 충동을 일으키는 것을 뜻했을 뿐이다. 프로이트의 독창적 주장에 따르면 심리적 에너지는 언제나 전이될 수 있으므로, 리비도는 자신의 충격력을 때로는 이 대상으로, 때로는 저 대상으로 향할 수 있다. 그러므로 정욕이 언제나 남자로부터 여자를 향해, 여자로부터 남자를 향해 일어나는 것은 아니다. 그것은 그저 해소되고자 하는 맹목적인 힘이며, 어디를 겨눌지 모르는 활의 장력, 빠져나갈 어귀를 찾지 못한 강물의 소용돌이치는 힘인 것이다. 그것은 무엇인지도 모른 채 마냥 해소를 향해 치닫는다. 그것은 정상적인 성행위를 통해 해소될 수도 있고, 신적인 것으로 변해 예술 활동이나 종교 활동을 통해 숭고한 업적으로 승화될 수도 있다. 자리를 잘못 잡아 탈선할 수도 있다. 생식기와 관련된 것에 그치지 않고 전혀 의외의 대상에 탐욕스럽게 '집중'하면서 수많은 중간 단계를 거쳐 성적 충동을 아예 신체적 영역에서 원천적으로 쫓아낼 수도 있다. 그것은 동물과 같은 발정에서부터 인간 정신의 극히 섬세한 동요에 이르기까지 온갖 형태를 띨 수 있으며, 형태도 없고 파악되지도 않지만 도처에서 제 기능을 발휘한다. 그리고 그것은 저급한 행위에서든 최고의 문학작품에서든, 인간의 유일한 원천적 의지를 쾌락을 향해 해방시킨다.

이렇듯 프로이트가 그 가치를 근본적으로 전복시킴으로써 성 문제에 대한 관점이 단번에 완전히 바뀌었다. 그때까지 심리학은 심리적 에너지가 지닌 전환 능력을 모르는 상태에서 성적인 것을 성기의 기능과 같은 의미로 여겼으므로, 성은 하체 기능에 대해 조사하는 학문으로, 그래서 고통스럽고 불순한 것으로만 간주되었다. 프로이트는 성의 개념을 생리적인 성행위에서 분리시켰고 '저급한' 심리적·신체적 행위라는 편견과 모욕으로부터 해방시켰다. "한 인간이 지닌 성욕의 정도와 방식은 그 정신의 마지막 정점에까지 이른다"[49]는 니체의 예언은 프로이트에 의해 생물학적 진리로 밝혀졌다. 인간의 그 막강한 긴장력이 수 년, 수십 년이 넘도록 비밀 연락망을 타고 다니다가 어떻게 느닷없이 자신의 심리 생활을 표출하는지, 리비도의 개별적 몸짓이 셀 수 없이 많은 변신과 위장을 통해 어떻게 기이한 보상 행위와 소원 형식들로 거듭나는지를 그는 수많은 개별 사례에서 증명했던 것이다. 그러므로 심리적 관점에서 볼 때 눈에 띄는 특이성, 우울증, 신경증, 강박 행동이 나타나면, 의사는 대부분의 경우 환자의 성적 운명이 특이하거나 비정상적이라고 추론하게 된다. 그다음으로 의사에게 주어지는 의무는 심층심리학의 방법에 따라, 특정 체험 때문에 내면적 삶 속에서 정상적인 충동의 궤도로부터 일탈을 일으킨 지점까지 환자를 되돌려놓는 일이다.

그런데 이 새로운 진단 방식이 프로이트를 다시금 예기치 못했던 발견으로 이끌었다. 착란을 유발하는 성적 체험이 아주 오래전에 신경증 환자에게 일어난 일이라는 사실은 최초의 정신분석들을 통해 이미 그에게 알려진 바이다. 또한 개인의 심리가 진짜로 조형되는 시기인 유년 시절에 그런 체험을 하는 것은 너무도 당연하다. 발달 중인 어린아이의 의식은 아직 말랑말랑해서 무엇이든 선명하게 받아들인다. 이러한 인격 성장기의 기록판에 새겨진 것만이 결코 지워지지 않고 오래 남아 각 사람의 운명을 결정짓는다. "어린 시절의 첫인상들을 잊을 수 있다고 생각하는 사람은 아무도 없다"(괴테).[50] 그래서 프로이트는 각각의 질병 사례에서 언제나 사춘기까지 더듬어 올라갔다. 처음에 그는 이보다 더 이전의 시기는 문제가 되지 않는다고 생각했다. 어떻게 성적 인상들이 성 능력에 앞서 발생할 수 있다는 것인가? 당시만 해도 그는 성 충동의 생활이 경계 구역을 넘어 유아기까지 소급된다는 것은 아예 말도 안 된다고 여겼다. 행복한 무의식을 가진 유아기는 사출을 위해 돌진하는 체액의 긴장을 아직 느끼지 못한다고 여겼던 것이다. 그래서 프로이트의 첫 탐구들은 사춘기에 한정되어 있었다.

그러나 얼마 지나지 않아 프로이트는 수많은 특이한 고백들에 직면했고 더 이상 모른 체할 수 없었다. 환자들 가운데 대부분의 경우, 훨씬 이전의 시기, 말하자면 기억 이전의 성적 체험에 대한 기억들이 정신분석을 거치면서 대단히 또렷하게 드러난다는 사실을 말이다. 그는 자기 환자들의 고백을 똑똑히 들으면서 사춘기 이전의 시기, 그러니까 유아기에도 이미 성 충동이나 그와 관련된 특정한 심상들이 틀림없이 포함되어 있으리라는 혐의를 품게 되었다. 연구를 진행하면서 그 혐의는 점점 더 유력해졌다. 프로이트는 유모와 남성 교사들이 성적 호기심의 조기 발현에 대해 뭐라고 보고했는지를 기억해냈고, 그러자 의식적 심리 생활과 무의식적 심리 생활 사이의 차이에 관한 발견이 갑자기 그 상황을 환하게 밝혀주었다. 프로이트는 깨달았다. 성 의식은 사춘기쯤 되었을 때 처음으로 갑자기 몸 안에 주입되는—대체 그것이 어디로부터 올 수 있다는 말인가?—것이 아니라, 오히려—모든 강단 심리학보다 천 배는 더 심리학적인 언어가 이미 오래전부터 대단히 구체적으로 표현해주었듯이—영글다 만 인간 속에서 성 충동이 그저 '깨어날' 뿐이라는 사실, 따라서 성 충동은 잠든 채로(말하자면 잠복 상태로) 오래전부터 어린이의 신체 속에서 현존해왔다는 사실을 말이다. 유아가 걷기 전에 걸을 수 있는 잠재력을 두 다리에 지니고 있듯이, 말할 수 있기 전에 언어 욕구를 지니고 있듯이, 성욕도—목적에 맞는 행동에 대해서는 짐작도 못 하면서—유아 속에 이미 오래전부터 존재해왔다. 유아는—결정적 표현!—자신의 성욕에 관해 안다. 그저 이해하지 못할 뿐이다.

알지는 못하고 추측할 뿐이지만, 프로이트도 이 사실을 발견한 첫 순간에는 틀림없이 경악을 금치 못했으리라. 그것은 당시의 가장 익숙한 견해를 일종의 신성모독에 가까운 방식으로 전복시키는 것이었다. 성인들의 생활에서 성적인 것이 심리적으로 중요하다는 점을 강조하는 것만으로도 무모했다. 다른 모든 사람들이 말한 것처럼 지나친 강조였다. 그런데 어린아이한테서, 인류가 그야말로 관용구처럼 절대 순수, 천사표, 욕망 없음이라는 심상과 결부시켜온 그 어린아이한테서 성적 감정의 흔적들을 발견하려 하다니, 이 혁명적인 생각은 사회도덕에 대한 얼마나 큰 도발이었던가! 그 온화하고 웃음꽃 피는 생명체가 어떻게 벌써 정욕을 알거나 정욕에 관한 꿈을 꾼다는 것인가?

처음에 이런 생각은 엉터리이고 말도 안 되고 오만방자하고 반논리적으로까지 보였다. 어린아이의 기관들에는 생식 능력이 전혀 없으니, 이런 끔찍한 표현이 나올 수밖에 없었던 것이다. "일반적

프로이트와 아내 마르타 베르나이스

결혼 1년 전인 1885년의 사진이다. 1882년 약혼했으나 의사가
되어 경제적 기반을 다지느라 결혼하기까지 4년을 기다려야
했다.

으로 볼 때 어린이에게 성생활이 있다면, 그것은 도착증적인 경우에 속할 것이다."[51] 1900년의 세상에서 이런 발언을 하는 것은 학문적 자살 행위였다. 그러나 프로이트는 발언했다. 이 무자비한 연구자는 한번 확실한 근거를 손에 쥐면, 나사를 조이듯 계속해서 파고드는 힘으로 최저 심층까지 쉴 새 없이 뚫고 들어가곤 했다. 그런데 하필이면 인간의 가장 무의식적 형태인 젖먹이한테서 성 충동의 원초적·보편적 형식이 가장 뚜렷하게 나타나는 것을 발견하다니, 그 자신도 놀랄 지경이었다. 특히 출생한 지 얼마 되지 않았을 때는 도덕적 의식의 광채가 아직 억제되지 않은 충동세계까지는 내리쬐지 못하기 때문에, 그는 그 작은 생명체인 젖먹이한테서 쾌감은 빨고 불쾌감은 내뱉는 리비도의 구체적 원형을 보았던 것이다.

그 작은 인간 짐승은 자신의 신체와 환경에서, 엄마의 젖에서, 손가락과 발가락에서, 목재와 철재에서, 살과 옷에서, 모든 곳에서 쾌감을 홀짝홀짝 들이마신다. 그 젖먹이는 억제 없이 꿈에 취한 채로 쾌감을 주는 모든 것을 자신의 작고 연한 육체 속에 끌어들이기를 열망한다. 이런 원초적 쾌락 속에 있는 유아는 아직 막연한 존재이므로 나중에 배우게 될 나의 것과 너의 것을 아직 구분하지 못한다. 나중에 교육이 그에게 설정해주는 경계들, 즉 신체적 경계나 윤리적 경계를 그는 아직 느끼지 못하는 것이다. 다스려지지 않는 공황 상태의 존재, 그칠 줄 모르는 흡입 욕구로 모든 것을 자신의 자아 속으로 끌어당기는 그 존재는, 자신의 작은 손가락에 닿는 모든 것을 자신이 유일하게 알고 있는 쾌감의 원천으로, 빨고 있는 입으로 가져간다(그런 까닭에 프로이트는 이 시기를 '구강기'라고 부른다). 자신의 손발을 거침없이 가지고 놀고, 옹알거리며 빠는 욕망에 젖어들면서, 동시에 그 믿기지 않는 야생적 흡입을 방해하는 모든 것에 거부 반응을 보이며 격분한다. 젖먹이, '아직 자아가 아닌' 것, 이 막연한 '이드(Id, Es)' 속에는 오로지 인간의 보편적인 리비도만이 목적도 대상도 없이 삶을 만끽하고 있다. 무의식적 자아가 거기서 모든 쾌락을 세상이라는 젖가슴으로부터 게걸스럽게 들이켜고 있는 것이다.

그러나 이 최초의 자가 성애 단계는 오래 지속되지 않는다. 곧 어린이는 자기 신체에 경계가 있다는 사실을 깨닫기 시작한다. 작은 빛이 조그마한 뇌 속을 비추고, 처음으로 안과 밖이 구분된다. 어린이는 최초로 세상의 저항을 느끼고, 그 바깥이라는 것이 자신을 좌우하게 될 어떤 권력이라는 것을 경험한다. 그리고 체벌이 온갖 원천에서 쾌락을 한정 없이 길어 올리는 일을 허용하지 않는다는, 그가 이해할 수 없는 법칙을 그에게 고통스럽게 가르친다. 말하자면 벌거벗은 자신을 내보이는 것, 배설물을 만지며 즐기는 것이 그에게 금지되는 것이다. 그는 도덕과 관련 없는 감정 일체를 포기하도록, 어떤 일들은 허용된 것으로, 다른 일들은 허용되지 않는 것으로 구분하도록 강요받는다. 이 작은 야만인에게 사회적이고 미학적인 양심을 투입하려는 문화 요구가 시작되는 것이다. 일종의 제어 장치인 양심 덕분에 그는 자신의 행위를 선행과 악행으로 나눌 수 있다. 그리고 이 깨달음과 더불어 그 작은 아담은 무책임이라고 하는 낙원에서 추방된다.

이와 동시에 쾌락의지는 어느 정도 안으로 물러난다. 어린이가 성장하는 동안 쾌락의지는 자기 발견이라는 새로운 충동과 맞닥뜨리고는 뒤로 물러나는 것이다. '이드'로부터, 무의식적이고 충동적인 것으로부터 '자아'가 형성되는데, 이런 자아 발견은 매우 강한 긴장과 열중의 신호를 뇌로 보내기 때문에, 원래 공황 상태로 돌출하던 쾌락 욕구는 그동안 등한시되며 잠복 상태에 들어간다. 그리고 이러한 자기 열중의 상태 역시 나중에 어른이 되었을 때도 기억에서 완전히 지워지지 않은 채로 이어질 뿐 아니라, 많은 경우 (프로이트가 표현한 것처럼) 나르시스적 성향으로 잔존한다. 이것은 위험한 자기중심적 성향으로, 오직 자기 자신하고만 관계를 맺고 세계와의 감정적 유대를 거부한다. 젖먹이에게 총체이자 원형으로 나타났던 쾌락 충동은 성장 과정에서 다시 눈에 띄지 않는다. 포낭에 싸여 있는 것이다. 젖먹이의 자가 성애 및 범성애 형태와 사춘기의 성애 사이에는 욕정의 겨울잠이 있다. 어스름한 동안 기력과 체액은 해방만을 바라보며 만반의 준비를 하는 것이다.

이어서 두 번째 시기, 다시 성애에 집중하게 되는 사춘기에 휴면 상태의 충동이 점차 깨어나면, 리비도가 다시 세상 쪽으로 고개를 돌리면, 리비도가 다시 '집중'을 원하고 자기 감정의 긴장을 전이할 수 있는 대상을 찾으면, 이 결정적 순간에 자연의 생물학적 의지는 이 풋내기를 생식이라는 자연적 방향으로 단호히 지도한다. 사춘기의 뚜렷한 신체 변화들은 젊은 남자와 성숙해가는 소녀에게 자연이 뭔가를 계획하고 있다는 사실을 가르쳐준다. 그리고 이 특징들은 생식기 부위에서 확연하게 나타난다. 이것들은 본능이 그 길을 원한다는 것, 그리고 인간이 그 길을 따름으로써 자연의 은밀하고도 영원한 계획, 생식에 종사하게 된다는 것을 알려준다. 이제 리비도는 젖먹이 시절처럼 장난스럽게 자신을 즐기는 것이 아니라, 낳고 낳아진 인간들 속에서 언제나 새로 실현되는 불가해한 세계의 계획에 합목적적으로 복종해야 한다. 개인이 자연의 이런 지시를 이해하고 순종하면, 즉 생식기가 창조적으로 활동하여 남자는 여자와, 여자는 남자와 결합하면, 다시 말해 한때 그가 공황 상태로 모든 것에서 추구하던 쾌락들에서 다른 종류의 쾌락 가능성들을 모두 잊어버리면, 이 인간 존재의 성 발달은 바르고 규칙적인 길을 가게 되며, 그의 개인적 충동도 정상적이고 자연스러운 목표 방향으로 작용하게 되는 것이다.

이 '두 시기의 리듬'이 인간 성생활의 발달을 전체적으로 결정하고, 수많은 사람들의 쾌락 충동은 별다른 위기 없이 이렇듯 규칙적인 경로를 따라간다. 어린이에게는 모든 것에 대한 쾌락과 자신에 대한 쾌락이, 어른에게는 생식욕이 나타나는 것이다. 잘 알려져 있다시피, 정상인은 자연의 목적에 봉사하며 자연의 목적은 그를 오로지 생식이라는 형이상학적 궁극 목적에 이용하고자 한다. 그러나 상대적으로 드문, 정신과 의사가 관심을 갖는 사람들의 경우에는 이 곧고 건강한 경로에 불운한 장애가 나타난다.

일군의 사람들은 개인에 따라 그때그때 드러내기도 하고 감추기도 하는 원인에 의해 자신의 쾌락 충동을 자연이 권고하는 형태로 이행할 엄두를 내지 못하는 것이다. 그들의 경우에는 리비도, 성적 에너지라는 것이 언제나 정상인들과는 다른 특정한 목표를 욕망의 배출구로 찾는다. 이런 비정상인들과 신경증 환자들의 경우 성적 취향이 체험의 노선 내부에 자리를 잡지 못하면서 잘못된 궤도로 벗어나고, 더는 그런 태도에서 빠져나오지 못한다. 그러므로 프로이트의 견해에 따르면 성도착자들, 성적으로 다른 취향을 지닌 사람들은 유전적으로 죄를 물려받은 것도, 병든 사람도, 심리적 범죄자도 결코 아니며, 오히려 대부분은 성기기(또는 남근기) 이전에 얻은 다른 형태의 쾌감과 성장기에 겪은 어떤 쾌감을 불가피하게 정확히 기억하는 사람들, 그것의 심각한 반복적 강박 때문에 오로지 그 한 방향으로만 쾌감을 추구하는 사람들이다. 그래서 이 불운한 형태의 사람들은 어른이 되어서도 유아적 욕구 형태를 생활의 중심에 두고, 저 기억의 강박 때문에 제 나이에 맞는 정상적인 성행위와 사회가 당연하다고 정해놓은 성행위에서는 아무런 쾌감도 얻지 못한다. 그들은 언제나 (대개 그들에게는 오래전에 무의식이 된) 저 체험을 기꺼이 반복하고 현실에서 그 기억의 대체물을 찾는 것이다.

장 자크 루소Jean Jacques Rousseau는 유년 시절 단 한 번의 경험으로 이루어진 이러한 도착화가 고전적인 사례임을 자신의 자서전을 통해 가차 없이 보여주었다.[52] 그가 남몰래 사랑한 엄격한 여교사는 그를 회초리로 자주 벌하곤 했는데, 소년이었던 그는 그 체벌로 고통받는 와중에 또렷한 쾌감을 느껴서 그 스스로도 깜짝 놀랐던 것이다. 루소는 (프로이트가 매우 훌륭하게 규명한) 잠복기 동안 이 에피소드를 까맣게 잊었지만, 그의 신체, 그의 영혼, 그의 무의식은 이 체험을 잊지 않았다. 이후 성숙해진 뒤로 그는 여성들과 정상적인 성교를 통해 만족을 얻으려 했지만, 결코 얻을 수가 없었다. 여성과 하나가 되기 위해서는 우선 그녀가 회초리를 들고 저 역사적인 체벌 과정을 되살려야만 했다. 그리하여 장 자크 루소는 성감이 때 이르게 불운하고도 일탈적인 방식으로 일깨워진 일로 인해 내면의 저항에도 불구하고 그에게 허락된 유일한 쾌락 형태인 불치의 마조히즘 masochismus(피학대음란증) 속에서 일생을 살아야 했다.

따라서 성도착자들은 (프로이트는 생식 이외의 방식으로 쾌락을 충족하려는 모든 사람을 이 개념에 포함시켰다) 병자도, 권위를 부정하는 제멋대로의 기질을 지닌 사람도, 의도적으로 파렴치한 소동을 일으켜 일반적인 규범을 뛰어넘는 사람도 아니다. 자신의 의지와는 반대로 붙들린 사람들, 자신의 때 이른 체험에 속박되어 유아기에 머물러 있는 사람들, 나아가 신경증과 정신병을 일으킬 정도로 일탈적 충동 의지를 강제로 억누르려 하는 사람들인 것이다. 그러므로 이 강박 태도를 해결해주는 것은 일탈된 사람들을 위협해 더 깊은 내적

혼란으로 도망치게 하는 사법부도 아니고, '이성'에 호소하는 도덕
도 아니며, 근원적 체험을 함께 발굴해 환자가 그것을 이해할 수 있
게 하는 정신과 의사뿐이다. 내면의 갈등을 스스로 인식해야만―이
것이 프로이트 심리학의 공리이다―그 갈등을 해결할 수 있기 때문
이다. 스스로 치유하기 위해서는 무엇보다 자신의 질병이 무엇을 뜻
하는지[53]를 알아야 하는 것이다.

그러므로 프로이트에 따르면 모든 심리적 장애는 어떤―대
개는 에로틱한―인격 체험에 기인하고, 우리가 기질과 유전이라고
부르는 것조차도 신경에 깊이 각인된 이전 세대들의 체험에 지나지
않는다. 따라서 정신분석에서는 체험이 모든 심리 형성의 형식을 결
정하고, 또한 이것 때문에 정신분석은 각 개인을 오직 개별적으로
그의 과거 체험에 근거해 이해하려고 하는 것이다. 프로이트에게는
개인심리학과 개인병리학 외에 다른 것은 없다. 말하자면 심리적 생
활공간 속에 있는 것들은 결코 어떤 규칙이나 도식에 따라 관찰하면
안 되고, 그때마다 일회성 속에서 그 원인들을 발견해야 한다. 물론
이것은 개인의 때 이른 성적 체험 대부분이 개인별로 다채로운 것이
당연하지만 그것들이 서로 겹치면서 어떤 전형적인 닮은꼴들을 보
여준다는 사실을 배제하지는 않는다. 수많은 사람들이 정확하게 같
은 유형의 꿈들, 예컨대 날아다니는 꿈, 시험 보는 꿈, 쫓기는 꿈을
반복적으로 체험하듯이, 프로이트는 때 이른 성적 체험 속에서 형성
된 전형적인 감정 태도를 거의 강제적인 것으로 인식해야 한다고 생

각했고, 이런 전형들, 다시 말해 이런 '콤플렉스'들을 발견하고 인식하기 위해 대단히 열정적으로 노력했다.

　　이른바 오이디푸스 콤플렉스는 그중 가장 유명한—또한 가장 악명 높은—것이 되었다. 게다가 그것은 프로이트가 자신의 이론적 건축물인 정신분석을 지탱하는 데 중요한 역할을 한다고 지목했던 기둥들 가운데 하나이다(내가 보기에 이제 그것은 완공 이후 제거해도 전혀 위험하지 않은 (간이) 버팀목들 중 하나가 아니다). 그것은 그동안 너무도 치명적인 인기를 얻어서, 장황하게 설명할 필요도 없다. 그리스의 오이디푸스 전설에서는 아들이 아버지를 죽이고 어머니를 소유한다는 치명적인 감정 태도가 비극적으로 구현되었는데, 프로이트는 야만적인 감정을 일으키는 이런 상황이 오늘날에도 여전히 모든 어린이의 마음속에 소원처럼 현존한다고 가정했다.[54] 왜냐하면 어린이가 지니는 최초의 에로틱한 감정 태도는 어머니를 향해 있고—가장 논란이 된 프로이트의 가설!—, 최초의 공격적 성향은 아버지를 겨누고 있기 때문이다. 프로이트는 모친 사랑과 부친 증오로 이루어진 이 '힘의 평행사변형'을 모든 어린이의 심리 생활 속에 있는 자연스럽고 불가피한 최초의 집합으로 입증할 수 있으리라 믿었고, 그 옆에 거세 공포, 근친상간 소원 따위의 지옥 같은 감정들을 나란히 두었다. 이런 감정들은 인류의 원시신화에도 구현되어 있다. (프로이트의 문화생물학적 견해에 따르면 여러 민족의 신화와 전설은 다름 아닌 그들이 유년 시절에 바라던 소원이 '해소된' 것이다.) 그리

장 오귀스트 도미니크 앵그르, 〈오이디푸스와 스핑크스〉(1808)

고대 그리스의 시인 소포클레스의 비극 〈오이디푸스 왕〉에 등장하는 주인공 오이디푸스. 그는 아버지를 아버지인 줄 모른 채 말다툼 끝에 죽이고, 스핑크스가 내준 수수께끼를 푼 대가로 테베의 왕이 되어 어머니와 결혼한다. 나중에 진실을 알게 된 그는 스스로 눈을 찌르고 남은 평생을 방랑한다. 프로이트는 아버지를 증오하고 어머니를 사랑하는 3~5세 소년의 무의식적 경향을 '오이디푸스 콤플렉스'라 명명했다.

하여 인류가 오랫동안 반문화적이라고 여겨 밀쳐냈던 모든 것, 살해욕구와 근친상간과 강간, 원시 씨족생활의 모든 불쾌한 혼란, 그 모든 것이 유년 시절에, 인간 심리의 이 원시 단계에 한 번 더 소원으로 재등장한다. 다시 말해 각 개인은 자신의 윤리적 발달 과정에서 인류의 문화사 전체를 상징적으로 되풀이하는 것이다. 무의식적이기 때문에 보이지는 않지만, 우리 모두는 우리의 핏속에 가라앉아 있는 오래된 야만적 본능을 계속 떠안고 가며, 어떤 문화도 인간 자신에게조차 낯선 이 본능과 욕망의 섬광으로부터 인간을 완전히 보호할 수는 없다. 이 흐름들은 우리의 무의식 속에서 언제나 모든 규범과 도덕 이전의 저 원시시대를 은밀히 향하고 있는 것이다. 그리고 우리는 그런 충동세계를 우리의 의식적 행동으로부터 멀리 두기 위해 전력투구하고 있는지도 모른다. 우리는 충동세계와 관련해 기껏해야 지적·윤리적 의도 속에서 성과를 거둘 수 있을 뿐, 충동세계에서 완전히 해방될 수는 없다.

이러한 이른바 '반문명적' 견해는 어떻게 보면 충동의 완전한 지배에 쏟아부은 인류의 수천 년 노력을 헛된 것으로 간주하고 리비도의 제압 불가능성을 강조한다. 그래서 프로이트의 논적들은 그의 성 이론을 통째로 범성애주의라고 불렀다. 그들은 프로이트가 심리학자로서 우리의 심리 생활에 미치는 성 충동의 압도적인 영향을 인정함으로써 성 충동을 과대평가했고, 의사로서는 모든 심리적 장애를 오로지 그 지점으로 환원시키고 거기서 출발해 치료하려 했다고 비난했다. 내가 느끼기에 이런 반박에는 진짜와 가짜가 어지럽게 뒤섞여 있다. 사실 프로이트는 쾌락 원칙이야말로 세계를 움직이는 유일한 심리적 힘이라고 일원론조로 이야기한 적이 단 한 번도 없다. 모든 긴장과 운동—삶 또한 이와 무엇이 다르단 말인가?—이 오로지 폴레모스[55]에서, 갈등에서 나온다는 사실을 프로이트는 잘 알고 있었다.

그래서 그는 우선 자아를 넘어서고 결합을 추구하는 원심적 충동인 리비도에 다른 충동 하나를 이론적으로 대립시켰다. 처음에 그는 그것을 자아 충동, 나중에는 공격 충동, 마지막에는 죽음 충동이라고 불렀다. 그것은 생식이 아니라 절멸을 향해, 창조가 아니라 파괴를 향해, 일체가 아니라 허무를 향해 내달리는 충동이다. 다만—이 점에 국한해서 보면 프로이트의 논적들이 완전히 틀린 것은 아니다—프로이트는 이 대립 충동을 성 충동처럼 실증적이고 구체적인 힘으로 그려 보이지는 못했다.

그의 철학적 세계상에서 이른바 '자아 충동'의 왕국은 상당히 어렴풋한 상태로 머물러 있다. 그곳은 프로이트가 완전히 또렷하게 보지는 못하는 곳이다. 다시 말해 순수하게 사변적인 공간에서는 언제나 명확했던 그의 묘사 능력이 멋진 조형성을 결여하는 것이다. 그리하여 실제로 그의 저서와 치료법에서 성적인 것이 어느 정도 과대평가되고 있는지는 모르지만, 그 격렬한 강조는 성적인 것을 몇십 년간 체계적으로 폄하하고 은폐해온 역사적 조건 속에서 고려되어

왼쪽_1864년 여덟 살의 프로이트와 아버지 야코프
오른쪽_1872년 열여섯 살의 프로이트와 어머니 아말리아

프로이트는 아버지보다 스무 살이나 젊은 어머니를 사랑했고, 어머니를 두고 아버지와 경쟁
했다고 스스로 분석했다. 이런 개인적인 경험은 오이디푸스 콤플렉스를 착안하는 데 영향을
미쳤다.

야 한다. 사상이 시대를 얻기 위해서는 과장이 필요한 법이다.

프로이트 또한 그 침묵의 둑을 억지로 뚫어버림으로써 전반적인 논의의 흐름을 만들어냈다. 성적인 것을 지나치게 강조했다고 많이들 떠들긴 해도, 막상 그것이 실제로 위험을 가져올 조짐을 보인 적은 없었고, 최초의 시도에서 과장했던 내용들은 모든 가치의 영원한 조정자인 시간에 의해 이미 극복되었다. 프로이트가 저술을 시작한 지 25년이 된 오늘날 성 문제에 관한 우리의 새롭고 솔직하고 더 낫고 더 과학적인 지식 때문에 세상이 훨씬 더 성적이거나 탐닉적이거나 비도덕적으로 되지는 않았다. 앞선 세대가 시치미를 떼며 탕진해버린 심리의 가치, 어떤 육체적인 것에도 사로잡히지 않는 정신을 탈환했다는 사실을 고려한다면, 오히려 프로이트의 가르침은 아무리 걱정이 많은 사람이라도 안심할 수 있을 것이다.

새로운 성은—이미 학교에서도 교육하고 있다—내면의 결정들을 더 이상 피하지 말라고, 가장 중요한, 즉 가장 개인적인 문제들을 감추지 말라고, 아니, 오히려 내적 위기들 가운데 가장 위험하고도 가장 신비스러운 것을 가능한 한 스스로 명료하게 의식하라고 가르친다. 자기 자신에 대한 지식에는 이미 자기 자신을 향한 자유가 있고, 더 자유로운 이 새로운 성도덕은 다가올 양성 간의 동지애를 고려할 때 흘러간 침묵의 도덕보다 윤리적으로 더 창조적인 도덕임이 입증될 것이다. 침묵의 도덕을 서둘러 끝장내고 그것을 쓸어버린 사람이 이 대담하고 자유로운 한 사람이라는 사실은 아무도 부인할 수 없다. 한 종족 전체의 외적 자유는 언제나 한 개인의 내적 자유 덕분이며, 모든 새로운 학문은 언제나 다른 모든 사람들이 그 문제를 최초로 의식하게 만든 첫 번째 사람과 함께 시작하는 것이다.

먼 곳을 향한 황혼의 시선

모든 응시는 어떤 관찰로, 모든 관찰은 어떤 숙고로, 모든 숙고는 어떤 연관으로 이어진다. 그러므로 세계를 주의 깊게 응시할 때마다 우리는 이미 이론을 전개하고 있다고 말할 수 있다.[56]   _괴테

가을은 조망하기에 좋은 계절이다. 열매를 거두었으니 낮일도 끝났다. 하늘과 저 먼 곳에서 오는 모든 빛이 삶의 풍경을 티 없이 환하게 비춘다. 일흔 살이 된 프로이트가 그간 이룬 업적을 처음으로 뒤돌아 살펴본다면, 자신이 만들어가고 있는 이 길이 자신을 얼마나 멀리 데려왔는가, 하고 스스로 놀랄 것이다.

어느 젊은 신경외과 의사가 히스테리 해석이라고 하는 신경과학적 문제를 따라간다. 그 문제는 생각보다 빨리 그를 그 문제의 심층으로 데려간다. 그러나 그 우물 바닥에는 어떤 새로운 문제가

반짝이고 있다. 바로 무의식이다. 그는 그것을 건져 올리고 본다. 그것은 마법의 거울인 것으로 밝혀진다. 그 빛은 어떤 정신적 대상을 비출 때마다 그 대상의 새로운 의미를 밝혀준다. 그렇게 비범한 해석 능력을 장착하고 내적 사명에 기이하게 이끌린 그는 하나의 인식에서 다른 인식으로 나아가고, 모든 정신적 관점에서 계속 더 높고 더 광범위한 관점으로 비상한다. 레오나르도 다빈치의 표현에 따르면, "한 부분이 다른 부분으로부터 잇달아 생겨난다una parte nasce dall'altra successivamente".**57** 또 나선형으로 상승하는 이 각각의 고리들은 다 함께 정신적 세계의 통일된 그림을 향해 저절로 연결된다. 신경학, 정신분석, 꿈 해석, 성과학의 영역은 오래전에 넘어섰고, 계속해서 새로운 학문들이 혁신을 위해 주어진다. 교육학, 종교학, 신화학, 문학, 미술 등이 그에게서 영감을 받아 현저하게 확장되었다. 고령을 생각할 때 지금과 같은 의외의 활약을 얼마나 더 오래 할 수 있을지는 이 백발의 연구자 스스로도 전망하지 못한다. 산에서 내려온 모세처럼, 생의 저녁을 맞은 프로이트는 자신의 이론에 쓰일 아직 경작되지 않은 무한히 넓은 옥토를 바라보고 있다.

이 수색병은 50년 동안 전쟁터에서 비밀 저격수이자 진리 탐색자로서 의연하게 살아왔다. 그의 전리품은 측량할 수 없을 정도이다. 그가 얼마나 많은 것들을 계획하고 예견하고 보고 만들고 거둘었는가? 정신의 모든 영역에서 이룬 이 업적들을 누가 헤아릴 수 있으랴? 이제 이 노인은 쉴 수 있을 것이다. 또 실제로 그의 내면에는 더 편안하고 더 너그러운 시선으로 사물을 바라보길 원하는 어떤 것이 있다. 많은, 너무도 많은 어두운 영혼을 엄격하게 검사하듯 주시했던 그의 두 눈은, 이제는 그 무엇에도 구속받지 않고 일종의 지적 몽상 속에서 세계상 전체를 한번 파악하기를 원한다. 깊이로만 파헤치던 그가 이제는 현존재의 높이와 넓이를 한번 고찰하기를 원한다. 일생을 심리학자로서 끊임없이 탐구하고 질문해온 그가 이제는 철학자로서 자기 자신에게 어떤 답변을 들려주려 한다. 수많은 개인을 분석했던 그가 이제는 과감히 공동체의 의미를 해명하고 시대를 분석하는 데 자신의 해석 기술을 시험하고 싶어 한다.

언젠가 순수한 정신의 직관으로 오직 사상가처럼 세계의 비밀을 고찰하리라는 이 욕망은 오래되었다. 그러나 과제의 엄격함 때문에 프로이트가 사변적으로 흐르는 것은 평생 금지되었다. 우선 수없이 많은 개인들과 마주해 심리적 구조의 법칙들을 탐구해야만 했고, 그런 다음에야 비로소 그것들을 보편적인 법칙에 적용할 수 있었다. 책임 의식이 지나치게 강한 사람은 항상 현재를 이른 대낮으로 보게 마련이다. 그러나 이제 저녁이 되어 50년간의 쉼 없는 작업이 언제든 사색적으로 몽상하며 개체 밖을 내다보아도 좋다는 자격증을 그에게 주었으니, 그는 먼 곳을 바라보기 위해, 또 수천의 사람들에게 시험했던 방법을 전 인류에게 시도해보기 위해 한 걸음을 더 내디딘다.

여느 때라면 그는 틀림없이 대가처럼 행동했겠지만, 이번 일

1913년 프로이트와 둘째 딸 조피

조피는 1920년 인플루엔자에 걸려 스물여섯의 나이로 사망했고 2년 후 조피의 아들마저 결핵으로 사망하여 프로이트를 깊이 상심케 했다.

은 조금 소심하게, 조금 초조하게 시작했다. 사람들이 다음과 같이 말하고 싶어 한 것도 무리는 아니었다. 그는 수많은 망상들을 폭로하느라 철학적 소원-꿈에 빠지는 것이 얼마나 쉬운 일인지를 잘 알고 있으니, 사실을 엄밀하게 다루는 학문 영역에서 증명이 불가능한 영역으로 건너가게 되면 양심의 가책을 느낄 거라고. 그때까지 그는 모든 사변적 일반화를 냉정하게 거부했다. "나는 세계관들을 조작하는 일에 반대한다."[58] 따라서 그는 가볍지 않은 마음으로, 예전처럼 확고부동하지 않게 저 너머의 형이상학으로—또는 좀 더 신중하게 부르자면, 메타심리학으로—고개를 돌렸고, 이 만년의 무모한 도전에 관해 스스로에게 변명을 늘어놓는 듯했다.

"내 작업 환경에 어떤 변화가 일어났고, 나는 그 결과들을 부인할 수 없다. 예전에 나는 새로운 가설이 있어도 그것을 단언할 수 있을 때까지 보류해야만 하는 부류에 속했다. (…) 그 무렵 내 앞에는 시간이 망망대해처럼, 어느 사랑스러운 시인이 말했듯이 '시간의 대양들oceans of time'이 펼쳐져 있었고, 자료도 너무나 풍족하게 쏟아져서 새로운 경험을 할 수밖에 없었다. (…) 그러나 이제는 모든 것이 달라졌다. 내 앞의 시간은 한정되어 있고, 그 시간이 모두 연구에 쓰이지도 않으며, 그래서 새로운 경험들을 할 기회가 그다지 충분하지도 않다. 뭔가 새로운 것을 알았다고 생각될 때 확인할 때까지 기다릴 수 있을지 자신이 없다."[59]

이 엄밀하게 학문적인 사람은 자기가 이번에 온갖 거북한 문제들을 제시하리라는 사실을 이미 알고 있는 듯하다. 그는 자신을 압박하는 질문들 가운데 몇 가지에 대해 독백조로, 일종의 정신적 자기 대화 속에서, 스스로 답변을 요구하지도 완전한 답변을 주지도 않으면서 논할 따름이다. 그의 만년의 저작들인 《환상의 미래Zukunft einer Illusion》와 《문명 속의 불만Das Unbehagen in der Kultur》은 이전 저작들처럼 두껍지 않을지는 모르지만 더 문학적이다. 증명 가능성이 덜한 내용을 담고 있지만 더 지혜롭다. 가차 없는 분석자 대신 광범위하게 종합하는 정신이, 엄격하게 자연과학적인 의사 대신 오랫동안 자신을 예술가로 느껴온 사람이 마침내 모습을 드러낸다. 그 탐구하는 눈길 뒤에 아주 오랫동안 감춰져 있던 인간 지그문트 프로이트가 이제 처음으로 전면에 나서는 듯하다.

그러나 여기서 인류를 바라보는 그의 시선은 음울하다. 어두운 것을 너무 많이 보아서 어두워진 눈이다. 인류는 50년간 끊임없이 자신의 근심, 고뇌, 혼란과 번민을 손에 들고 슬퍼하면서, 조언을 구하면서, 흥분한 상태로, 격분하면서, 히스테리를 부리며, 난폭하게 그를 찾아왔다. 언제나 환자들, 억눌린 사람들, 괴로운 사람들, 정신 나간 사람들뿐이었다. 인간의 우울하고 무기력한 면이 그를 평생토록 쫓아다녔다. 주변에 벽을 두른 채 끝을 알 수 없는 굴을 파고 앉아 연구했기 때문에 그가 다른 인류를 보는 일은 드물었다. 밝고 즐겁고 신앙심 깊은 표정의 인류, 도움을 주고, 근심 없고, 명랑하고, 경박하고, 즐겁고, 행복하고, 건강한 사람들 말이다. 언제나 아프고, 불쾌하고, 장애가 있는 사람들뿐이었고, 언제나 어두운 영혼들뿐이었다. 그는 너무 오랫동안, 너무 많이 의사 지그문트 프로이트로 살아왔고, 점차 인류 전체를 한 명의 환자로 간주하기에 이르렀다. 자신의 연구실에서 세상을 바라본 첫인상으로, 그는 다른 모든 연구 성과에 앞서 끔찍하게 비관적인 진단을 제시한다. "각 개인에게 그렇듯이 인류 전체에도 삶은 견뎌내기 힘들다."[60]

희망을 거의 약속하지 않는 치명적으로 어두운 말은 어떤 깨달음이라기보다는 오히려 저 깊은 곳에서 올라오는 탄식이 아닌가! 프로이트는 문화생물학적 과제에 접근할 때도 마치 환자의 병상에 다가가듯 했다. 그리고 정신과 의사로서 관찰하는 데 익숙했기에, 우리 시대 속에서 일종의 정신착란 증상을 또렷하게 감지했다고 생각했다. 기쁨이 그의 눈에 익지 않았던 만큼 그는 우리 문화 속에서 오로지 기쁘지 않은 것만을 보았고, 그러한 시대 심리의 신경증을 분석적으로 탐구하기 시작했다. 그는 스스로에게 질문했다. 우리 문명은 앞선 세대들의 모든 예상과 바람을 훨씬 뛰어넘을 만큼 인류를 고양시켰는데 어째서 진짜 만족은 거의 주지 못하고 있는 것인가? 우리는 우리 안에 있는 옛 아담을 천 배나 뛰어넘었고, 이미 아담보다 훨씬 더 신에 가깝지 않은가? 청각은 전화기의 진동판 덕분에 가장 멀리 떨어진 대륙의 소식을 듣고, 시각은 망원경 덕분에 무수한 별들의 세계를 보고 현미경의 도움으로 물방울 속의 우주를 보기도 하지 않는가? 우리의 목소리는 한순간에 시공간을 뛰어넘고 레코드

판에 담겨 영원을 비웃으며, 비행기는 죽을 수밖에 없는 인간 존재에게 지난 수천 년 동안 허락되지 않은 원소(=대기)를 가로질러 우리를 안전하게 실어 나르지 않는가? 그런데 이렇게 신과 가까워졌는데도 인간의 영혼은 정당한 승리감을 느끼기는커녕, 고작해야 그런 부귀영화의 주인 자리를 빌려서 앉았을 뿐이고, "인조신人造神Pro-thesengott"61(핵심을 찌르는 표현!)이 되었을 뿐이며, 그런 기술적 성과들 가운데 어떤 것도 우리의 자아를 깊이 만족시켜 행복하게 만들어주지는 못한다는 갑갑한 의식만을 갖고 있지 않은가? 이런 억압의, 이런 착란의 원천은 어디에 있고, 이런 정신병의 뿌리는 어디에 있는가? 이렇게 프로이트는 인류를 향해 자문한다. 또 프로이트는 진료실에서 개별 사례를 다룰 때처럼 진지하고 엄격하고 객관적인 방식으로 우리의 문명이 초래한 불만족과 현대인의 심리적 신경증의 원인들을 연구하는 일에 착수했다.

프로이트는 언제나 과거를 탐구함으로써 정신분석을 시작했으므로, 정신병에 걸린 문화에 대한 정신분석 또한 인간 사회의 원형으로 되돌아가서 시작했다. 프로이트에게는 태초에 원시인(문화의 젖먹이)이 있었으니, 그 원시인은 모든 관습과 법칙을 의식하지 않았고 동물처럼 자유로웠으며 아무런 억압도 받지 않았다. 그 원시인은 흩어지지 않는 이기주의적 집중력 속에서 살인과 식인 활동에 자신의 공격 충동을 풀어놓고, 성 충동은 범성애와 근친상간에다 풀어놓았다. 그러나 이 원시인은 별도의 혈연 집단, 씨족사회를 결성하자마자 자신의 욕망이 한계에, 다시 말해 동반자들의 반대에 부딪힌다는 것을 인지할 수밖에 없었다. 모든 사회생활은 아무리 초보적 단계라 할지라도 제한을 요구한다. 개인은 자기 분수에 만족해야 하고, 특정한 것들을 금지된 것들로 받아들여야 한다. 권리와 관습, 공동체적 전통이 설정되고, 모든 부정행위에 대해서는 징벌이 내려진다. 그런데 이런 금기에 관한 지식, 이런 징벌에 대한 두려움은 금세 내면으로 전이되고 이제껏 동물처럼 우둔했던 두뇌 속에 새로운 재판소인 초자아, 즉 관습의 상도를 넘어설 때 징벌을 당할까봐 즉각적으로 경고음을 울리는 일종의 신호 장치를 만들어낸다.

이 초자아, 양심이라는 것과 더불어 문화가 시작되고, 동시에 종교적인 생각도 시작된다. 다시 말해 인간의 맹목적이고 원초적인 두려움은 자연이 인간의 쾌락 충동 밖에 대립시켜놓은 모든 한계, 즉 추위, 질병, 죽음을 언제나 눈에 보이지 않는 어떤 상대로부터, 모든 상벌권을 쥐고 있는 신神-아버지로부터, 그들이 복종하고 봉사해야만 하는 공포의 신으로부터 선사된 것으로 파악한다. 신은 모든 전능성의 원형으로서 최고의 자아-이상이기도 하지만 동시에 모든 공포의 원작자이기 때문에 불안의 형상이기도 한 것이다. 인간은 전지전능한 신-아버지가 현존한다고 상상하게 되고, 양심은 반항하는 인간을 다시 그의 한계 속으로 되밀어넣는 일에 앞잡이 노릇을 한다.

이런 자기 제한을 통해, 이런 단념을 통해, 이런 훈육과 극기를 통해 그 거칠고 야만적인 존재는 점차 문명화되기 시작한다. 원래 호전적이었던 인간들의 힘이 서로의 피를 죽도록 탐하는 방향으로 가지 않고 공동의 창조적 활동에 모아짐으로써 인류의 정신적·윤리적·기술적 능력이 향상되었고, 점차 그들은 자신의 이상理想인 신에게서 상당 부분의 권력을 빼앗는다. 번개를 가두고, 추위를 제압하고, 원거리를 정복하고, 위험한 맹수는 무기로 제어했으며, 물, 공기, 불과 같은 모든 원소가 점차 문화 공동체에 종속되었던 것이다. 인류는 창조적이고 조직적인 고유의 능력 덕분에 신적 능력에 닿을 때까지 천국으로 가는 계단을 계속 더 높이 쌓고 있다. 또한 높이와 깊이의 주인이자 공간의 정복자가 되었다. 동물에서 발생한 인간이 지능을 가지면서, 또 거의 모든 것을 알게 되면서 이제는 스스로를 신과 가깝다고 과감히 생각하게 된 것이다.

그러나 프로이트, 이 구제 불능의 망상 파괴자는—150년도 더 전에 살았던 장 자크 루소와 똑같이—모두를 행복하게 만드는 문화가 이루어놓은 아름다운 미래 공간을 향해 이렇게 묻는다. 왜 인류는 이렇게 신과 가까워졌는데도 더 행복해지지도 더 즐거워지지도 않았는가? 왜 우리의 자아는 이 문명 공동체가 승승장구할 때마다 자신이 풍요로워졌다고, 해방되었다고, 구원받았다고 진심으로 느끼지 못하는 것일까? 그러고는 냉정하고 집요한 무자비성을 동원해 스스로 이렇게 답변한다. 문명을 거치면서 우리의 소유가 늘어나지 않았을 뿐 아니라, 도리어 충동의 자유만 엄청나게 제한을 받음으로써 대가를 치렀기 때문이라고. 하나의 종種으로서의 인간이 문명을 성장시켜온 과정이 있다면, 그 이면에는 언제나 개인으로서의 인간이 행복을 상실해온 과정이 있다(그리고 프로이트는 언제나 개인 편에 선다).

인류가 공동의 문명을 얻을수록 개별 영혼들의 자유는 더 많이 상실되고 감각 능력은 더욱 저하된다. "현재 우리 자아의 감각 능력은 〔현재보다〕 더 많은 것을 포괄했던, 아니, 정말이지 모든 것을 포괄했던 감각 능력의 위축된 일부분에 지나지 않으며, 이런 포괄적 감각 능력은 우리의 자아와 주변 세계가 〔현재보다〕 더 내밀하게 결합하는 데 적합하다."[62] 우리는 사회에, 공동체에 우리의 힘을 너무 많이 모아주었고, 그 결과 우리의 원초적 충동, 즉 성 충동과 공격 충동은 더 이상 과거의 합일된 위력을 보여줄 수 없게 되었다. 우리의 심리적 원기가 더욱 세분화된 통로들로 나뉠수록, 억수 같던 원초적 힘도 점점 더 줄어든다. 수백 년을 거쳐 계속 엄격해진 사회적 제한은 우리의 감각 능력을 수축시키고 불구로 만들었으며, 특히 "문명인의 성생활은 심각하게 훼손당했다. 때때로 그것은 우리의 기관들, 우리의 치아, 우리의 머리카락처럼 퇴화된 기능이라는 인상을 주곤 한다."[63]

그러나 신기하게도 인간의 영혼은 다음과 같은 점을 정확히 알고 있다. 즉 자신의 쾌락이 예술, 학문, 기술, 자연 지배, 다양한 생활 편의시설 등에 의해 새롭고 더 높은 수준으로 충족된다 하더라도 실은 그것들에게 날마다 미혹당하고 있으며 더 완전하고 야만적이

1938년 영국 런던의 연구실에서 집필 중인 프로이트

빈을 떠나 런던으로 망명한 1938년, 프로이트는 정신분석학의 결정판이라 할 수 있으나 미완성작이 된《정신분석학 개요》와 모세가 유대인이 아니라 이집트인일 수 있다는 파격적인 주장을 담은《인간 모세와 유일신교》를 집필했다.

며 자연스러운 다른 종류의 쾌락을 빼앗기고 있다는 사실을 말이다. 우리 안에 있는 무언가는, 생물학적으로 말하자면 뇌의 어느 은신처에서 우리의 동맥으로 흐르고 있는지도 모르는 무언가는 우리들 각자가 마음속에 품고 있는 극도로 자유로운 원시 상태를 잊지 않고 있다. 오래전에 문화에 의해 제압된 본능들, 즉 근친상간, 아버지 살해, 범성애는 우리의 소원과 꿈 속에 아직도 유령처럼 나타난다. 또한 아무리 온실에서 자란 아이라 할지라도, 교양 수준 높은 어머니에게서, 박테리아가 없고 전기로 환히 밝혀진데다 난방이 잘되는 사립병원의 사치스러운 병실에서 대단히 온화하게 고통 없이 태어난 아이라 할지라도 그 내면에는 그 옛날의 원시인이 다시 한 번 깨어나는 것이다.

아이는 공황 상태의 원초적 충동으로부터 자기 제한에 이르는 몇천 년의 과정을 다시 한 번 단계별로 빠짐없이 밟아야 하고, 자라나는 작은 육체로 문화 교육 과정을 빠짐없이 재차 치르고 겪어야 한다. 그 옛날 자기 지배의 기억은 우리 모두에게 파괴되지 않는 것으로 남아 있으며, 많은 순간 우리의 윤리적 자아는 저 무지배의 상태로, 저 자유로운 유목민으로, 우리가 동물이었던 태초의 시절로 미친 듯이 돌아가고 싶어 한다. 우리의 생활 감정 속에서 득과 실은 영원히 평형을 유지한다. 또한 각 영혼들은 계속 조여드는 공동체로의 결속과 원천적인 무결속 사이의 간격이 벌어질수록 이런 진보를 통해 뭔가를 얻기는커녕 오히려 자아의 사회화를 통해 가장 깊숙한 자아를 빼앗긴 건지도 모른다는 불신 속에 점점 더 깊이 빠져들게 된다.

이제 프로이트는 진지하게 미래를 응시하면서 묻는다. 인류는 영혼의 이런 불안, 이리저리 동시에 분열되어 있는 상태를 최종적으로 극복하게 될 것인가? 신에 대한 두려움과 동물적 욕망 사이를 갈지자로 오가며, 금기들에 포위된 채로, 종교의 강박증에 억압된 채로 문명 딜레마로부터 어떤 탈출구를 발견하게 될 것인가? 두 개의 원초적인 힘, 즉 공격 충동과 성 충동이 마침내 자발적으로 윤리적 이성에 굴복하게 되고, 결국 우리는 징벌하고 심판하는 신을 불필요한 '보조 가설'로 여기며 폐기하게 될 것인가? 미래는—정신분석적으로 말하자면—자신의 가장 내밀한 감정적 갈등을 의식화함으로써 마침내 그 갈등을 극복하고 언젠가 완전히 건강해질 것인가?

이것은 위험한 질문이다! 프로이트는 이성이 언젠가는 우리 충동 생활의 주인이 될 수 있지 않을까, 하고 물으면서 비극적 이율배반에 빠져들었던 것이다. 한편에서 정신분석은 이성이 무의식보다 우세함을 확실히 부정한다. "인간은 이성적 추론으로는 거의 접근할 수 없는 존재이다. 그들은 본능의 소원에 따라 움직인다."[64] 그렇지만 한편으로는 이렇게 주장한다. "우리의 충동 상태를 지배할 수단은 오직 우리의 지성뿐이다."[65] 학술 이론으로서 정신분석은 충동들과 무의식의 우세를 사수한다. 그리고 치료 방식으로서 정신분석은 이성을 인간에 대한, 따라서 인류에 대한 유일한 치료제로 사용한다. 바로 이 점이 오래전부터 정신분석 속에 은밀히 숨어 있는 모순이고, 광범위하게 검증이 이루어짐에 따라 이 모순이 지나치게 부각되기도 한다. 이제 프로이트는 최종 결정을 내려야 할 것이다. 이 철학적 공간에서 그는 인간 본성에 속한 이성 아니면 충동에 패권을 인정해야 할 것이다.

그러나 이 결정은 거짓말할 줄 모르고 자기 자신을 속이고 싶지도 않은 그에게는 끔찍이도 어려운 일이었다. 대체 어떻게 결정한다지? 이 노인은 의식적 이성보다 충동이 우세하다는 자신의 이론을 현실에서 세계대전이라고 하는 집단정신병을 통해 아연실색한 눈길로 확인하고 말았다. 전혀 억제되지 않고 증오에 가득 찬 인류의 살기는 인간성이라는 외투를 걸치고 있지만 너무 얇았으며, 무의식은 단 한 번의 자극으로도 정신의 모든 대담한 건축물과 윤리의 모든 사원을 일거에 무너뜨리기에 충분했다. 이러한 사실을 그 묵시록 같은 네 해보다 더 참담하게 깨닫게 해준 때는 결코 없었다. 그는 종교와 문화를 비롯해 인간의 의식이 고양해놓은 모든 것이 그 한순간에 사납고도 원시적인 파괴의 욕망에 희생되는 것을 목도했다. 신성한, 그리고 신성하다 일컬어지던 모든 힘은 피에 굶주린 인류 속 원시인의 거친 충동에 비하면 아이처럼 허약하다는 것이 다시 한 번 입증되었다.

그렇지만 프로이트는 세계대전 중에 일어난 인류의 이 도덕적 붕괴가 타당하다고 받아들이기를 내심 거부했다. 인류의 모든 교육적 의식화가 무의식 앞에서 무기력한 상황이거늘, 이성이라는 것이, 그리고 그가 수십 년간 봉사해온 진리와 학문이라는 것이 도대체 무슨 소용이란 말인가? 프로이트는 변함없이 정직하게 이성의 영향력도, 충동의 계산 불가능성도 감히 부정하지 않았다. 결국 그는 아득히 먼 영혼의 제3국으로 건너가, 자신에게 던진 물음에 조심스럽게 '아마도'로, '아마도 언젠가'로 답변을 작성했다. 이 때늦은 방랑길을 떠나면서 그는 전혀 위로받지 못하는 상태로 돌아오고 싶지는 않았다. 생의 저녁, 자신이 걷던 길의 끝에 다다라, 그는 아직 인류를 위한 희망의 등불을 작게나마 켜놓고 싶었다. 그런 까닭에 늘 엄격하기만 했던 그의 목소리는 이제 부드러워지고 유화적이며 감동적이었다.

"인간의 지성이 인간의 충동 활동에 비해 무기력하다는 것은 얼마든지 강조되어도 좋고, 그런 주장이 옳기도 하다. 그렇지만 이 약점에는 특징이 있다. 지성의 목소리는 낮게 속삭이지만, 자신의 말이 경청될 때까지 쉬지 않는다. 수없이 여러 번 거듭 퇴짜를 맞지만 결국에는 성공한다. 이것은 인류의 미래를 낙관하게 해주는 몇 안 되는 점들 가운데 하나이며 적지 않은 중요성을 지니고 있다. 지성이 우위를 차지하는 날은 확실히 멀리 있지만, 그렇다고 닿을 수 없을 만큼 멀지는 않을 것이다."[66]

이것은 놀라운 말이다. 그렇지만 어둠 속의 이 작은 등불은 현실 앞에서 얼어붙은 채로 주저하고 있는 영혼이 따뜻해지기에는 너무 멀리에서 어렴풋하게 가물거린다. 모든 '아마도'는 가냘픈 위로일 뿐이고 '어쩌면' 또한 더 높은 확실성을 믿으려는 갈급증을 해소해주지 못한다. 그러나 여기서 우리는 애초에 정신분석이 가지고 있던 뛰어넘을 수 없는 한계를 마주한다. 내적 신념들, 창조적 확신의 왕국이 시작되는 그곳에서 정신분석의 위력은 끝난다. 의도적으로 환상을 깨뜨리고 모든 미망을 적으로 삼는 정신분석에는 이런 고양된 영역으로 날아오를 날개가 없다. 오로지 개인에 관한, 개별적 영혼에 관한 학문인 정신분석은 공동체의 의미나 인류의 형이상학적 사명에 관해서는 아무것도 모르고 알고 싶어 하지도 않는다. 그런 까닭에 그것은 심리적인 사실들을 밝히기만 할 뿐, 인간의 영혼을 따뜻하게 해주지는 않는다. 건강을 줄 수는 있지만, 건강 이상의 것은 주지 못한다. 그것만으로는 충분치 않다. 행복해지고 창조적이 되기 위해 인류는 자신의 현존에 어떤 의미가 있으리라는 믿음을 계속 강화할 필요가 있다. 그러나 정신분석에는 크리스천 사이언스의 마취제 같은 것도 없고, 디오니소스 찬가가 약속하는 니체 식의 도취적 황홀경 따위도 없다. 그것은 아무것도 약속하지 않고 기대하게 하지도 않으며, 위로하느니 차라리 침묵한다.

지그문트 프로이트의 엄격하고도 정직한 정신이 오롯이 낳은 이 정신분석의 진정성은 도덕의 관점에서 보자면 훌륭하다. 그러나 아무리 참된 것이라 하더라도 고난과 의심의 겨자씨 한 알 정도는 불가피하게 섞여 있게 마련이며, 아무리 이성적으로 해명하고 분석하는 존재라 하더라도 비극적인 어둠이 어느 정도는 드리우게 마련이다. 정신분석에 신을 추방하는 무언가가 수반된다는 점은 부정할 수 없다. 속세와 허무의 맛이 나고, 그저 인간적일 뿐인 모든 것처럼 자유롭지도 기쁘지도 않게 만드는 무언가가 말이다. 정직성이 아무리 정신을 풍요롭게 만들어준다 해도 감정을 완전히 만족시킬 수는 없고, 인류가 자신에게서, 헛되기 짝이 없지만 결코 피할 수 없는 욕망의 굴레에서 벗어나기를 갈망하도록 가르칠 수도 없다. 그러나 인간은—누가 이것을 프로이트보다 더 뛰어나게 증명했던가?—육체적 의미에서 보더라도 꿈 없이는 살아갈 수 없다. 그의 가냘픈 신체는 실현되지 않은 감정들의 위력에 눌려 터져버릴 것이다. 인류의 영혼이 더 높은 뜻을 품지 않는다면, 신앙의 꿈을 꾸지 않는다면 어떻게 자신의 존재를 보존하겠는가? 모든 학문이 이렇게 모순된 인류의 신 만들기 놀이를 거듭 증명한다손 치더라도, 허무주의에 빠지지 않으려면 그들의 창작욕은 세계를 새롭게 그리는 일에 다시금 열중해야 할 것이다. 이러한 노고의 즐거움이야말로 모든 정신생활의 가장 심오한 의미인 것이다.

정신분석의 이 까칠하고 엄밀히 객관적이고 냉담한 공정성은 신앙에 허기진 영혼에 아무런 자양분도 주지 못한다. 정신분석이 주는 것은 인식뿐이며, 세계를 전혀 신뢰하지 않기 때문에 언제나 현실만을 관조할 뿐, 결코 세계관이 되지는 못한다.[67] 여기에 정신분석의 한계가 있다. 그것은 이전의 어떤 정신적 방법보다 인간을 자신의 자아에 더 가까이 데려올 수 있었다. 하지만 정신분석은 자신의 자아를 다시 벗어나게 하지—이것은 감정을 완전히 만족시키는 데 필수적일 것이다—는 못했다. 정신분석은 풀고 나누고 가른다. 각각의 인생에게 자신의 고유한 의미를 보여주지만, 수천 개의 부분으로 갈라진 것을 하나로 다시 묶고 공통된 의미를 부여하는 법을 모른다. 그러므로 그것을 정말 창조적으로 보충하려면 그것의 사유 형식, 해체하고 해명하는 것에 다른 사유 형식, 즉 결합하고 융합하는 것이 더해져야 할 것이다. 정신분석에 정신종합이 더해져야 할 것이다. 이런 통합은 어쩌면 내일의 학문이 될 것이다. 프로이트가 아무리 멀리 가 있다 하더라도, 그 너머에는 훨씬 더 넓은 연구 공간들이 남아 있다. 또한 그의 영혼 해석술이 영혼의 은밀한 속박들을 보여주었으니, 이제 다른 학문들은 다시 영혼의 자유를, 영혼이 자기 존재를 넘어 삼라만상을 향해 굽이치고 범람한다는 것을 가르쳐야 하는 것이다.

시대에 통하다

개별자―이것은 하나와 여럿으로부터 생성되었고 태어날 때부터 특정한 것과 불특정한 것을 제 안에 지니고 있다네―를 한도 끝도 없이 막연하게 놔두지는 마세나. 하나와 여럿 사이를 매개하는 일련의 표상들을 모두 훑어보기 전까지는 말일세.[68]

_플라톤

　　동시대성을 상징적으로 보여주는 두 가지 발견이 19세기의 마지막 10년 동안에 일어났다. 뷔르츠부르크에서는 그때까지 거의 알려지지 않았던 빌헬름 뢴트겐Wilhelm Röntgen이라는 물리학자가 예기치 못했던 실험을 통해 그때까지 들여다볼 수 없다고 여겼던 인간의 신체를 투시할 수 있음을 증명했다. 빈에서는 마찬가지로 알려지지 않았던 의사 지그문트 프로이트가 영혼에 대해 똑같은 가능성을 발견했다. 이 두 가지 방법은 각자가 속한 학문의 기초를 바꿨을 뿐만 아니라, 모든 인접 영역들까지 풍요롭게 만들었다. 주목할 만한 교류가 이루어지는 동안 의학자는 물리학자의 발견으로부터, 심리 물리학, 심리적 동력학은 의학자의 발견으로부터 이익을 보았다.

　　오늘날에도 영향력이 여전히 쇠하지 않는 프로이트의 위대한 발견 덕분에 학문적 심리학은 마침내 자신의 학술적·이론적 폐쇄성을 벗어나 현실의 삶으로 흘러들었다. 그 덕분에 학문으로서의 심리학은 처음으로 각 장르의 창조적 정신들에게 사용되었다. 그 이전의 심리학은 도대체 무엇이었던가? 대학에 유폐되고 세미나의 포로가 된 채 참을 수도 없고 읽을 수도 없는 상투어로 책을 만들어 내는 일개 학과, 일개의 이론적 전공이었다. 그것을 연구하는 사람은 마치 산스크리트어나 천문학을 공부하는 것처럼 자기 개인의 법칙들에 관해 많이 알지 못했고, 일반 대중은 심리학 실험실의 성과라는 것이 무척이나 추상적이었으므로 자신들에게 중요하지 않다는 것을 대단히 직감적으로 알아차렸다. 프로이트는 심리 연구를 이론적인 것에서 개별적인 것으로 결정적으로 전환시키고, 개성이라는 결정체를 탐구의 대상으로 격상시킨 뒤 대학의 세미나로부터 현실 속으로 옮겨왔고, 삶에 적용할 수 있는 중요한 것으로 만들었다. 그제야 비로소 심리학은 교육학에서는 성장하는 인간의 형성을 돕기 위해, 의학에서는 환자의 치료를 돕기 위해, 법정에서는 탈선한 자에게 내리는 판결을 돕기 위해, 예술에서는 창조적인 것의 이해를 돕기 위해 쓰일 수 있었다. 심리학은 모두에게 한 번뿐인 개체화 과정을 그들에게 직접 설명하려고 시도하는 동시에, 다른 모든 사람들에게 도움을 주었다. 자기 내면에서 한번 인간을 이해한 사람은 모든 사람의 내면에서 인간을 이해하는 법이다.

이렇게 심리 탐구의 방향을 개인심리로 전환함으로써 프로이트는 본의 아니게 시대의 내밀한 의지를 해방시켰다. 외적 삶이 점차 단조로워지고 있는 우리의 세기처럼 인간이 자신의 본래적 자아에 대해, 자신의 개성에 대해 호기심을 느낀 적은 없었다. 기술의 시대는 사람들을 점점 더 색깔 없는 유형으로 획일화하고 탈개성화한다. 모두가 같은 호봉 체계로 구분되고, 똑같은 집에 살고, 똑같은 옷을 입고, 똑같은 기계 앞에 서서 똑같은 노동 시간을 채우고는, 같은 만족을 향해, 같은 라디오 프로그램으로, 같은 음반으로, 같은 스포츠 종목으로 도피하기 때문에, 외관상 서로 끔찍하리만치 점점 닮아가고, 똑같은 거리들로 채워진 도시들은 점점 더 흥미를 주지 못하며, 민족들은 점점 더 동종적으로 되어간다. 합리화라는 끔찍한 도가니가 모든 명료한 차이를 녹여버린다. 우리의 표면은 계속 이리저리 깎여나가고, 사람들은 집단 인상에 따라 줄줄이 한 다스 단위로 분류되어간다.

그러나 그럴수록 각 개인에게 더욱 중요해지는 것은, 현존 형식들의 탈개성화가 그렇게 진행되는 와중에도 외부의 손길이 닿지 않고 영향을 받지 않는 일회적이고 재생 불가능한 자신의 개성이다. 그것은 인간에 대한 최고의 척도이자 거의 유일한 척도가 되었고,

모든 기술과 학문이 오늘날 이렇게 열정적으로 성격학에 열중하는 것도 결코 우연이 아니다. 유형론, 계보학, 유전형질론, 개인 생애 주기에 관한 연구들은 개인적인 것과 일반적인 것을 점점 더 체계적으로 구획하기 위해 노력을 기울인다. 문학에서는 전기문학이 개성 연구의 견문을 넓혀주었고, 내면적 인상학 연구에서는 이미 오래전에 끝장났다고 여겼던 방법들, 즉 점성술, 수상술, 필적학 같은 방법이 뜻밖에 다시 각광을 받고 있다. 현존재의 모든 수수께끼 가운데 오늘날 인간에게 가장 중요한 것은 다름 아닌 자기 자신의 존재와 형성에 관한 특수한 조건이자 '오직 자기에게만 속하는' 자신의 개성에 관한 지식이다.

프로이트는 이미 추상적으로 되어버린 심리학을 이 내적인 삶의 중심에 다시 옮겨놓았다. 그는 최초로 사람마다 지니고 있는 인격 형성 과정의 극적 요소를 문학 못지않게 훌륭한 솜씨로 전개시켰다. 그것은 의식과 무의식 사이 그늘 지대에 있는 좌충우돌의 혼돈이었다. 아무리 작은 자극도 엄청난 결과들을 불러일으키는 곳, 과거와 현재가 매우 기이하게 연루되며 뒤엉키는 곳. 진짜 우주처럼 광대하게, 전체적으로 조망하기란 불가능할지 모르지만 사람을 매료시키는, 마치 하나의 예술작품처럼 불가사의한 내적 법칙 속에서 관조해야 하는, 피가 도는 좁다란 육체 속의 하나의 세계였던 것이다. 그러나 한 사람의 법칙은—이것이 프로이트 이론의 결정적인 전환점이다—결코 학교에서처럼 도식적으로 판정할 수 없고, 오로

1913년 프로이트와 막내딸 안나

안나 프로이트는 초등학교 교사로 일하다가 정신분석학의 길로 들어섰으며, 훗날 아동심리학의 권위자가 되었다. 아버지 프로이트의 말년에는 병간호를 하면서 비서 역할까지 했다.

지 겪고 함께 살고 따라 살 수 있을 뿐이며, 이 체험들을 근거로 오직 여기에만 타당하다고 인정할 수 있을 뿐이다. 우리는 언제나 어떤 경직된 공식을 통해서가 아니라, 한 운명의 체험으로부터 각인된 고유한 형태를 통해서만 하나의 개성을 파악할 수가 있는 것이다.

그리하여 프로이트의 경우 모든 의학적 치료, 모든 도덕적 도움은 깨달음을 전제로 한다. 정확히 말해 그것은 긍정하고 공감함으로써 정말로 알아가는 인식이다. 그런 까닭에 개성에 대한, 괴테 식 의미를 따르자면 이 "공공연한 비밀"⁶⁹에 대한 외경심은 프로이트가 보기에 모든 심리학과 심리 치료술이 출발점으로 삼아야만 하는 것이자, 다른 누구보다 그가 도덕적 명령으로서 존중하라고 가르친 것이었다.

그를 통해 수백만의 사람들이 처음으로 영혼, 특히 어린이의 영혼이 얼마나 민감한지 비로소 이해했고, 그가 밝혀낸 놀라운 사실들에 직면해 치명적인 기억의 힘을 동원해 거칠게 움켜쥐는 일, 그 과민한 영혼 속으로 (자칫하면 말 한마디로!) 사납게 진입하는 일이 언제든 한 사람의 운명을 파괴할 수 있다는 사실, 따라서 금지하고 위협하고 회초리를 드는 그 모든 분별없는 처벌이 처벌하는 자에게 그때까지 몰랐던 일종의 책임을 부과한다는 사실을 깨닫기 시작했다. 개성에 대한 외경심은 그것이 아무리 유별난 개성일지라도 현대의 의식 속으로, 학교, 교회, 법정 등 엄격하고도 엄정한 기관들 속으로 새롭게 도입되고 있고, 심리에 대해 더욱 정통하게 되면서 더 높은 수준의 배려와 관용이 세계에 확산되고 있다. 그 어떤 정신적 방법도 서로를 알아가는 기술, 인간관계에서 가장 중요한 기술, 민족들 사이에 점점 더 필수적인 것이 되어가는 기술, 더 높은 수준의 인간성을 건설하도록 우리를 도울 수 있는 이 유일한 기술을 프로이트의 개성 이론만큼 크게 촉진하지는 못했다.

　　현재 우리는 프로이트 덕분에 처음으로 개인의 중요성을, 모든 인간 영혼의 대체 불가능한 일회적 가치를 새롭고 생생하게 깨닫게 되었다. 유럽에서 예술, 연구, 생명과학의 모든 영역에서 내로라하는 사람이라면 누구나 찬성하든 반대하든 프로이트의 사상 체계로부터, 그의 견해로부터 직간접적으로 창조적인 영향을 받았을 것이다. 이 외부인은 모든 영역에서 삶의 중심부—인간적인 것—에 도달했다. 그리고 그 작업이 의학이든 자연과학이든 철학이든 교과서적 의미에서 엄밀하게 규칙적으로 보이지 않는다며 전문가들이 망설이는 동안, 개별성과 궁극적 가치에 관해 추밀 고문관과 학자들이 열심히 싸우는 동안, 프로이트의 이론은 이미 오래전에 반박할 수 없을 만큼 참된 것으로 입증되었다. 괴테가 잊을 수 없는 말로 우리에게 새겨놓은 창조적 의미에서 참된 것으로 입증된 것이다. "결실이 있는 것만이 참된 것이다."[70]

2부

프로이트-츠바이크 서한집
(1908~1939)

1

프로이트가 츠바이크에게

1908년 5월 3일

빈 9구, 베르크가세 19번지[1]

존경하는 츠바이크 박사님,

　나는 지난 주초에 빈을 떠나 있었고[2] 집으로 돌아오는 길에 아주 많은 과젯거리를 발견했습니다. 그 바람에 당신의 정성 어린 선물[3]에 대한 감사를 너무 늦게 드리게 되었네요. 《때 이른 월계관》[4]을 읽고 당신이 시인이라는 것을 알았습니다. 책을 열면 아름답고도 힘차게 흘러가는 시구가 귓가에 울리면서 대단히 즐거운 한때를 내게 약속하네요. 머지않아 내 빡빡한 일과 시간을 빼앗길 듯합니다. 〔두 작품이 어떤〕 맥락에 있는지 알 듯합니다. 그리고 옛 시인들이 전하는 대로 트로이에서 무사히 돌아온 그 남자[5]를 죽게 하기에는 당신이 그를 대단히 동정하고 있음을 눈치챘습니다.[6]

다시 한 번 깊은 감사의 말씀을 전합니다.

마음을 담아,

프로이트

2

프로이트가 츠바이크에게

1908년 7월 4일

빈 9구, 베르크가세 19번지

존경하는 츠바이크 박사님,

〈발자크Balzac〉[7] 대단히 감사합니다. 나는 그것을 단숨에 읽고 말았네요. 정말이지 당신이 그려내려는 소용돌이 속으로 빨려드는 줄 알았습니다. 그 사람은 당신과 잘 어울립니다. 누가 당신의 나폴레옹이었는지는 모르겠지만, 당신은 이 두 사람의 지배 본능[8] 중 상당 부분을 이어받았고 지금 그것을 언어로 실현하고 있습니다. 그 책을 읽으면서 줄곧 나는 혈통 좋은 말을 탄 용감한 기사의 모습을 머릿속에서 떨쳐낼 수 없었습니다.[9] 나는 당신의 생각에 금방 친숙해집니다. 마치 오래전부터 아는 사람이었던 것처럼 말이죠.

《테르시테스》는 정말 멋졌습니다. 곳곳에서 도취되었어요. 그런데 왜 이런저런 인물들이 그렇게 극단으로 치달았고, 왜 표제의 주인공은 그렇게 희화화된 건가요? 나처럼 무미건조한 사람은 별의 별 의문을 다 갖기 마련입니다.

당신의 작품을 내게 보내는 습관을 붙인다니 정말로 감사합니다. 그리고 한 가지만 여쭙습니다. 내가 쓴 모종의, 물론 값어치는 전혀 다른 작품을 당신에게 보내드려도 될는지요? 일종의 보복[10]입니다.

마음을 담아,

프로이트

프로이트가 츠바이크에게

1911년 12월 7일

빈 9구, 베르크가세 19번지

존경하는 츠바이크 박사님,

당신의 동화집[11]을 보내주셨네요. 진심으로 감사를 드립니다. 그것은 섬세하고 심리학적으로 대단히 의미가 있더군요. 막 첫번째 동화를 읽었을 뿐인데, 유감스럽게도 내 집의 방대한 독자층[12]에 적어도 당분간은 그 책을 빼앗긴 상황입니다. 아마도 당신은 전혀 불쾌하지 않겠지요. 나이 든 독자 한 명을 잃는 대신, 그만큼 어린 독자들을 많이 얻었으니까요.

경의를 표하며,

프로이트

4

프로이트가 츠바이크에게

1920년 10월 19일

빈 9구, 베르크가세 19번지

존경하는 츠바이크 박사님,

우선 좀 쉬고 나서야 비로소 당신의 그 멋진 책[13]에 감사해야 한다는 의무가 떠올랐어요. 그 책을 받고 첫 두 주 동안 일이 밀려 있는 와중에도 읽었답니다. 특별히 즐겁게 읽었어요. 그러지 않았다면 그 책에 관해 당신에게 애써 편지를 쓸 필요를 못 느꼈겠지요. 완벽한 감정이입이 대가다운 언어 표현과 어우러져 좀처럼 느끼기 힘든 만족감을 남겨줍니다. 나에게 특별히 흥미로웠던 것은 열거법과 점증법입니다. 그것을 통해 당신의 문장은 묘사 대상의 가장 내밀한 본질을 향해 점점 더 더듬어 다가가더군요. 마치 꿈속의 상징들을 열거해 은폐되어 있는 것을 점점 더 명료하게 드러내는 것처럼 말입니다.

당신이 묘사한 것을 매우 엄밀한 척도로 평가해도 좋다면 나는 이렇게 말하겠습니다. "발자크와 디킨스를 완벽하게 자신의 것으로 성취해냈다." 그러나 이것은 그다지 어려운 일이 아닙니다. 그들은 단순하고 직선적인 유형이지요. 반면에 그 복잡다단한 러시아 사람[14] 때문에 만족스럽게 책을 덮을 수 없었습니다.[15] 거기서는 빈틈과 기이한 수수께끼가 감지되지요. 이것에 대해 당신에게 몇 가지 자료를 제시하고 싶습니다. 저와 같은 문외한[16]은 어떻게 생각하는지 말입니다. 하지만 예전부터 도스토옙스키에 사로잡혀 있는 정신병리학자라면 이 문제에 관해 좋은 의견 몇 가지를 가지고 있을지도 모르지요.

저는 당신이 도스토옙스키를 그가 자칭했던 간질에 국한시키지 말아야 했다고 생각합니다. 그가 간질 환자였다는 것은 개연성이 별로 없습니다. 간질은 일종의 기질성 뇌질환이지 심리적 기질에 속하지 않으며, 일반적으로 정신 능력의 저하 및 단순화와 관련이 있습니다. 이 질환이 지적으로 뛰어난 사람에게 발병한 사례는 딱 하나 알려져 있습니다. 정서적 일상생활이 거의 알려지지 않은 어느 위대한 지성에 관한 것이지요(헬름홀츠[17]). 간질 환자였다고 일컬어지는 다른 모든 거장들은 틀림없는 히스테리 환자입니다. (몽상가 롬브로소[18]는 감별 진단을 아직 할 줄 모릅니다.) 그런데 이것은 의학적으로 사소한 것이 아니라 매우 본질적인 것입니다. 신경증은 다름 아닌 심리적 기질 자체에서 유래하는, 유기체적[19] 원동력의 표출입니다. 바로 이 힘이 천재적인 예술가의 재능으로 피어나는 것이지요. 하지만 이것은 근본 성향들 사이에서 광란을 일으키고 나중에는 정신의 삶을 두 곳으로 분열시키는, 특유의 강렬하고도 풀리지 않는 심적 갈등의 징후이기도 합니다. 도스토옙스키(의 작품) 전체는 그의 히스테리 위에 건설되었을 것이라 생각됩니다.

도스토옙스키와 같은 신경증에는 기질적 요인 또한 매우 압도적인 영향을 주긴 합니다만, 흥미로운 점은 이 사례가 우리의 이론에서 중요하게 여기는 다른 요인을 확실히 지니고 있다는 것입니다. 어느 도스토옙스키 전기[20]에 나온 한 대목이 기억납니다. 그 남자가 만년에 겪은 수난을 어린 시절 아버지에게서 받은 엄한 처벌—나는 '비극적'이라는 말이 떠오릅니다. 당연하지요?—과 연관시킨 부분 말입니다. 물론 그가 이 문제를 '임의'대로 이야기한 것은 아닙니다. 나보다는 당신이 이 대목을 더 쉽게 찾아낼 수 있겠지요. 그것은 유년 시절의 장면—이것에 관해《첫 경험》의 저자를 설득할 필요는 없겠지요—이었습니다. 이 외상은 나중에 (아버지의) 피살을 경험하는 장면에서 다시 발작을 일으키는 원인이 됩니다.[21] 이제 도스토옙스키의 전 생애는 아버지-차르라는 권위에 대한[22] 이중적 태도, 즉 학대를 저항 없이 성적 쾌락으로 받아들이는 (마조히즘적인) 굴종과 그에 저항하는 반발에 지배당하게 됩니다. 마조히즘은 '속죄'를 향해 내달리는 죄의식을 담고 있습니다.

우리는 이것을 '이원성'이라는 전문 용어를 피해 '상반된 감정이 동시에 일어남〔=양가감정〕'23이라고 부릅니다. 이 양가감정 또한 원시인들의 정신활동에서 물려받은 상속물이죠. 그러나 러시아 민족은 바로 몇 해 전 내가 어느 전형적인 러시아 환자의 병력에 상세히 기술할 수 있었을 정도로 그것을 훨씬 더 잘 물려받았고, 그것은 다른 무엇보다도 의식 가능한 형태로 그들에게 남아 있습니다. 이 강력한 양가감정의 기제가 유년기의 외상과 결합되면 평소와는 다른 격렬한 히스테리성 질환을 일으킵니다. 신경증을 앓지 않는 러시아인들도 분명 도스토옙스키의 거의 모든 소설에 등장하는 인물들처럼 양가감정을 지니고 있습니다.

당신이 빠짐없이 알고 있는, 그의 작품이 지닌 거의 모든 특성들은 그 자신의 특성에 기인하며, 우리에게는 특이한 것이지만 러시아인들에게는 흔히 있는 심리 구조입니다. 사실 성적 기질에 기인한다고 말하는 것이 더 정확합니다. 이것을 더 상세히 설명해야 하겠지요. 우선 그것은 학대하고 낯설게 하는 모든 것입니다. 우리는 정신분석 없이 그를 이해하지 못합니다. 다시 말해 그는 스스로 각 인물들과 각 문장들을 통해 정신분석을 하고 있으므로, 정신분석을 필요로 하지 않습니다. 《카라마조프 씨네 형제들》이 도스토옙스키의 가장 개인적인 문제인 아버지 살해를 다루며 범행과 무의식적 악의에 관한 정신분석적 원리를 그 근거로 삼고 있다는 것만 봐도 알 수 있지요. 또한 그가 표현한 기이한 성애는 충동적 발정이거나 승화된 연민입니다. 자신의 영웅들이 사랑할 때 그들이 사랑하는 사람을 사랑하는지 아니면 미워하는지 등에 관한 회의(=양가감정)는 그의 심리학이 어떤 독특한 토양에서 자라났는지를 보여줍니다.

　　병리학적인 것을 이렇게 강조하는 일이 도스토옙스키의 시적 창조력이 보여준 웅대함을 과소평가하거나 실상을 들춰내는 것이라고 말한다면 그것은 오해입니다. 당신이 그런 오해를 할까 걱정하지는 않습니다. 그러지 않아도 너무 길어진 이 편지를 마칩니다. 오래 견뎌온 편지지가 손짓을 하네요. 이야깃거리가 떨어져서는 아닙니다. 다시 한 번 감사를 드립니다.

진심 어린 안부를 전하며,

프로이트

5

츠바이크가 프로이트에게

1920년 11월 3일

잘츠부르크, 카푸치너베르크 5번지

존경하는 프로이트 교수님,

오늘에야 교수님의 심오하고도 귀중한 편지에 감사의 뜻을 전합니다. 이렇게 늦어진 것은 다름 아니라 3주간의 강연 여행[24]을 마치고 어제에야 잘츠부르크의 집으로 돌아온 탓입니다. 교수님은 아실 겁니다. 도스토옙스키의 병리학적 모습에 관한 교수님의 견해가 저에게 얼마나 흥미로운지 말입니다. 물론 제 것에 비한다면 교수님의 견해는 귀중한 전문 지식을 십분 활용하고 있습니다. 만사에 정통했던 그 도스토옙스키에게도 간질이라는 그 가면이 생소하지 않았다는 것을 저는 알고 있습니다. 그는 스메르자코프[25]에게 그 가면을 씌워주었고, 어느 정도까지는 자유자재로, 말하자면 의식적으로 그 질병을 재생할 능력을 지닌 인간이 있을 수도 있음을 넌지시 보여주었죠. 이제는 확신합니다. 사실은 은밀한 쾌감으로부터 특정 형태의 발작에 대한 '욕구'가 도스토옙스키 자신에게 자라났다는 것을 말입니다. 그럼에도 불구하고 여기에는 확실히 정신병리학자를 대단히 매혹시키는 비밀들 가운데 하나가 있습니다.

　　교수님께서 제 연구 결과를 읽느라 얼마나 많은 노력을 기울이셨는지를 알아차리고 저는 부끄러우면서도 행복했습니다. 제가 그런 진정한 헌신에 마음 깊은 곳에서 우러나오는 감사를 드린다는 것을 부디 알아주시기 바랍니다. 저는 정신적(=정신분석의 세례를 받은) 세대에 속합니다. 너무도 많은 깨달음을 교수님께 빚지고 있는 세대이지요. 우리 세대가 모두 교수님이 발견한 정신이 얼마나 중요한지를 알게 되는, 그것이 전 유럽 차원의 학문이 되는 그때가 가까이 와 있음을 저는 느낍니다. 잉글랜드로부터 아메리카에 이르기까지 저에게 날아드는 우편물들이 모두 교수님과 교수님의 저작에 대한 질문을 담고 있습니다. 교수님이 우리를 얼마나 무한히 확장시켰는지는 아마 고향에도 서서히 알려지게 될 겁니다. 또한 이것을 공개적으로 널리 발언할 기회가 조만간 저에게 주어지기를 희망합니다.

감사와 존경을 담아,

슈테판 츠바이크 올림

6
프로이트가 츠바이크에게, 〈엽서〉

1922년 10월 27일, 빈

친애하는 츠바이크 박사님,

당신의 멋진 책[26]을 받았고 '즐겁게' 읽겠습니다. 그 안에 적혀 있는 글[27]은 내게 과분합니다.

마음을 담아,

프로이트

7

츠바이크가 프로이트에게

〔1924년 5월 초로 추정됨〕
빈 9구, 가르니존스가세 10번지

존경하는 프로이트 교수님,

로맹 롤랑[28]이 빈에 며칠 동안 머물고 있습니다. 저를 찾아와서 자신의 바람을 교수님께 전해달라고 하더군요. 교수님을 방문해도 좋을지, 언제 방문해야 환영받을 수 있는지 말입니다. 그의 부탁을 존경하는 교수님께 전할 수 있어서 영광입니다. 교수님을 개인적으로 만나고 싶어 하는 그의 깊은 바람이 부디 아무런 난관 없이 이루어졌으면 합니다.

그에게 곧장 답장을 보내시겠습니까?(링케 빈차일레 4번지, 에르빈 리거[29] 앞)* 아니면 저에게 답장을 주시겠습니까?(가르니존스가세 10번지) 전화는 아침 여덟 시 반에서 아홉 시 반 사이에만 받을 수 있습니다. 다른 때는 그와 함께 외출하기 때문입니다(전화번호

로맹 롤랑(1866~1944)

프랑스의 소설가이자 사상가. 베토벤을 모델로 한 대하소설《장 크리스토프》로 1915년 노벨 문학상을 수상했다. 평화주의자로 서 반전 활동을 활발히 벌였다.

16327).

오늘 교수님께 저의 변치 않는 애정과 늘 되살아나는 존경심을 표현할 수 있어서 얼마나 기쁜지요!

깊은 존경심으로,
슈테판 츠바이크 올림

＊죄송하지만 그의 주소가 다른 곳에 알려지지 않았으면 합니다. 유감스럽게도 로맹 롤랑은 몸이 너무 허약해서 정말 좋은 사람이 아니면 아무도 만나고 싶어 하지 않거든요.

8

프로이트가 츠바이크에게, 〈타자기로 작성〉

1924년 5월 11일

빈 9구, 베르크가세 19번지

친애하는 츠바이크 박사님,

로맹 롤랑이 빈에 있다는 기사를 신문에서 읽자마자 널리 존경받는 그분을 개인적으로 한번 만나봤으면 하는 바람이 마음속에 일었습니다. 하지만 어떻게 그분에게 연락할지 몰랐어요. 그러니 당신의 편지가 얼마나 기뻤겠습니까. 그분이 나를 방문하고 싶어 하다니요. 서둘러 나의 제안을 당신에게 전합니다. 낮에는 두 시부터 네 시 반까지 시간이 납니다. 그러니 미리 알려주시기만 하면 화요일부터는 이 시간대에 집에서 두 분을 기다릴 수 있습니다. 하지만 두 분께서 저녁 여덟 시 반(저녁 식사 후)에 내 가족과 함께 차 한 잔 나누는 기쁨을 베풀어주신다면 나로서는 대환영입니다. 내 집에는 여성들만 있습니다. 이 시간이라면 월요일부터도 좋습니다.

로맹 롤랑도 건강을 돌봐야 한다니 정말 유감입니다. 그런 만큼 당신이 함께하리라 확신합니다. 지난 반 년간 내 발음은 심각하게 훼손되었고, 특히 프랑스어 발음은 담소를 나누기 어려울 정도니까요.[30] 또한 나는 이번 기회에게 어떤 개인적인 바람을 당신에게 말할 계획입니다.

당신과 당신의 위대한 친구에게

진심 어린 안부를 전하며,

프로이트

9

츠바이크가 프로이트에게

1924년 5월 12일 월요일

빈 9구, 가르니존스가세 10번지

존경하는 프로이트 교수님,

좋은 소식 주셔서 정말 감사합니다! 롤랑은 며칠간 저녁에 음악 축제[31]에 참석할 예정이고, 끝나면 건강 때문에 매번 곧장 숙소로 가야 합니다. 그래서 교수님을 만나러 가기 위해 '수요일 두 시 이후에 잠깐' 시간을 내겠다고 하네요. 교수님을 방문하게 된 그의 기쁨을 교수님께 말씀드린다면, 저도 그와 함께 존경하는 교수님을 다시 뵙게 된 기쁨에 대해 말하게 될 것입니다.

깊은 존경심으로,

슈테판 츠바이크 올림

10

프로이트가 츠바이크에게,
〈타자기로 작성/안나 프로이트의 서명은 자필로〉

1924년 11월 5일

빈 9구, 베르크가세 19번지

친애하는 츠바이크 박사님!

두말하면 잔소리지요Cela va sans dire![32] 당신이 어떤 식으로든 내 이름을 당신의 새 작품과 연결시킬 필요가 있다고 느낀다면, 또 당신의 그 자식을 평생 별 도움 안 되는 후견인에게 맡기는 것이 걱정되지 않는다면, 나는 찬성입니다. 나는 당신의 헌사를 오로지 영광으로 생각할 것이고 그 작품을 당신의 지지난번 작품[33]과 똑같은 관심으로, 짐작건대 똑같은 즐거움으로 읽겠습니다.

당신의 호의적인 바람에 감사를 드리고, 건필과 더불어 좋은 성과를 거두시기 바랍니다.

프로이트

진심 어린 안부를 전하며,

안나 프로이트[34]

11

프로이트가 츠바이크에게, 〈타자기로 작성〉

1925년 4월 14일

빈 9구, 베르크가세 19번지

친애하는 츠바이크 박사님,

멋진 책,[35] 정말 감사합니다! 횔덜린에 관한 첫 번째 글은 예술적으로 가장 완성도 있는 작품인 듯합니다. 간간이 숨을 돌리고 뜻을 새기면서 단숨에 읽어버렸어요.

당신에게 한번은 말해야겠습니다. 내가 아는 한, 당신은 다른 누구도 구현하지 못하는 무언가를 언어로 달성할 수 있습니다. 당신은 표현을 대상에 접근시킬 줄 압니다. 그리하여 당신은 대상에 대한 가장 세부적인 것들을 포착할 수 있게 되고, 우리는 이제까지 도무지 말로는 포착할 수 없었던 관계들과 특성들을 파악했다고 믿게 됩니다. 당신의 작업 방식을 무엇에 비유할지 나는 오랫동안 고민했습니다. 그런데 어제 비로소 그 비유가 떠올랐습니다. 금석학자이자 고고학자인 한 친구[36]가 방문했을 때 그것을 상기한 것이죠. 당신의 작업 방식은 어떤 비문의 탁본을 뜨는 것과 같습니다. 탁본은 아시다시피 비석에 젖은 종이를 올려놓고 물에 젖어 부드러워진 종이가 글자 표면의 아주 작은 홈들에 달라붙게 만드는 것입니다. 이런 비유가 당신에게 만족스러울지 모르겠네요.

당신의 묘사를 정확히 설명할 방법이 없을수록 나의 호평은 더욱더 커집니다. 방법이 없다면 다른 영역에서 알고 있는 것과 여러 가지로 비교하면서 극복하는 수밖에요.

악마와의 투쟁이라는 중요한 문제에 관해서는 쓰고 또 써도 모자랄 만큼 할 이야기가 많습니다. 우리가 멀쩡한 정신으로 악마와 투쟁할 수 있는 길은 그 악마를 인식 가능한 학문의 대상으로서 기술하는 것입니다.[37]

진심 어린 안부를 전하며,

프로이트

12

츠바이크가 프로이트에게

1925년 4월 15일

잘츠부르크, 카푸치너베르크 5번지

존경하는 프로이트 교수님,

다른 중요한 일들로 무척 바쁘셨을 텐데 제 책을 받자마자 연락을 주시다니 정말이지 감격스럽고 영광입니다. 교수님의 말씀[38]에 많은 것을 배웁니다. 제가 그 책의 앞머리에 교수님의 이름을 올린 것은 단지 교수님에 대한 감사와 존경을 표하기 위해서만은 아닙니다.[39] 〈클라이스트〉에서 '감정의 병리학'이나 〈니체〉에서 '질병에 대한 변호' 같은 여러 꼭지들은 아마도 교수님 없이는 쓰지 못했을 겁니다. 그렇다고 제가 그것들을 정신분석학적 방법의 결과물이라고 생각하는 것은 아닙니다. 그러나 교수님은 우리에게 '용기'를 가르쳐주었습니다. 사물들에 다가갈 용기를, '두려움 없이' 그리고 모든 그릇된 수치심 없이 가장 내면적인 감정은 물론이고 가장 극단적인 감정에 다가갈 용기를 말입니다. 또한 진실에는 용기가 필요한 법입니다. 우리 시대에는 오직 교수님의 저서만이 그런 용기를 보여 줍니다.

언젠가 빈에서 다시 한 번 찾아뵈었으면 하는 바람입니다. 제가 너무 큰 것을 요구했나요. 교수님의 시간을 중히 여기는 마음이 언제나 더 클 따름입니다.

정겨운 안부를 따님40께 전하며

변치 않는 존경심으로,

슈테판 츠바이크 올림

13

프로이트가 츠바이크에게

1925년 6월 3일

빈 9구, 베르크가세 19번지

친애하는 츠바이크 박사님,

로맹 롤랑을 위한 《축하 기념 문집》[41]에 실을 기고문은 벌써 보냈습니다.

그런데 한 가지 의문이 나를 사로잡고 있습니다. 박사님이 기고를 요청할 때 이 말을 하지 않으셨네요. 출판 비용은 어떻게 하실 건가요? 어느 정도의 분담금을 원하는지 나에게 귀띔해주셨으면 합니다.

진심 어린 안부를 담아,

프로이트

14

츠바이크가 프로이트에게

1925년 6월 15일

잘츠부르크, 카푸치너베르크 5번지

존경하는 프로이트 교수님,

라이프치히에서 열린 헨델 축제[42]에서 돌아오자마자 교수님의 편지를 발견하고는 정말로 기뻤습니다. 기고문을 보내주시다니, 어찌나 좋은지요! 보조금은 당치 않습니다. 오히려 교수님의 글이 다른 작품을 기부받는 데 도움이 될 것입니다. 교수님을 포함한 다른 인사들의 이름을 올린다면 말이지요.

기뻐하실 만한 소식이 있습니다. 교수님께 바치는 헌사를 담아 명예를 얻은 제 책[43]이 순항하고 있습니다. 초판 1만 부가 거의 다 나갔고, 성탄절 전에 재판이 나올 예정입니다.

교수님 생각을 자주 합니다. 부디 건강하시고 건필하시기를! 따님께도 안부 전해주시길 부탁드리며, 교수님도 심지를 굳게 하시기 바랍니다.

변치 않는 존경심으로,

슈테판 츠바이크 올림

15

프로이트가 츠바이크에게, 〈타자기로 작성〉

1926년 2월 5일

빈 9구, 베르크가세 19번지

친애하는 츠바이크 박사님!

이제 로맹 롤랑의 생일이 지났습니다. 《축하 기념 문집》이 벌써 출판되었을 텐데, 나는 아직 한 권도 받지 못했습니다. 아무것도 기다릴 필요가 없다는 소식을 들어도 놀라지는 않을 것입니다. 하지만 내가 그것을 꼭 갖고 싶기 때문에 궁금하네요. 그래서 당신에게 문의를 드립니다. 당연한 일이겠습니다만 출판사에서 그 책을 기고자들에게 보낼 계획이 있는지요? 결코 요구가 아니라 문의입니다.

진심 어린 안부를 담아,

프로이트

16

츠바이크가 프로이트에게, 〈전보〉

1926년 5월 6일,[44] 잘츠부르크

존경하는 교수님, 잔칫날을 즐겁게 건강하게 또 불멸의 업적
에 걸맞은 긍지 속에서 보내시길.

슈테판 츠바이크

Feuilleton.

Sigmund Freud.

Zu seinem siebzigsten Geburtstage.

Von Stephan Zweig.

Der Mann, dessen festlichen Tag wir heute ehrfürchtig begehen, er ist einer der seltenen unserer unzulänglichen Zeit, dem die Gnade des schöpferischen Gedankens gegeben war. Gedanken sind überall, doch fast immer ohne Fruchtbarkeit: eine große Stadt, ein Land, schüttet es nicht millionenfach in jeder Stunde Ideen, Meinungen, Ansichten wahllos aus seinen labyrinthisch gedrängten Gehirnen, die Bücher, die Broschüren, reden sie nicht Myriaden Worte allstündlich zu uns? Aber alles dies schwemmt die nächste Stunde, die Sekunde meist schon, in die Gosse der Vergessenheit. Zwischen diesen unzählbaren Atomen jedoch, diesen totgeborenen Worten und Meinungen entstehen manchmal — selten freilich, so selten wie das Geniale auf Erden erscheint — in einer einzelnen geistigen Gehirnzelle ein paar Gedanken, die dauerhaft sind, und durch diese Dauer kräftig geistige Gebilde, an die sich andere unselbständigere Ideen anranken, wie Efeu an den tiefgeschichtlichen Stamm. Ideen, die selbst wieder Ideen zeugen, Ahnherren neuer, geistiger Geschlechter, die hinausreichen über unseren eigenen Atemzug. Solche Ideen und nur solche verändern heimlich (erst die nächste wird es dankbar gewahr) die Mentalität einer Epoche, sie geben ihr Stempel und Zeugnis aufsteigender Verwandlung. Und dieser Stempel ist allemal in eines Einzigen oder in der Wenigen Hand.

Solche schöpferische, heimwirkende Gedanken entgehen dem Falsch und dem Richtig, die Diskussion kann sie nicht erreichen, denn das Schöpferische ist immerdar richtig. Sie wirken ebenso, indem sie Begeisterung, wie dadurch, daß sie Widerspruch erzeugen. Sie hemmen den Stillstand des Denkens, sie durchbrechen den erstickenden Kreis, in den sonst jede Generation unweigerlich gerate, indem sie über sich selbst hinausdeuten, Tangente zur Unendlichkeit. Nur wer geistige Bewegung schafft, dient im Letzten der Mission der Menschheit; weithin über Wahrheit und Irrtum, diesen unsicheren, nie völlig faßbaren Phantomen, dient er ihrem höchsten Sinn.

So sind auch die Gedanken, die kühnen und oftmals genialen Deutungen, mit denen Sigmund Freud unsere Gegenwart beschenkt und herausgefordert hat, als Tat nicht mehr zu bestreiten und zu widerlegen. Sie sind lebendig und haben Leben gezeugt. Weit über Deutschland, über Europa, über unseren Kontinent hinaus gibt es kein psychologisches Denken mehr ohne oder gegen sie. Sie sind wie Bazillen eingedrungen in alle Organismen der geistigen Welt: allüberall, in Dichtung, in Philosophie, in der Ethik, ja selbst in der Form gewöhnlichen Umganges und der Bezüchtung der Geschlechter ist ihre Spur deutlich zu erkennen. Der Sprache haben sie ihren zeugenden Trieb eingesenkt, Worte, wie „Hemmungen", „Verdrängungen", „Vorlust", von ihm aus dem selbstgehobenen Metall der Begriffe herausgehämmert, gehen heute lässig und selbstverständlich, ihres Schöpfers längst unkund, von Mund zu Mund. Seine

---

〈지그문트 프로이트. 그의 70회 생일에 부쳐〉

츠바이크가 1926년 5월 6일 자《노이에 프라이에 프레세》의 문예란에 발표한 기사이다.

프로이트가 츠바이크에게, 〈전보〉

잘츠부르크, 카푸치너베르크

슈테판 츠바이크 박사 　　　　　　　〔1926년〕 5월 8일, 빈

　　진심 감사[45] 그보다 더 잘 더 많이 담기는 불가능할 듯 프로

이트

18

츠바이크가 프로이트에게

1927년 3월 18일
칸, 루트 드 프레쥐,
오텔 샤토 생조르주

존경하는 프로이트 교수님,

〔빈으로〕 출발하기 이틀 전, 교수님께 다시 몇 마디 소식을 전하고자 합니다. 베토벤 축제[46]의 방문객들이 틀림없이 교수님까지 성가시게 하겠지만, 그렇더라도 쥘 로맹[47]만큼은 꼭 소개를 드려야겠습니다. 그가 프랑스의 훌륭한 시인들 가운데 한 사람이어서가 아니라, 프랑스 시인들 가운데 처음으로 교수님의 저서에 관한 엄청난 영향력을 지닌 논문을 《누벨 르뷔 프랑세즈 *Nouvelle Revue Française*》에 게재했기 때문입니다. 그는 베토벤 축제에 참여하기 위해 빈에 있고 교수님을 만날 수 있을지도 모른다는 생각에 무척이나 행복해하는 듯합니다. 바라건대 교수님의 건강이 허락한다면 그에게 반 시간만 내어주시기를.

쥘 로맹(1885~1972)

츠바이크와 가까웠던 프랑스 시인이자 철학자, 극작가. 문학은
집단이나 사회 전체의 일체적 의지나 감정을 표현해야 한다고
주장하는 위나니미슴(일체주의) 문학 운동을 주도했다.

저의 존경은 언제나, 저의 생각은 빈번히 교수님 곁에 있습니다!

변치 않는 마음으로,

슈테판 츠바이크 올림

프로이트가 츠바이크에게

1928년 5월 1일

빈 9구, 베르크가세 19번지

친애하는 츠바이크 박사님,

새로 보내준 선물,[48] 진심으로 감사합니다. 당신의 책을 읽는
것은 나에게는 언제나 강렬한 즐거움입니다. 그리고 정말 건필하
시는군요! 타인을 파악하는 일은 당신에게 대가다움을 가져다줍니
다만, 사실 나는 그 창작자(《감정의 혼란》[49])에 더 애착이 갑니다. 나
는 당신에게서 내면의 위대한 겸손함과 예술가에게 드문 성품을 봅
니다.

진심 어린 안부를 전하며,

프로이트

20

프로이트가 츠바이크에게, 〈엽서〉

〔1929년 9월 19일로 추정됨〕

베를린-테겔

슐로스 테겔 요양소[50]

프로이트

당신의 멋진 새 선물,[51] 진심으로 감사합니다.

변치 않는 마음으로,

프로이트

프로이트가 츠바이크에게

1929년 12월 4일

빈 9구, 베르크가세 19번지

친애하는 츠바이크 박사님,

내가 경악하고 만 일을 당신에게 전합니다. 오늘 산책을 하다가 큰 벽보 하나가 눈에 띄었습니다. 거기에는 찰스 메일런 씨[52]가 12월 7일 반反프로이트 강연을 개최한다는 광고가 요란하게 공지되어 있었습니다. 그런 강연이야 괜찮은데, 문제는 그가 악질적인 광인, 아리아 혈통의 광신자라는 것입니다. 그는 베를린에서 정신분석을 배우려 했지만 비정상적이고 무능력한 사람이어서 몇 달 뒤 쫓겨났습니다. 그 일 때문에 그는 아마도 복수하기 위해, 실제로는 유명해지기 위해 나를 날조한 책을 출판했습니다. 드릴 박사[53]가 《프랑크푸르터 차이퉁》에서 "야비한 짓"이라고 분명하게 말한 그 책입니다. 메일런 씨는 슈무처 여사[54]가 멋대로 꾸며낸 내 모습을 재생산할

알리스 슈무처와 페르디난트 슈무처

언론인이자 작가 알리스 슈무처는 영향력 있는 문학 살롱을 약 30년간 운영했고, 그녀의 남편 페르디난트는 화가이자 판화가, 사진가로 활동했다.

프로이트의 초상

찰스 메일런의 책에 실린 것으로, 페르디난트 슈무처가 에칭으로 작업했다.

기회를 얻었습니다. 그는 존경심과 무례함이 기묘하게 뒤섞인 편지를 나에게 보냈습니다. 이하는 생략하죠.

그의 책을 위한 추천사 세 가지가 그 벽보에서 뽐을 내고 있었습니다. 제일 위는 카를 구스타프 융[55]의 것, 제일 밑은 베를린의 어느 신문으로부터 가져온 익명의 것, 가운데는 츠바이크 박사님의 것[56]이었죠. 어떻게 된 일이죠? 당신은 그 책을 읽은 적이 있습니까? 당신은 그 책의 의도를 알아차리지 못했나요? 그렇다면 어찌해서 그 사람에게 속아넘어갔나요? 아니면 그것이 정말로 당신의 의견인가요?

우리가 친근한 관계이긴 하지만 그래도 당신의 생각을 알고 싶습니다.

변치 않는 마음으로,
프로이트

22

츠바이크가 프로이트에게, 〈타자기로 작성〉

1929년 12월 6일

잘츠부르크, 카푸치너베르크 5번지

존경하는 프로이트 교수님!

교수님의 편지에 담긴 관대한 말씀들이 저를 '극도로' 고통스럽게 합니다. 저는 메일런 씨라는 자를 알지 못합니다. 또한 공개적으로 그의 책을 언급한 적도 없습니다. 그는 예전에 그 책을 편지 한 통과 함께 저에게 보냈습니다.[57] 저는 그것을 '아주 꼼꼼히는 아니고' 대충 훑어보았습니다만, 그 까닭도 무엇보다 첫 쪽에 교수님의 초상이 있었고 그가 교수님에 대해 연구했다는 것을 알았기 때문이었습니다. 그래서 그에게 편지를 썼습니다. 저 자신이 교수님에 관한 더 큰 저술에 매진하고 있기 때문에 그 책은 당시 그 시점에서 저에게 매우 중요하며 그 방법론을 교수님에게 적용하는 일에 관심이 있긴 하지만, 저에게는 그의 방식이 어느 정도 곡해된 것처럼 보인다고 말입니다. 그 뒤에 저는 메일런 씨로부터 편지 한 통을 받았습니다. '곡해된'이라는 말을 명확히 설명해주면 좋겠다고 부탁하더군요. 저는 답장을 하지 않았습니다. 그런데 교수님께서 무척 놀라운 소식을 전하시네요. 책을 보내준 것이 고마워서 보낸 저의 편지에서 예의상 쓴 문장 하나를 따서 벽보에 게재하다니. 저는 그 사람이 저의 편지에서 따온 문장을 전혀 알지 못할 뿐 아니라, 제가 그 사람에게 뭐라고 썼는지조차 기억하지 못합니다. 하지만 이런 식으로 편지에서 몇 마디 말만 뜯어내 악용하는 일은 정말로 참을 수 없습니다. 또한 메일런 씨에게 이런 일을 그만두라고 당장 요구할 것입니다. 그 사람은 정말로 주의해야 할 겁니다!!

　　존경하는 교수님께서 단 한 순간도 제가 이 음모를 알고 있으리라고 생각하지 않으신 것에 진심으로 감사를 드립니다. 제가 교수님의 저술과 교수님 자신에게 지금 이 순간보다 더 가까이 있은 적은 없습니다. 그런 만큼 제가 교수님의 작품을 읽는 동안 잘못 이해하고 과도하게 단순화했다는 사실이 저 자신도 흥미로울 따름입니다(이제 저는 그 책을 꼼꼼히 읽으려 합니다). 교수님의 이론에 대한 많은 오해들 때문에 개인적으로 정말이지 분한 감정을 느끼실 겁니다. 제3자의 시선으로 보면 이 사태를 다르게 이해할 수 있습니다. 우리는 알고 있습니다. 모든 저술을 둘러싸고 그런 분화와 생장이 일어난다는 것, 그러나 다르게 보면 그것들은 시간이 흐름에 따라 떨어지는 것들로서, 실제로 낙엽처럼 '떨어지고' 오직 벌거벗은 줄기, 즉 형태만 남는다는 것을 말입니다.

저는 지금 막 메스머에 반대하는 동시대인들의 소책자를 40
~50편 정도 읽었습니다.[58] 처음에는 대부분의 사람들이 그의 이론
을 추종했지요. 그러나 모두가 그의 이론에 관심만 높을 뿐, 독창적
인 생각을 지닌 사람은 한 명뿐입니다. 교수님께서는 〔제가 작업하
고 있는〕 메스머에 관한 이 논고에서 교수님과 똑같은 운명이 나란
히 반복되고 있음을 깨닫게 되실 겁니다. 노골적으로 말하자면 저에
게는 숙명적으로 보입니다. 똑같은 도시에서 딱 100년 뒤에 정신 치
료법이 새로 창시되었고, 1785년과 1885년의 학술계와 교수 사회
는 절망적이라 할 만큼 닮아 있습니다.[59] 이 책에 대한 간단한 소개
가 교수님께 흥미롭길 바랍니다. 정신 치료법의 발견자 메스머는 저
에게는 콜럼버스입니다. 바다를 건너 발견한 곳이 사실은 아메리카
대륙이었는데도 죽을 때까지 그곳이 인도라고 믿었다는 뜻에서 말
입니다. 저는 다른 사람들과는 반대로 그려 보이고 싶습니다. 자기
력에 대한 중세적 망상으로 말미암아 그가 암시, 즉 최면 현상을 알
지도 이해하지도 못한 채로 이용했다는 것을 말입니다. 그러나 첫
째, 메스머는 결코 약장수가 아니라 이상주의자이자 성실한 연구자
였다는 것, 둘째, 학회와 대학이 100년에 걸쳐 너무도 어리석은 질
투에 가득 찬 채로 그를 오해했다는 것이 입증될 것입니다.

메스머에 관한 긴 논고 뒤에는 에디 부인[60]에 관한—반은 진
지하고 반은 명랑한—막간극이 이어집니다. 이 책의 2부는 교수님

자신과 교수님의 저술에 관해 벌써 수년 전부터 계획해온 연구입니다. 말하자면 메스머가 심리 치료법, 이 책의 제목이기도 한 '정신에 의한 치유'[61]를 예감했다면, 교수님은 깨달았던 것이죠.

교수님의 따님께 언제 8일 내지 15일 정도 빈의 정신분석기록보관소에서 연구를 하면 좋겠다고, 가능하면 여러 개인 소장 자료들[62]까지 열람할 수 있게 해달라고 미리 부탁을 해두었습니다. 메스머[와 교수님]의 유사성을 찾기 위해 이제는 [교수님에 대해] 비웃고 거부하는 기록들, 대학들의 행태에 관한 기록들, 비방하는 소책자와 활동무대에서의 경멸에 관한 기록들[63]이 저에게 필요한 상황이며, 그 기록들을 수집하는 데 교수님의 동료들께서 힘을 모아주셨으면 하는 바람입니다. 저는 오늘 더할 나위 없이 순조롭게 작업을 진행하고 있으며, 외람된 말씀입니다만 대다수의 연구물들보다 높은 목표를 향해 활시위를 당기고 있습니다. 저는 엄밀한 치료 효과보다는 교수님께서 세계에 어떤 영향을 미쳤는지, 즉 정신적·도덕적 세계상 전체를 어떻게 변화시켰는지에 집중하려 합니다.[64]

이번 사건의 공동 책임을 저에게 묻지 않으신 점에 대해 친애하고 존경하는 교수님께 다시 한 번 감사를 드립니다. 오늘 곧바로 메일런 씨에게 제 의견을 명확히 전달하도록 하겠습니다.

깊은 존경과 변함없는 충심으로,

'빈'

프로이트 교수님[65]

    교수님의 저작에 관한 방대한 연구는 (메스머와 선량한 에디 부인에 관한 연구가 끝나는[66]) 3월에 시작하려 합니다. 그리고 여름 전에는 그 연구를 완성했으면 합니다.

23

프로이트가 츠바이크에게, 〈타자기로 작성〉

1929년 12월 7일

빈 9구, 베르크가세 19번지

존경하는 츠바이크 박사님,

아무렴요. 당신은 그 소동[67]에 관한 내 의견을 잘 이해하셨습니다. 악용은 딱 그 사기꾼다운 것이고 배신은 전혀 당신답지 않은 것이지요. 모쪼록 자중하시라는 당부를 드립니다. 무분별한 미국식 광고가 유럽에 밀려들어 온 이후로는 자기 표현을 자제하라고 강하게 말하기가 어렵습니다. 오늘은 어느 광고탑에 있던 당신의 글을 받아 적어왔습니다. "(메일런의 책은) 대단히 본질적이다. 프로이트에 도전하는 대부분의 사람들보다 훨씬 더 깊이 있어 보이며, 비밀스러운 근거들을 인식하고 있다."

당신의 새 책에 나와 관련된 부분이 있다는 소식이 나에게는 당연히 메일런의 강연보다 더 흥미롭습니다. 당신의 계획을 변경하는 것은 아마도 불가능할 터이니, 그저 도울 수밖에요. 우리 편집장 알베르트 슈토르퍼[68]가 동시대인들의 기록들 가운데 '보물들'을 정신분석기록보관소에 수집해두었습니다. 그가 그것들에 접근할 권한을 당신에게 드릴 것이라 확신합니다. 내가 당신의 입장에 영향을 미치려 시도하는 일은 없을 테니 아무 걱정 마시고요. 빈의 공직 사회는 나에게 호의적이라는 말씀을 드리고 싶습니다. 메스머(와 나)의 유사성에는 대립되는 말이지요. 그들은 그저 나에게 관심을 두지 않았을 뿐이고 그것으로 충분합니다. 내가 정신과, 아니, 정신분석 정교수직을 얻었다면 어땠을까요?[69] 그것들은 그저 성가시고 쓸모없었을지도 모릅니다. 엄밀히 말해 융,[70] 아들러,[71] 슈테켈[72]과 같은 이른바 변절한 내 제자들이 잘못 처신한 것입니다. 하이네가 말했듯이 "인간적으로 모자랍니다".

마음을 담아,

프로이트

24

츠바이크가 프로이트에게

1929년 12월 9일

잘츠부르크, 카푸치너베르크 5번지

존경하는 프로이트 교수님!

교수님의 관대한 편지에 진심으로 감사를 드립니다. 제가 이 작업을 하면서 벌써 오래전부터 대단히 기뻐하고 있다는 사실을 고백하고 싶습니다. 또한 메스머(와 학계)의 대립은 예감과 지식의 대립에 지나지 않는다고 생각합니다. 문제를 느끼고 감지하지만 파악하지는 못한 최초의 소박한 시도가 100년이 지난 뒤에야 실질적인 진전을 본다는 것이지요. 제가 느끼기에 이 100년은 오직 오해와 무관심과 맹신과 기만으로 점철되어 있습니다. 외람된 말씀이 아닌지 모르겠습니다만, 언제 빈에서 시간을 내주셨으면 하고, 메스머에 관한 논고도 두세 달 안으로 읽어주셨으면 합니다.

아마도 저는 많은 것을 놓쳤을 겁니다. 참된 인식을 코앞에

두고 있지만 그 마지막 한 걸음을 똑바로 내딛지 못하는 한 인간의 비극적인 문제에 몰두하고 있기 때문입니다. 명예회복의 문제도 있습니다. 이 메스머라는 사람이 알려진 것만큼 사기꾼이나 속물스러운 장사꾼은 결코 아니라는 것, 중세적 편견 속에서 시술을 하긴 했지만 대단히 신중한 현실주의자라는 것, 천재는 아니지만 직감을 타고났고 모든 의사의 일반적인 소양을 능가한다는 것이죠. 슈토르퍼 박사의 기록보관소에서 교수님의 저작에 관한 자료를 체계적으로 연구할 수 있다는 것이 벌써부터 저를 기쁘게 합니다. 또 제가 그와 마주 보고 자유롭게 작업할 수 있도록 해주신 점에 대해 진심으로 감사드립니다.

교수님께서는 치료 방법을 가장 중요하게 여기셨지만, 제 작품에서 그것은 더 이상 본질적인 것이 아닙니다. 치료와 관련된 부분은 교수님의 발견들 가운데 하나일 뿐이며, 교수님께서 심리학과 철학의 영역에서, 나아가 우리 세계의 전체 도덕적 구조에서 불러일으키신 혁명이 그것을 훨씬 능가한다고 저는 생각합니다. 교수님에 관해 아무것도 모르는 사람들, 1930년을 살아가는 모든 사람들, 심지어 정신분석이라는 명칭을 한 번도 들어보지 못한 사람들까지도 교수님께서 일으킨 영혼의 변화에 이미 간접적으로 물들어 있습니다. 또 최근 반세기 동안의 성과를 이해할 수 있도록 1880년의 심리학적 사고방식을 근본적으로 재구성해야만 합니다.

이런 이유로 경악과 반발과 불쾌함의 기록들이 저에게 그토록 필요한 것입니다. 동시대의 반대자를 공개적으로 비난하려는 편협한 동기에서 시작된 것이 아니라는 말씀입니다. 끝으로, 저는 이 작업을 위해 수년간 준비를 해왔습니다. 이것이 단지 부분적으로만 성취된다 하더라도 어떤 본질적인 부분을 밝혀내는 것임을 저는 알고 있습니다. 이 작업은 작은 낟알에 불과하겠지만, 아마도 노벨상 수상의 저울을 결정적으로 기울게 할 것입니다. 이제 이 일은 더 이상 지체되어서는 안 됩니다.[73]

깊은 존경심으로
변치 않을,
슈테판 츠바이크 올림

25

츠바이크가 프로이트에게, 〈타자기로 작성〉

1929년 12월 31일
잘츠부르크, 카푸치너베르크 5번지

존경하는 프로이트 교수님!

교수님의 특별한 작품[74]에 대한 저의 깊은 감사를 받아주시기 바랍니다. 요 며칠간 저는 그 작품에 마음을 빼앗겼고 한동안 그럴 듯합니다. 저는 곧바로 《비너 타게블라트 *Wiener Tageblatt*》에 그 책에 관한 감탄의 글을 때맞춰 실을 수 있을지 문의했습니다.[75] 이에 관한 답변을 아직 기다리는 중이고, 제가 교수님의 업적에 정신적 정점을 이루고 있는 이 작품을 얼마나 중요하게 생각하는지를 거기에 자세히 쓸 수 있길 바랍니다. 그러므로 오늘은 제 감사의 뜻을 이렇게 간단히 전할 수밖에 없음을 양해해주십시오. 교수님의 시간은 편지를 읽는 데 소모하기에는 너무 값지고, 저는 제가 말해야만 하는 것을 많은 사람들에게 알리고 싶습니다.

교수님께서 그토록 왕성하게 건필하고 계신 것이 저에게는
얼마나 다행스러운 일인지 모릅니다. 그것은 교수님의 신체적 건강
을 확인시켜주는 증거이기도 하니까요. 그 정도 수준의 정신적 담론
은 존재의 온 힘을 쏟아부어야만 쓸 수 있습니다.

깊은 존경심으로
언제나 변치 않을,
슈테판 츠바이크 올림

26
츠바이크가 프로이트에게, 〈엽서〉

1930년 8월 12일
함부르크, 알스터글라치스 10번지, 자페 씨 댁에서

존경하는 프로이트 교수님,

괴테상 수상[76]을 진심으로 축하드립니다. 이 상은 교수님이 오래전에 받으셨어야 할 노벨상을 수상하시는 데 길을 마련해줄 것입니다. 저는 음악 축제[77]를 앞두고 교수님에 관한 논고를 차분히 집필하기 위해 함부르크로 퇴각해 있습니다.[78] 이 논고는 9월이 되어야 완성되겠네요. 논고의 몇몇 부분이라도 교수님을 기쁘게 한다면, 이 작업은 무의미하지 않을 겁니다.

존경심으로 변치 않을,
슈테판 츠바이크 올림

프로이트가 츠바이크에게

1930년 8월 14일

빈 9구, 베르크가세 19번지

그룬들제

친애하는 츠바이크 박사님,

축하의 말씀 감사합니다. 공공연하게 인정받는 일에 대해 기대를 접은 지 오래이니만큼, 괴테상 수상은 나에게 놀라운 일입니다. 이제는 그 논고를 읽는 즐거움을 나에게 허락해주기 바랍니다. 당신이 그것을 집필하고 계신 함부르크는 나에게 아주 친근한 도시입니다.[79] 또 다른 상을 기대하려면 내가 므두셀라만큼이나 오래 살아야 하는데, 그런 일에 얽히고 싶지는 않네요. 한때 그 상을 바랐다는 것, 인정합니다. 김빠진 바람이긴 하지만.

변치 않을,

프로이트

28

츠바이크가 프로이트에게, 〈엽서〉

〔1931년 2월, 바르셀로나[80]〕

존경하는 프로이트 교수님,

제가 교수님께 개인적으로 제 책[81]을 보내지 않더라도 부디
너그럽게 용서해주시기 바랍니다. 라이프치히에 있는 출판사가 그
인쇄본들을 저에게 보내〔고 제가 다시 교수님께 보내〕기에는 제가
너무 멀리 있습니다. 출판사에서 교수님께 직접 보내는 것을 허락해
주십시오.

존경심으로,

슈테판 츠바이크 올림

29

츠바이크가 프로이트에게, 〈엽서〉

〔1931년 2월〕

앙티브, 오텔 뒤 카프

존경하는 프로이트 교수님,

제 책이 교수님의 손에 들어가 있기를 바랍니다. 교수님께서
너무 많은 오류를 발견하시지는 않았으면 하고 몹시 바라고 있습니
다. 깊은 존경심에서 드리는 안부를 받아주십시오.

변치 않을,

슈테판 츠바이크 올림

프로이트가 츠바이크에게

1931년 2월 7일[82]

빈 9구, 베르크가세 19번지

존경하는 츠바이크 박사님,

당신의 최근작을 받았고 새로이 읽었습니다. 물론 이번에는 이전의 매력적인 작품들보다 더 개인적인 관심을 가지고 읽었어요. 내가 느낀 점을 비판적으로 전해도 괜찮다면 이렇게 말하고 싶습니다.

메스머[83]에 관한 논고는 내가 보기에 가장 조화롭고 공정하고 품위 있는 것이라고. 나 또한 당신처럼 그가 발견했던 것의 진정한 본질, 즉 암시요법의 정체가 오늘날까지도 확실히 밝혀지지 않았고 거기에는 뭔가 새로운 것을 위한 공간이 남아 있다고 생각합니다.

메리 에디 베이커[84]에 관한 논고에서는 불편하게 느껴지는 것이 있습니다. 긴장력[85]을 너무 많이 강조했다는 것이지요. 우리 중 병리학적 관점을 빼놓고 생각할 수 없는 어느 한 사람에게는 이것이 많이 아쉽습니다.[86] 아시다시피 발작을 일으키고 있는 미치광이는 정상일 때는 지니고 있지 않던 힘을 발휘합니다. 메리 베이커 에디가 벌인 비상식적인 일과 불법적인 일은 충분히 묘사되지 않았고, 미국을 배경으로 일어난 말로 다 할 수 없이 참담한 일도 마찬가지였습니다.[87]

누군가가 자신의 초상화에 만족하지 못하는 것, 또는 거기서 자신을 알아보지 못하는 것은 흔한 일이며 주지의 사실입니다. 그러니 나는 서둘러 만족감을 표현해야겠지요. 당신은 나와 관련해 가장 중요한 점을 정확히 인식하고 있습니다. 다시 말해 내 업적이 지성의 결과라기보다는 성격[88]의 결과라는 것 말입니다. 이것이 당신이 파악한 핵심이고 나 역시 그렇게 생각합니다. 하지만 당신이 나의 소시민적 꼼꼼함을 유독 강조한 것에 대해 설령 내가 반론을 제기할 수 있다 하더라도,[89] 거기에 묘사된 사람은 사실 약간 더 복합적입니다. 나 역시 남들처럼 두통과 피로를 느끼며, 열렬한 애연가로서 나 자신을 다스리고 연구를 지속하는 데 담배가 가장 큰 역할을 했다고 스스로 고백하는 (아직도 애연가이고 싶은) 사람이기도 합니다.[90] 검소하다고 높이 평가해주신 것과는 다르게 나는 그리스, 로마, 이집트의 골동품을 수집하는 데 많은 비용을 들였고 사실 심리학보다 고고학 서적을 더 많이 읽었지요.[91] 전쟁이 시작되기 전까지,

프로이트 진료실에 진열된 골동품들

고고학 책을 많이 읽고 여행을 좋아했던 프로이트는 1896년 이탈리아 여행 중에 고대 조각상 모조품을 구입한 이래 골동품 수집에 열정을 쏟았다.

그리고 전후戰後에도 적어도 일 년에 한 번씩은 며칠에서 몇 주 정도 로마에 머물러야만 했습니다.[92] 그 밖에도 몇 가지가 있습니다. 미니 어처 초상화에서 내가 깨달은 것이 있습니다. 화가는 크기를 줄이기 위해 대상을 단순화하고 생략할 수밖에 없지만, 그렇게 하면 잘못된 그림이 되어버리기 쉽다는 사실입니다.

이 책을 쓰기 전까지는 당신이 정신분석학의 본뜻을 잘 몰 랐을 거라고 가정하지 않으면 나는 아무래도 혼란에 빠질 듯합니 다. 당신이 그 이후로 많은 것을 터득했다는 점은 인정받을 만합니 다. 두 가지 점에서 당신을 비판할 수 있겠습니다. 하나는 당신이 자 유연상 기법에 관해 거의 언급하지 않았다는 점입니다. 많은 사람들 이 그것을 대단히 주목할 만한 정신분석의 신개념이자, 분석을 성공 으로 이끄는 방법론적 열쇠로 간주하고 있습니다. 다른 하나는 내가 꿈에 대한 이해를 어린 시절의 꿈으로부터 얻었다고 기술한 점입니 다. 그것은 사실과 일치하지 않고, 그저 사람들에게 전달되기 좋게 서술되었을 뿐입니다.

보통 사람들이 심리분석 훈련을 받을 수 있는지에 관하여 제 기한 당신의 마지막 질문 또한 그 기술을 잘 모르는 데서 비롯한 것 입니다. 현미경이 의사들에게 새로운 도구였던 시절의 생리학 안내 서에는 현미경 사용자가 익혀야 할 드문 능력들이 무엇인지 적혀 있 습니다. 나중에는 외과 의사들에게도 똑같은 것을 요구했고, 오늘날 에는 모든 학생이 학교에서 현미경 사용법을 배워 훌륭한 외과 의사

로 양성됩니다. 그러나 누구나 똑같이 잘할 수 없다는 것은 어떤 영
역에서든 예외가 없는 법입니다.

휴가 잘 보내시기를 바라며,

프로이트

31

츠바이크가 프로이트에게

1931년 2월 20일

앙티브, 오텔 뒤 카프 당티브

존경하는 프로이트 교수님,

교수님의 답신에 진심으로 감사드리고, 여전히 진행되고 있고 그 영향력의 범위가 아직 정해지지 않은 업적을 기술할 때 발생하는 난점을 오해하지 않고 계신 점에 대해서도 감사를 드립니다. 저는 결코 정신분석의 방법과 체계를 비판적으로 고찰하는 일에 전념하지 않았습니다. 그럴 만한 경험과 용기가 제게는 없습니다. 제가 추구한 것은 현상의 중요성입니다. 어떤 인물이 지닌 놀라운 특이점과 '총체적인' 업적을 대략적으로 특징짓는 것이지요. 저는 대략적이라고 말씀드렸습니다. 논증을 통해 완전히 파악하려면 두 권 분량이 필요했을 겁니다. 제가 삭제한 것만 해도 한 권 분량은 되겠네요.

저는 많은 대목에서 독자적으로, 외부인의 시선으로 고찰하는 데 역점을 두었습니다. 견식 있는 체하며 만용을 부리지 않았음 또한 믿어주시기 바랍니다. 몇몇 이견들을 버리고 빤한 말들로 채워 넣었다면 그것은 저에게 놀이였겠죠. 하지만 저는 정치역학적 의미에서 그 인물을 모든 동시대인보다 무척 높이 평가하고 동시에 보여주는 것이 중요하다고 생각했고, 그런 만큼 이 작품은 '검증된' 논문은 아닙니다. 교수님께서는 교수님과 함께 곧잘 거명되는 다른 사람들을 제가 결코 언급하지 않았다는 점을 알아차리셨을 겁니다. 그들 중 어느 누구도 그 정도의 수준과 시대적 중요성에 다다르지 못하기 때문입니다. 이 점에서 볼 때 딱 한 사람만큼은 교수님의 업적 전체에 견줄 만합니다. 바로 니체입니다.[93] 전체를 통틀어 교수님과 관련해 언급한 유일한 이름이죠.

저에게 중요한 것은 바로 '이것'입니다. 업적의 상세한 목록이 아니라 그 '수준'을 보여주는 것, 그리고 그것을 시대 속에 위치시키는 것 말입니다. 더 '많이' 이야기했어야 한다는 것을 저보다 더 잘 아는 사람은 없습니다. 활용하지 않은 메모들이 저의 노트 여섯 권을 가득 채우고 있어요. 물론 이 책에서는 어떻게 응축할 것인지가 관건이었고, 그러면서 프로크루스테스처럼 거칠었다는 것 또한 인정합니다. 저에게 중요한 것은 오직 제가 이 책을 통해 바라는 결과였는지도 모르겠습니다. 다시 말해 노벨상 경합에 결정적 영향을 미치는 것 말입니다. 그래야만 문학계 인사들의 손에 편파적이지 않은 무언가를 쥐여줄 수 있기 때문입니다. 제 책이 이런 보편적 감정에 반대하는 자들로 하여금 그 '총체적인' 업적에 기필코 경의를 표하도록 압박해야 한다는 점이 저에게 중요했는지도 모릅니다. '특히' 그 사람들은 언제나 세부 내용을 따지기 때문에 저는 의도적으로 세부 주제들을 내버려두었습니다.

　　개인적 사항과 관련한 오류들은 재판에서 틀림없이 수정될 것입니다.[94] '몇 가지' 놓친 것은 부디 너그럽게 눈감아주시길 바라오며, 또한 교수님 업적의 전체상과 그 중요성이 몇몇 사람들을 저처럼 가슴 깊이 사로잡고 있다는 사실을 확신하시기 바랍니다. 저는 기쁩니다. 저에게 중요한 지인들이 교수님의 저작에 관한 논점을 하찮은 것, 즉 의학적인 것으로부터 심리학적 영역으로 옮겨놓았다고 느끼고 있으며, 또한—찬반 논쟁 속에서—오늘날 세간에 떠도는, 역겨울 정도로 옹졸한 상투적 논의가 더 이상은 가능하지 않으리라 믿고 있기 때문입니다. 사람들이 교수님의 저작을 보면서 융, 아들러, 비네켄,[95] 그리고 그 밖에 별 볼 일 없는 사람들의 것과 비교하는 일을 마침내 끝낸다면, 비록 제가 세부 사항을 충분히 다루지는 않았지만, 이제부터 사람들은 아마도 세부 사항 이상의 무언가를 추구하게 될 것이 틀림없습니다. 제가 이런 의미에서 정말로 교수님을 도왔다면 저는 기쁠 겁니다. 불충분한 모든 것에도 불구하고 진리에 봉사한 것이니까요.

변치 않는 마음으로

또한 따님께도 안부를 전하며,

츠바이크 올림

츠바이크가 프로이트에게, 〈전보〉

1931년 5월 6일, 잘츠부르크

일흔다섯 번째 생신을 맞아 진심 어린 바람을 변치 않을 존경심과 함께 받아주시기 바랍니다. 이날에 우리 세계는 하나의 사상계가 되어야 하며 위대하고 진실로 모범적인 어느 인생의 본보기를 칭송해야 합니다.

찬사와 함께,

변치 않을,

슈테판 츠바이크 올림

33
프로이트가 츠바이크에게, 〈엽서〉[96]

저의 일흔다섯 번째 생일에 보내주신 우정 어린 관심에 감사를 드립니다.

깊은 우정의 표시로,

프로이트

1931년 5월, 빈

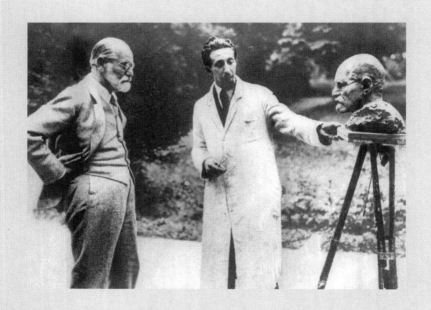

자신의 흉상을 바라보는 프로이트

일흔다섯 번째 생일을 기념한 프로이트의 흉상은 크로아티아 출신의 조각가 오스카 네먼이 제작했다.

34

츠바이크가 프로이트에게

1931년 6월 16일
잘츠부르크, 카푸치너베르크 5번지

존경하는 프로이트 교수님,

'소수의' 지인들에게만 보내는 개인 인쇄물[97]을 동봉했습니다. '높이와 깊이의 전문가'이신 교수님께서 그것을 아예 불필요한 것으로 느끼지 않으셨으면 합니다. 이번에는 모차르트가 스물한 살 때 쓴 편지 아홉 통 중에서 '한 통'의 전문을 인쇄했습니다. 그 편지들은 그의 성애에 관해 심리학적으로 대단히 주목할 만한 사항들을 보여줍니다. 그는 여느 유명 인사보다 더 강한 유아증과 격렬한 외설강박증을 보이고 있습니다. 모든 편지가 시종일관 같은 주제를 맴돌고 있으니, 교수님의 제자들 중 한 사람에게 틀림없이 흥미로운 연구거리가 될 것입니다.

이 기회에 교수님께 저의 존경과 교수님의 건강에 대한 진심 어린 바람을 전합니다. 저는 변함없이 교수님 곁에 있습니다.

슈테판 츠바이크 올림

35

프로이트가 츠바이크에게

1931년 6월 25일

빈 9구, 베르크가세 19번지

친애하는 츠바이크 박사님,

개인 인쇄물 감사합니다! 모차르트가 '흡착기 소리'를 좋아했고 자주 내곤 했다는 사실을 어디서 알게 되었는지는 모르지만 하여튼 알고 있습니다. 당신의 설명에 대해서는 정말이지 아무런 이견이 없습니다. 음악가들에 대한 다양한 분석들에서 눈에 띄는 것은 그들의 특별한 관심사입니다. 그들은 유아기로 퇴행하는 소리, 즉 내장이 만들어내는 배변 소리에 관심을 가지고 있습니다. 이것을 소리 세계를 향한 드넓은 관심의 일환으로서 간주하든, 아니면 항문기에 형성되는 어떤 강력한 인자가 (우리에게 알려지지 않은) 음악적 재능에 관여한다고 가정하든 간에 말입니다. 미결 과제로 남깁니다.

진심 어린 안부를 전하며,

프로이트

36

프로이트가 츠바이크에게

1931년 11월 28일

빈 9구, 베르크가세 19번지

친애하는 츠바이크 박사님,

쉰 번째 생일은 나를 감동시키지 않습니다. 나는 생일잔치라는 것을 지독히도 싫어합니다. 나만의 특별한 경험들 때문이죠. 그럼에도 불구하고 내가 오늘 당신의 쉰 번째 생일을 맞아 편지를 쓰는 것은, 오랜 시간 동안 자라난 욕구가 이제는 분출하고 싶어 용솟음을 치기 때문입니다. 이번 기회가 아니면 오랫동안 다른 기회를 기다리게 되거나—내 나이를 고려한다면—그마저도 잃겠지요. 언젠가는 당신에게 애정 어린 따뜻한 말을 전하고 싶었습니다. 화가의 초상화에서 마음에 들지 않는 자신의 모습을 발견한 의뢰인처럼 늘 트집만 잡으려 했던 것은 아닙니다. 그래서 당신에게 말합니다. 당신의 창작물들 가운데 내가 좋아하는 것들, 예컨대《예레미아》,⁹⁸

《감정의 혼란》처럼 악마에 시달리는 인간들의 정신생활을 파헤친 작품[99]을 읽을 때마다 내가 얼마나 즐거움을 느끼는지요. 또한 마치 많은 고대 조각상들의 옷이 몸의 윤곽을 드러내듯이, 생각에 밀착되어 있는 당신의 예술적 언어들은 나를 대단히 감탄시킵니다. 그런 만족감을 통해 나는 당신의 노력을 추론합니다. 이런 뒤죽박죽된 시대에 가장 강하고 가장 뛰어난 정신들의 국제적 연대를 올곧게 유지하려는 그 노력을 말입니다. 하지만 중요한 것은 내가 이 생일 축하에 동의하고 있다는 진심 어린 생각이겠지요. 그것으로 충분합니다.

변치 않는 마음으로,
프로이트

37

츠바이크가 프로이트에게

1931년 11월 29일

잘츠부르크, 카푸치너베르크 5번지

존경하는 프로이트 교수님,

시간을 책임 있게 사용하고 매 순간을 중요하게 여기는 당신께서 제 생각에 호의를 보여주시다니, 저는 기쁘면서도 몸 둘 바를 모르겠습니다. 제가 제 인생의 (업적이 아니라) 천분으로 여기는 것은, 언제나 본질적인 가치를 느끼고 그런 다음 제 능력의 한계 안에서 그것을 인식하는 것이었습니다. 교수님의 작품과 내적으로 일치하는 것은 이런 행운에 속합니다.

아시다시피 [교수님에 대한] 제 묘사가 완전히 만족스럽지는 않습니다. 물론 교수님의 업적에 대한 모든 자세한 탐구가 일정 정도 존경 속에서 이루어졌다는 의미에서만, 즉 그저 비판적으로 뜯어보기보다는 '우러러'보는 것이 필요했다는 의미에서만 만족스럽지 않다는 말입니다. 하지만 그런 의미에서 저는 기쁘기도 합니다. 제 연구[100]가 노르웨이에서는 이미 출판되었고, 몇 주 뒤에는 프랑스와 영국과 미국과 이탈리아에서 동시에 출판됩니다. 지금 러시아어로도 번역되고 있습니다. 아마도 추가 작업을 통해 초판 이후 저에게 명백해진 많은 것들을 다시 한 번 말할 수 있을 듯합니다.

　하지만 아마도 제 작업의 의미는 고무시키는 것, 이후의 연구들을 불러일으키는 것이겠지요. 제 졸고 덕분인지 외국에서는 베이커 에디에 관한 세 편의 희곡 작품이 나왔습니다. 또한 지금 두 사람이 메스머의 깊이 있는 전기를 쓰기 시작했습니다. 제 작업이 누군가로 하여금 당신에 관한 결정판[101]을 쓰라고 자극하는 모양입니다. 정말로 때가 된 것이지요.

변치 않을 애정과 존경 속에서,
슈테판 츠바이크 올림

38

프로이트가 츠바이크에게

1932년 6월 2일

빈 9구, 베르크가세 19번지

친애하는 츠바이크 박사님,

나는 저서 한 권을 세상에 넘기면 그 뒤로 오랫동안 그 내용에 신경 쓰지 않습니다. 당신도 나와 비슷하다면 안됐다고 할 밖에요. 당신의 책들 가운데 한 권으로, 전체 분량의 3분의 1을 나와 내 저서에 헌정했던 바로 그 책으로 당신의 눈을 되돌릴 생각이니까요.

내 친구 한 사람이 최근에 베네치아에 갔는데 거기서 《정신에 의한 치유》의 이탈리아어판을 보았고 그것을 나에게 선물했습니다. 그것이 당신의 글 일부를 다시 읽는 기회가 되었지요. 나는 그 책의 272쪽에서 잘못 서술된 부분을 발견했습니다. 이래도 그만 저래도 그만이라고 말할 수 없는 성질의 것입니다. 이것도 참작해주었으면 합니다만, 사실 이것을 바로잡으면 내 업적은 줄어들지도 모릅니다.

바로 브로이어의 환자[102]가 최면 상태에서 고백했다는 내용입니다. 그녀는 병상에 누워 있는 아버지한테서 일종의 "부적절한 감정sentimenti illeciti"(즉 성적인 본성)을 느꼈고 그것을 억압했다고 되어 있지요.[103] 그런데 그녀는 그와 비슷한 말도 한 적이 없습니다. 자신의 흥분 상태를, 특히 환자(=그녀의 아버지)에 대한 자신의 애정 어린 근심을 감추고 싶었다는 것을 내비쳤을 뿐이지요. 당신의 텍스트에서 주장된 것과 같았다면 모든 것이 다르게 진행되었을지도 모릅니다. 내가 성적 병인론(=병의 원인이 성욕에 있다는 이론)을 발견해 놀라는 일도 없었을 것이고, 브로이어는 그것에 대해 반론을 제기하기 어려웠을 것이며, 나는 아마도 그렇게 정직한 고백을 이끌어낼 수 있는 최면술을 결코 포기하지 않았을 것입니다.

브로이어의 여자 환자에게 정말로 일어났던 일을 나는 그와 결별하고 한참이 지나서야 짐작할 수 있었습니다. 브로이어와 공동 작업을 시작하기 전에 그가 다른 맥락에서 나에게 했던, 그리고 다시는 되풀이하지 않았던 어떤 말이 갑자기 생각났기 때문이지요.

그녀의 모든 증상이 없어진 날 저녁이었어요. 그는 그녀에게 한 번 더 불려갔습니다. 그녀는 하복부의 통증 때문에 몸부림을 치면서 착란을 일으켰어요. 무슨 일이냐는 질문에 그녀는 대답했습니다. "지금 아기가 나오려 해요, 박사님 아기예요"라고. 그 순간 그는 어머니들에게 가는 길을 열어주는 열쇠를 손에 쥐었지만,[104] 그것

베르타 파펜하임(1859~1936)

병상에 누운 아버지를 돌보면서 히스테리 증세를 보인 21세의 처녀로, '안나 O'라 불린다. 브로이어는 자신이 치료하던 이 환자의 사례를 프로이트에게 소개했다.

40 DEUTSCHE
+10
HELFER DER MENSCHHEIT
BERTHA PAPPENHEIM
BUNDESPOST

**베르타 파펜하임의 옆모습을 담은
독일 우표(1954)**

우측에 세로로 '인류에게 도움을 준 사람' 이란 글씨가 쓰여 있다. 프로이트가 정신 분석학을 창시하는 데 결정적인 역할을 한 파펜하임은 이후 사회사업가이자 여성 운동가로 활약했다.

을 떨어뜨렸습니다. 그가 지닌 위대한 재능들 가운데 파우스트의 것은 없었습니다. 그는 관습적인 두려움에 사로잡혀 도망쳤고 그 여자 환자를 다른 동료에게 넘겼습니다. 그녀는 여러 달 동안 요양소에서 치료를 받으며 고투를 치렀지요.

이런 재구성을 내가 얼마나 확신했던지, 어딘가에 글로 써서 밝혔을 정도입니다. 브로이어의 막내딸(그 치료가 끝난 직후에 태어난 딸인데, 이 점도 더 깊은 맥락을 위해 꽤 중요합니다!)이 그 글을 읽고 (사망하기 얼마 전에) 아버지에게 물었다 합니다. 그는 그 사실을 인정했고, 그녀는 나중에 그것을 나에게 알려주었습니다.

변치 않는 마음으로,
프로이트

39

츠바이크가 프로이트에게

1932년 6월 2일

잘츠부르크, 카푸치너베르크 5번지

존경하는 프로이트 교수님,

교수님의 친절한 편지에 몇 번이고 감사를 드립니다. 그 대목에서 이탈리아어 번역이 본의 아니게 거칠었군요. 그러나 곧 이탈리아어판은 물론이고 앞으로 나올 독일어판들도 수정해서 해명하도록 하겠습니다. 최근 제 작품이 온전히 해석되고 있지 않다는 점을 저보다 더 잘 아는 사람은 없습니다. 사실 많은 의견들을 빠짐없이 준비해두었는데, 외적으로는 그것들을 축소하거나 폐기하라는 압박을 받고 있습니다. 교수님의 업적을 논하는 진정한 저서는 계속 집필되어야 하고, 저는 스스로를 그저 대수롭지 않은 선두주자라고 생각합니다. 이목을 집중시키는 역할, 그리고 사람들이 아직 경의를 표하지 않을 때 적당한 정도의 경의를 표하는 역할, 이것이 교수님의 업적에 대한 앞으로의 연구들을 자극할 것입니다. 이 점에서는 제 연구가 이미 영향력을 발휘하고 있는 셈이지요. 특히 프랑스에서는 제 책이 30쇄를 앞두고 있습니다. 영어, 스페인어, 이탈리아어, 스웨덴어, 노르웨이어 번역본들에서도 마찬가지입니다. 여기에 폴란드어, 네덜란드어 등이 곧 합류합니다. 그리하여 비록 보잘것없더라도 제 힘이 관심의 반경을 확대시켰고, 제 표현이 충분치는 않지만 많은 사람들이 곧바로 원전과 거장 자신의 말을 근거로 삼아 학술적 연구를 하고 있습니다.

교수님의 필체가 저에게는(다른 경우라면 저는 더 이상 필적학을 신뢰하지 않습니다) 대단히 의연해 보여서, 그것이 신체의 건강함을 뜻했으면 하는 바람입니다. 교수님의 정신적 자유와 원기를 걱정하지는 않습니다. 우리는 곧 〔교수님의〕 독창적인 새 저서를 통해 그것을 경험하게 될 테니까요.

진실한 경의를 담아,
슈테판 츠바이크 올림

40

프로이트가 츠바이크에게

1932년 10월 20일

빈 9구, 베르크가세 19번지

친애하는 츠바이크 박사님,

당신의 호의에 감사를 드립니다. 나는 지금 막 당신의 책들, 인간과 운명에 대한 묘사들을 모두 읽었습니다. 말하고 싶은 것이 생겼네요. 그것들 가운데 바로 그 책이야말로 가장 설득력 있고 인간적으로 독자를 사로잡으며, 파악하기 어렵지만 대체 불가능한 역사적 진실들과 일치한다고 생각합니다. 대단히 불운했던 그 여인, 당신이 말한 것처럼 사랑스럽게 태어났으나 엄청난 운명의 철퇴를 맞은 마리 앙투아네트에 관한 책[105] 말입니다. 또한 일종의 감정 과잉으로부터 해방된 완숙한 언어와 묘사를 가장 가까이에 있는 필수 불가결한 것에 제한하는 솜씨는 거장의 작품임을 입증합니다.

    내 비좁은 관심은 당연히 내용적인 면에 쏠리네요. 거기서 당신은 그 여인의 결혼 이야기와 어머니와의 근친상간 고발을 다루면서 정신분석학자로서 작업을 합니다. 사정은 확실히 당신이 묘사한 것과 같습니다. 그럼에도 불구하고 확실히 그 인생의 한 부분은 더욱 분명해졌습니다. 사람들이 그런 인간적 특성들에 관심을 갖게 된 이후이기는 하지만 말이지요. 짐작건대 매우 사소한 일과 변경 불가능한 거대 사건, 적어도 떠들썩하게 이목을 끌었던 사건과의 연관 관계는 역사가조차 헷갈립니다. 그런데 당신은 이것을 세르비아의 알렉산더[106]의 경우처럼 확고한 시선으로 파악합니다.

자신을 유혹했다며 어머니(와 고모)에게 죄를 뒤집어씌운 그 왕실 악동[107]에 대한 당신의 분석[108]이 절대적으로 타당하다는 사실을 당신은 아는지요? 우리가 연구하는 모든 신경증 환자들이 오늘날에도 프로그램에 따라 똑같은 행동을 합니다. 그들[109]은 아동 자위를 목격했음에도 불구하고, 그것을 유혹의 환상으로 덮어씌운 뒤, 그가 저항을 하자 그 인물들을 유혹자들로 지목합니다. 그들이 금지된 쾌락이라는 이유로 고발하고 책망했던 그 여인들 말입니다. 바로 여기에 속임수 뒤에 숨겨진 일말의 진실이 있습니다. 꼬마 아이의 신체를 보살필 때 할 수밖에 없는 처치들이 흔히 생식기를 흥분시키는 최초의 계기를 제공하고, 아이에게 젖을 먹이는 인물은 어머니가 아니어도 나중에 어머니와 혼동됩니다. 그러나 환자들은 정신분석의 압박 아래에서 무의식에 남아 있는 환상들을 비로소 공개합니다. 이 환상들이 실제 사건에 대한 자책으로 변형되어 의식으로 올라올

루이 17세와 앙투안 시몽, 혁명가 자크 르네 에베르

프랑스 혁명이 일어난 후 루이 17세는 제화공 앙투안 시몽에게 맡겨져 모진 학대를 받았다.
루이 17세의 자위행위를 목격한 시몽은 혁명가 자크 르네 에베르와 함께 근친상간으로 조작
하여 마리 앙투아네트가 근친상간 죄로 사형을 당하게 만들었다.

때, 인간의 심리적 건축에는 위급한 누수 현상이 일어납니다. 몰락하고 있는 주변 여건과 어머니에게 적대적인 주변 여건이 확실히 그 왕세자에게 영향을 주긴 했지만, 환상 조작의 과정은 이미 예전부터 그 어머니로부터 벗어나 있지 않았던 것입니다.

진심 어린 안부를 전하며,

프로이트 올림

41

츠바이크가 프로이트에게

1932년 10월 21일

잘츠부르크, 카푸치너베르크 5번지

존경하는 프로이트 교수님,

교수님의 각별한 호의에 제가 감사드릴 수 있도록 허락해주십시오. 교수님 같은 지위에 있고 일이 많은 분이 어떤 책에 시간을 할애한다는 것이 무엇을 뜻하는지, 저는 잘 알고 있습니다. 제가 쓴 모든 것은 교수님에게 영향을 받은 것입니다. 제 책들의 본질적인 것은 어쩌면 교수님에게 물려받은, 진실을 향한 용기라는 것을 교수님은 알아채셨겠지요. 교수님은 한 세대 전체에 하나의 본보기를 제시하셨습니다.

그 왕세자의 사례에 관해 저는 제가 사용한 것보다 더 많은 자료를 가지고 있습니다.[110] 그러나 그것을 이야기하는 것은 제게는 너무도 끔찍한 일이었습니다. 그는 신뢰할 만한 증인들 앞에서 이렇게 말했습니다. "그 빌어먹을 년들이 마침내 기요틴에서 처형된다면 Quand guillotinera-t-on enfin ces sacrées putains." 또한 그는 이 말을 스스로 똑똑하게 들었고, 유쾌한 태도로 (그리고 아마도 숨겨진 증오 때문에) 반복하기까지 했습니다.

　　이 모든 일에 관한 많은 자료들은 카바네 박사Dr. Cabanès라는 어느 프랑스인 의사가 자신의 저서인《역사의 실언들Indiscrétions de l'histoire》,《불가사의한 죽음들Les morts mysterieuses》 등에 수집해둔 것들입니다. 이 감탄할 만큼 부지런한 사람은 역사에서 성적인 것들을 모두 모아 의학적으로 재검토합니다. 그러나 유감스럽게도 정신분석에 관해서는 아는 것이 없었고, 그래서 오늘날 그 보물들은 제대로 세공되지 못한 채 방치되어 있습니다. 어쩌면 교수님의 몇몇 제자들이 그 일련의 저서들에 주목할 수도 있겠지요. 그들이 그것을 값어치 있는 자료들로 평가한다면 말입니다. (저는 마리 앙투아네트의 논고를 위한 첫 번째 결정적인 단서를 제공한 그 사람에게 감사를 전합니다. 저는 이 단서에 전념했고 그가 그것을 심리학적으로 활용하지 않았다는 것을 알았습니다.) 그는 근면함을 타고났고 흥미로운 문제를 감지했지만 아쉽게도 그것을 이해하지는 못했습니다. 그야말로 교수님의 방법을 알지 못했기 때문입니다. 그 현상들을 해석할 방법 말입니다. 그는 단지 열거하고 있을 뿐입니다. 그러나 20권의 소책자는 연구자에게 지식을 캐내기에 충분한 광맥입니다.

　　존경하는 교수님, 교수님의 비길 데 없는 육체적 원기와 창조적 지식욕이 우리에게 더 오랫동안 머물렀으면 하는 바람이 있습니다. 우리 시대처럼 정신이 사라진 시대에는 지적인 권위가 필요합니다. 또한 우리를 이끌고 가르치는 사람들은 얼마나 소수인지요!

변함없는 존경과 충심으로,

슈테판 츠바이크 올림

42

츠바이크가 프로이트에게

1932년 12월 30일

잘츠부르크, 카푸치너베르크 5번지

존경하는 프로이트 교수님!

오늘, 한 해의 마지막 날을 앞두고 저는 정말로 지적인 즐거움을 느끼며 교수님의 경탄스러운 강의록[111]을 읽었습니다. 그 글은 예술적인 관점에서 배울 것이 있을 뿐 아니라, 사상까지 놀라울 만큼 명료하게 담아내고 있습니다. 다른 사람들이라면 정신이 어두워졌을 연세에 교수님께서는 오히려 더 밝아지시니, 정말 믿기 어려울 정도입니다. 오늘은 더 이상 구구절절이 말씀드리지 않겠습니다. 하지만 교수님께, 교수님의 추종자들에게, 그리고 전 세계에 새해의 바람을 말하지 않은 채 올해를 보내버리고 싶지는 않습니다. 새해에는 완전한 건강과 연구의 즐거움을 누리시기 바라고, 연구의 결실들을 거듭 행복하게 향유하시기를 바랍니다.

진심 어린 경의를 표하며

변치 않는 마음으로,

슈테판 츠바이크 올림

43

츠바이크가 프로이트에게

〔1933년 6월, 잘츠부르크〕

존경하는 프로이트 교수님,

아시다시피, 저는 교수님의 시간을 소중히 여기며, 단순히 호기심을 가진 이를 교수님께 소개해드리는 무모한 짓을 하진 않을 겁니다. 하지만 위대한 영국인 H. G. 웰스[112]가 은밀히 빈에 체류하는 동안 교수님과 독대하고 싶다는 간절한 소망을 품고 있고, 저는 과감히 말씀드릴 수 있다고 생각합니다. 이번에 그가 교수님을 방문한다면 정말 즐거운 자리가 되리라고 말입니다. 아마도 교수님께서는 언제 교수님을 방문하면 좋을지 그에게 말씀하실 호의를 갖고 계실 겁니다.

진심 어린 마음으로,

슈테판 츠바이크 올림

츠바이크가 프로이트에게, 〈타자기로 작성〉

1935년 9월 13일

빈, 호텔 레기나[113]

(전화 : A 23-5-85)

존경하는 프로이트 교수님!

저는 오늘 교수님께서 계신 그린칭[114]으로 통화를 시도했었습니다. 친절하게도 크리스 박사[115]가 교수님의 전화번호를 저에게 가르쳐주었지요. 오해를 푸는 것은 저에게 특별히 중요합니다. 제가 연초에 여기서 한 달 반 동안 있었는데요, 둘째 날 제가 여기에 온 것을 교수님께 알리려 하자 누군가가 그러더군요. 교수님께서 방문을 받지 않는다고요. 그래서 저는 당연히 제가 여기에 온 것을 알리지 않고 교수님의 칩거를 존중했던 것입니다. 그런데 크리스 박사가 대단히 즐거운 소식을 저에게 전해주었습니다. 교수님께서 다시 사람들을 만나고 우리 모두보다 더 부지런히 일하시고 계시다고요. 그 소식을 듣고 제가 얼마나 기뻐했는지를 말씀드리고 싶을 뿐입니다.

전 여기에 며칠 더 머물 겁니다. 아마도 그동안 교수님을 방문할 수 있는 기회가 다시 주어지겠지요!

오랜 존경심으로,

슈테판 츠바이크 올림

45

츠바이크가 프로이트에게

〔1935년 10 ~ 11월〕

런던, 포틀랜드 플레이스 11번지[116]

존경하는 프로이트 교수님,

교수님의 자서전[117]이 영국에서 출판되는 때에 맞춰 제가《선데이 타임스 *Sunday Times*》에 소개글을 쓰기로 했습니다. 이것이 그것입니다만,[118] 유감스럽게도 신문사에서 온갖 소제목들을 삽입했고 (특히 마지막 부분에서는) 원고를 과도하게 축약했으며 불쾌하게 번역한 부분이 있네요. 교수님께서는 영국에서 가장 많이 읽히는 이 신문에서 교수님의 작품이 받아 마땅한 찬사를 받으며 진가를 인정받고 있다는 사실만 알고 계셨으면 합니다. 그저 전략적 수단일 뿐이니, 예술적 가치의 관점에서 눈여겨보지는 말아주십시오.

교수님에 대한 존경을 표현할 수 있게 해주셔서 언제나 기쁠 따름입니다.

진심으로 축하를 드리며,

슈테판 츠바이크 올림

46

프로이트가 츠바이크에게

1935년 11월 5일

빈 9구, 베르크가세 19번지

친애하고 존경하는 츠바이크 박사님,

당신의 편지와 《선데이 타임스》 스크랩에 감사드립니다. 당신의 글은 어느 지인에 대한 지지 선언이군요. 사람들은 있는 그대로를 읽는 것보다 저자의 의도 뒤에 숨겨져 있는 것에 훨씬 더 흥미를 느끼곤 하죠. 하지만 빈 대학의 제안 덕분에 그토록 바랐던 노벨상이 나에게 승인되었다는 대목을 읽고는 놀라지 않을 수 없었습니다. 그 소식은 당신이 불평했던 것처럼 그 신문이 당신의 원고에 가한 오역들 가운데 하나일 것입니다. 어쩌면 당신의 다른 '전략적 수단'인지도 모르죠. 후자일 경우 그것은 별 효험이 없을 겁니다. 1930년에 프랑크푸르트 시의 괴테상이 어떤 난관과 이의들을 딛고 나에게 수여되었는지를 당신이 들었어야 해요.

9월 15일에 당신이 방문한 뒤로 나는 나 자신을 심하게 질책했습니다. 당신이 앞으로의 작업과 계획들을 이야기하도록 내버려두었어야 하는데, 도리어 내가 《모세》[119]의 내용을 당신 앞에 장황하게 늘어놓았으니 말입니다. 《모세》는 결코 세상의 빛을 보지 못하게 될 겁니다.

진심 어린 감사와 안부를 전하며,
프로이트

추신 : 셰익스피어-옥스퍼드 문제[120]에 관심을 가질 것인지 당신에게 묻는다는 것을 그때도 깜빡했네요. 나는 거의 확신합니다. 진짜 셰익스피어는 옥스퍼드의 17대 백작 에드워드 드 비어Edward de Vere였다고 말이죠. 당신의 방문이 너무 짧아서 섭섭했습니다.

47

츠바이크가 프로이트에게

전화 : 랑엄 1069

1935년 11월 7일

런던, 웨스트 1

포틀랜드 플레이스 11번지

존경하는 프로이트 교수님!

친절한 답장에 진심으로 감사를 드립니다. 물론 저는 무척 분노했습니다. 학계의 영향력이 〔노벨상 수상을〕 '방해했다'는 말을 '도왔다'로 옮기다니요. 그 문장 때문에 어니스트 존스마저 저에게 전화를 걸어왔고 저는 그 점에 관해 결백하다고 해명했습니다. 제가 노벨상에 대해 언급한 것은 모든 정직한 사람들의 공동 행동이 그 목적을 이루는 데 얼마나 중요한지를 제가 끊임없이 기억하려 하기 때문입니다. 토마스 만과 롤랑이 그 일 때문에 애를 썼다는 것을 저는 잘 알고 있습니다.

12월에 잠깐 동안 빈에 가게 되어서, 그리고 교수님과 많은 이야기를 나눌 수 있게 되어서 저는 정말로 기쁩니다.

오랜 존경심으로

슈테판 츠바이크 올림

48

츠바이크가 프로이트에게, 〈타자기로 작성〉

전화 : 랑엄 3693

1936년 5월 4일

런던, 웨스트 1,

할람 스트리트 49번지

존경하는 프로이트 교수님!

교수님께서 생신[121] 축하 받는 것을 좋아하지 않으시는 걸 잘 알고 있습니다. 하지만 잘 아시다시피 인간의 이기적 본성은 제 권리를 주장하는 법이죠. 오직 교수님의 생신 때만 드는 착각이라 하겠습니다. 우선 이날은 정말 '우리의 날'이며, 이 땅의 정신적 지주들에게 감사하는 날입니다. 본디 '총통'[122]이라는 단어를 반기지 않는 우리입니다만, 영혼과 정신에 대한 인식으로 우리를 이끌어온 지도자에게까지 애정과 감사를 표시할 줄 모른다면 천하의 배은망덕한 자들이겠지요. 그러니 존경하는 교수님, 오늘은 너무 엄격하게만 대하지 마시고, 온 정성을 다해 교수님을 기쁘게 해드리는 즐거움을 우리에게 허락해주시기 바랍니다.

토마스 만이 이틀 뒤에 사람들의 서명을 담은 문서를 보내드릴 것입니다.[123] 우리는 이 작은 모음집의 발의자로 이름을 올린 모든 사람들이 교수님께 조금이라도 경의를 표할 수 있게 되어 얼마나 감지덕지하는지를 보면서 깊은 만족감을 느끼고 있습니다. 아니, 그들은 그런 기회를 준 우리에게까지 감사를 표했습니다. 이름을 올릴 사람들은 더 추가될 것입니다. 우리는 정말이지 무시무시한 디아스포라에서 살고 있고, 대다수의 주요 인사들이 끊임없이 유랑생활을 하는 통에 연락이 늦어지고 있기 때문입니다. 제가 직접 작성한 간단한 축하 인사가 아메리카와 프랑스, 기타 지역의 많은 잡지에 실리고 있으니 너그럽게 보아주십시오. 많은 독자들이 그것을 읽을 것이고, 지금 우리에게 교수님이 누구인지, 그리고 아직 알지 못하지만 더 정의로운 미래에 누구일지를 단도직입적으로 알려줄 것입니다.

존경하고 친애하는 교수님, 이날을 맞아 제가 교수님을 위해 무엇을 기원해야 할까요? 무엇보다 건강, 그리고 의식입니다. 교수님의 의식은 격동과 몰락의 세상에서 지속적이고 불멸하는 것을 창조해왔고 인류의 조력자가 되어왔습니다. 오늘날 교수님과 동등한 수준에서 자신의 의식을 주장할 수 있는 사람은 아무도 없다는 것, 우리 모두가 그렇게 많은 신세를 지고 있는 사람은 아무도 없다는 것을 저는 잘 알고 있으니까요.

여러 차례 보여주신 호의를 회상하며,

슈테판 츠바이크 올림

49

프로이트가 츠바이크에게

1936년 5월 18일

빈 9구, 베르크가세 19번지

빈 19구, 슈트라서가세 47번지[124]

친애하는 츠바이크 박사님,

오늘에야 답장을 보내는 것을 용서하시기 바랍니다. 부담스
럽고 번거로운 날들[125]이 마침내 지나갔습니다.

답장을 쓰기 전에 당신의 편지를 다시 읽었습니다. 나는 달필
가가 그것을 썼다는 사실을 잊을 수 있었습니다. 그것은 매우 소박
하고 진실하게 들렸거든요. 하마터면 나의 중요성에 관해 나 자신이
믿을 뻔했으니까요. 내 이론에 담긴 진실성 자체를 의심했다는 뜻이
아닙니다. 그것들이 가까운 미래의 발전에 가시적 영향력을 행사할
수 있다는 사실을 믿기 어렵다는 뜻입니다. 나는 당신이 묘사한 것
보다 훨씬 덜 중요한 사람입니다. 그러나 내가 대단히 확실하게 알
고 있는 것, 즉 내 생일을 축하하기 위해 애쓴 당신의 지극한 호의를

토마스 만(1875~1955)

독일의 소설가이자 평론가. 《마의 산》으로 1929년 노벨 문학상
을 수상했다. 현대 정신사에서 프로이트가 차지하는 위상과 영
향력을 높이 평가한 그는 프로이트의 80회 생일을 기념하는 강
연 〈프로이트 그리고 미래〉를 개최했다.

기꺼이 간직하고 있습니다. 당신이 토마스 만과 공동으로 추진한 그 멋진 축하 편지와 빈에서 열린 토마스 만의 강연[126]은 내가 이제 많이 늙었다는 사실을 받아들이게 된 두 가지 사건이었습니다. 나는 집에서 아내와 아이들, 특히 보기 드물게 아버지의 모든 요구 사항을 들어주는 딸[127]과 함께 이례적으로 행복하게 지내고 있지만, 늙음이라는 가련함과 외로움에는 도무지 익숙해지질 않고, 무無로 건너가는 일을 어느 정도 동경하며 기다리고 있습니다. 사랑하는 사람들에게 이별의 고통을 줄여줄 수도 없으면서 말이지요.

그다음엔 당신의 작품들에서 나의 예외적 상황도 끝나겠지요. 내가 알기로, 당신이 설계한 이채로운 인간 군상의 전시장에서—내가 종종 농담 삼아 하는 말로는 당신의 파놉티콘에서—나는 확실히 가장 흥미로운 인물은 아니지만, 그래도 유일하게 생존해 있는 인물이니까요. 이 점에서 나는 당신의 따뜻한 동감에 큰 감사를 드려야겠지요. 전기 작가에게는 정말이지 정신분석가의 경우와 비슷하게 '전이'[128]라는 개념으로 파악되는 현상이 있습니다.

진심 어린 감사를 드리며,
지그문트 프로이트

츠바이크가 프로이트에게, 〈엽서〉

〔1936년 10월 6일〕

런던, 웨스트 1,

할람 스트리트 49번지

전화 : 랑엄 3693

존경하는 프로이트 교수님,

이 엽서는 교수님의 친절한 편지에 대한 보잘것없는 감사이자, 저의 새 책[129]이 편집자로부터 직접 교수님께 전해진 것에 대한—빈에서 빈으로 가는 것이 빈-런던-빈으로 가는 것보다 더 간단하다는—일종의 변명일 것입니다. 또한 교수님에 대한 제 경의도 분명히 이 안에 새겨져 있습니다.

변치 않는 마음으로,

슈테판 츠바이크 올림

51

프로이트가 츠바이크에게, 〈엽서〉

1936년 10월 16일, 빈

멋진 책《사슬》과《만화경》[130] 감사합니다!

프로이트

52

츠바이크가 프로이트에게

전화 : 랑엄 3693

1937년 11월 15일

런던, 웨스트 1,

할람 스트리트 49번지

친애하고 존경하는 프로이트 교수님,

이것만은 말씀드리고 싶습니다. 교수님의 필체를 보는 것이 얼마나 행복한지, 또한 제가 어떤 애정과 충심으로 교수님을 생각하는지 말입니다(저는 여기서 아르놀트 츠바이크[131]와 함께 교수님에 관해 오랫동안 이야기를 나누었습니다). 하나만 더 말씀드리자면, 그런 즐거움은 오늘날 무한히 값진 것입니다. 제가 이 시대를 얼마나 아파하는지는 말로 다 할 수 없습니다. 심술궂게도 신이 저에게 많은 것을 내다보는 재능을 주셔서, 저는 지금 몰려오는 일을 4년 전부터 예민하게 감지하고 있었습니다. 만일 여기에 살지 않았다면 저는 작업을 할 수 없었을 겁니다. '환상'을 품은 자에게는 복이 있나니!

며칠 내로 '사이드북' 한 권과 《마젤란》[132]을 받으실 겁니다.

저는 요새 매우 어려운, 그러나 길지는 않은 심리소설에 천착하고 있습니다. '연민에 의한 살인'[133]이라는 제목을 짓고, 나약한 연민, 즉 자신을 희생하지는 않는 반쪽짜리 연민이 폭력보다 더 살인적이라는 것을 보여주려 합니다. 그것은 교수님의 세계로 회귀하는 것이고, 그 책은 의학 영역에까지 영향을 미칠 것입니다. 그것이 저의 위안입니다. 우리가 써야 하는 중요한 책은 유대인의 비극이겠지요. 하지만 제가 두려워하는 것은, 사람들이 극도의 긴장에 이르고 있음에도 불구하고 아직도 그 무모하기 짝이 없는 환상을 극복하지 못하고 있다는 사실입니다. 교수님께 위안거리가 있습니다. 교수님이 이룬 업적은 잊히지 않고 확고합니다. 사람들이 우리의 발언을 못 들은 체한다 할지라도, 우리 같은 사람들이 완전히 쓸모없지는 않다는 것을 교수님께서는 입증하신 것입니다. 어쨌든 우리에겐 스스로 최선을 다할 의무가 있습니다.

빈이 떠올라 암울해질 때면 저는 교수님을 떠올린답니다! 해가 갈수록 교수님의 그 염세적인 엄격함이 더욱 모범적으로 보입니다. 제가 교수님과 결합되어 있다는 사실을 늘 감사하게 생각합니다.

변치 않을 존경심으로,
슈테판 츠바이크 올림

53

프로이트가 츠바이크에게

1937년 11월 17일

빈 9구, 베르크가세 19번지

친애하는 츠바이크 박사님,

당신의 애정 어린 편지가 나를 더 기쁘게 하는지, 아니면 더 아프게 하는지 말하기가 쉽지 않군요. 나 역시 당신처럼 이 시대를 아파하고, 당신처럼 몇몇 타인과의 공속감에서 유일한 위로를 찾습니다. 확신하건대, 우리는 똑같은 것을 소중히 여기고, 똑같은 가치에 동의합니다.

하지만 당신이 멋진 작품을 통해 저항할 수 있다는 것이 친구로서 부러울 따름입니다. 당신이 늘 승승장구하기를! 나는 기대 속에서 당신의《마젤란》을 즐기고 있습니다.

내 작업은 일단 미루어두었습니다. 당신이 자신에 관해 말했던 것처럼 말이죠. 그 작업이 얼마나 더 늦게 평가될지는 아무도 예언할 수 없습니다. 나 자신조차도 확신이 없으니까요. 학술 연구는 정말이지 의심과 분리될 수 없고, 사람들은 진실로부터 작은 파편 하나도 제대로 얻어내지 못했습니다. 가까운 미래는 우울해 보입니다. 내 정신분석의 경우도 마찬가지고요. 몇 주든 몇 달이든, 내가 살아 있는 동안 나는 어떠한 기쁨도 맛보지 못할 것입니다.

정말 본의 아니게 불평을 늘어놓았군요. 나는 당신과 인간적으로 가까워지고 싶었지, 파도가 밀려와도 꿈쩍 않는 갯바위처럼 되고 싶진 않았습니다. 그렇지만 내 고집은 잠자코 있다 하더라도 여전히 남아 있습니다. 그리고 '폐허라도 그를 겁먹게 하진 못하리im-pavidum ferient ruinae'.[134]

당신의 멋지고 과감한 다음 책을 읽기까지 내가 너무 오래 기다리지 않게 해주시길.

진심 어린 안부를 전하며,

오랜 벗 프로이트

54

츠바이크가 프로이트에게, 〈엽서〉

〔1938년 1~2월〕

에스토릴(포르투갈)에 잠시 머물며

존경하는 프로이트 교수님,

런던에서 온 소식이 저를 기쁘게 합니다. 교수님의 《모세》(제목이야 어쨌건 교수님께서 모세에 관해 세상에 알리려는 것)가 출간되었다더군요. 저는 4주 후에 〔런던으로〕 돌아가고, 그때에야 비로소 교수님께 감사를 드릴 수 있습니다. 이곳의 공기는 뭐라 형언할 수 없을 정도로 맑고 반짝입니다. 아, 교수님께서도 이런 남쪽의 휴가를 누리실 수만 있다면.

변치 않을 존경심으로,

슈테판 츠바이크 올림

55

츠바이크가 프로이트에게, 〈엽서〉

전화 : 랑엄 3693 　　　　　　　　　1938년 3월 2일

　　　　　　　　　　　　　　　　런던, 웨스트 1,

　　　　　　　　　　　　　　할람 스트리트 49번지

　　존경하는 프로이트 교수님,

　　제가 포르투갈에서 돌아온 뒤 가장 먼저 한 일은 교수님의 모세 연구를 읽는 것이었고, 교수님의 솔직함에 '진심으로' 감탄하고 있습니다. 그 솔직함을 통해 교수님은 하나의 가설을 해명하셨고, 완전히 설득력 있게 서술하셨습니다. 그 생각들은 지구상에 출현할 수 없는 것들입니다. 그것들은 민족들 사이, 사람들 사이의 공중에 떠 있습니다.

　　어떠한 인식도, 어떠한 신앙도, 어떠한 종교도 계승된 것이 섞여 있지 않을 수는 없습니다. 허구라 하더라도 순수할 수는 없는 법이죠. 다시 말해 꾸며낸 것은 모두 발견한 것입니다. 어쩌면 이 모세 연구는 교수님께서 스스로 단절했다고 생각하시는, 어리석은 유

대인 민족주의와 일치할지도 모릅니다. 교수님께서 유대교를 일부는 낯선 것으로, 일부는 물려받은 것으로 기술하시니 말입니다. 그러나 이런 편협함은 집단적인 허영심을 반영할 뿐이죠. 어떤 업적이 누군가가 그것을 미리 꿈에서 보았다는 이유로 폄하될 수는 없습니다. 몸을 가진 실제의 모세가 이 민족 출신이었는지 아니면 저 민족 출신이었는지 하는 말들이 유일신교를 인류의 숙제로 남겨주었고, 그 민족의 말과 정신이 아닌 자신의 말과 정신으로부터 보편적 세계관을 생각해낸 작가의 인물을 폄하할 수는 없습니다. 겉보기에는 부차적인 이 저서는 교수님과 교수님의 주요 연구에 깊숙이 결합되어 있고, 교수님의 정신적 대담성과 인간적 확고함을 가장 잘 보여준 예라고 저는 생각합니다.

저를 비롯한 많은 사람들이 계속해서 감사의 말씀을 전할 것입니다. 가장 완고한 자들조차 평범하게 고개를 숙이고 가장 담대한 자들도 겁을 먹은 저 몇 해 동안 교수님께서는 정신적 전선을 형성하기 위해 모든 문제들 가운데 가장 난해한, 그러나 아마도 가장 경솔하게 다뤄져온 문제, 즉 종교적인 문제를 선택하셨다는 것에 대해서 말입니다. 얼마나 큰 귀감인지요! 또한 이번에야말로 저와 관련해서 감사의 말씀을 드립니다. 교수님께서는 교수님의 저작을 통해 우리를 도와주셨을 뿐 아니라 인간적으로도 잘 대해주셨다는 것, 뭔가를 결정하지 못하고 있던 많은 경우에 제가 속으로는 교수님을 바라보고 있었고 무의식중에 든든한 뒷배로 느꼈다는 것을 말입니다.

또한 이 위기의 날들 동안 저는 자주 교수님 걱정을 했습니다. 저는 모든 악한 평판에 맞서서 이미 4년 전에 조국을 떠나버렸기 때문에, 현재의 상황에 만족하는 듯이, 아니, 어쩌면 악의적으로 우월한 입장인 듯이 행동할 수도 있겠지요. 그러나 저는 그 일이 저에게 직접 닥친 양, 지금 빈에서 몹시 불안해하는 모든 사람들과 함께 아파하고 있습니다. 재차 말씀드렸듯이, 교수님의 출판사도 책들을 싸서 들쳐메고 이쪽으로 건너와야 합니다. 매우 많은 미래를 품고 있는 교수님의 저서들을 여기에 있으면서 접근할 수 있어야 하기 때문입니다. 연구의 즐거움에 건강이 함께하기를 바랍니다.

변치 않을 애정과 존경심으로,

슈테판 츠바이크 올림

56

츠바이크가 프로이트에게, 〈엽서〉

〔1938년 6월 초〕

런던, 웨스트 1,

할람 스트리트 49번지

전화 : 랑엄 3693

친애하고 존경하는 프로이트 교수님,

손과 심장이 미칠 듯이 빈을 향하고 있지만, 저는 이 편지를 그곳으로 보내지 않습니다.[135] 그래도 제 생각은 날이면 날마다 교수님 곁에 있었답니다. 교수님께서 여기에 은신하게 되었다는 생각에 저는 안도의 숨을 내쉽니다. "새로운 삶이 시작된다Incipit vita nuova!"

교수님께서 지금 얼마나 쫓기고 계신지, 또한 얼마나 평안을 원하시는지 저는 잘 압니다. 교수님께서 허락하신다면 제가 먼저 연락을 드리겠습니다(저는 전화번호부에 올라 있지 않은 전화를 가지고 있습니다). 제가 얼마나 기쁘게 찾아뵐지 교수님께서는 잘 아시겠지요. 하루 종일 저에게 가장 중요한 것은 교수님께서 이 쓰디쓴 시련을

망명길의 프로이트

런던으로 가는 길목에서 기차를 타고 파리에 도착한 프로이트와 막내
딸 안나. 1938년 3월 오스트리아가 독일에 합병되면서 나치의 위협이
거세지자 프로이트는 그해 6월 빈을 떠나 망명길에 올랐다.

무사히 넘겼다는 소식을 듣는 것입니다.

가족들에게 안부를 전하며,

슈테판 츠바이크 올림

57

프로이트가 츠바이크에게

1938년 6월 10일

런던, 노스웨스트 3,

엘스워시 로드 39번지[136]

친애하는 츠바이크 박사님,

처음 며칠이 얼마나 많은 압박들, 요구들, 의무들로 가득 찼던지! 호의를 지닌 채 안부를 묻고 행운을 빌어주는 친구들, 동료들, 지인들, 그런가 하면 아무런 대가도 요구하지 않으면서 오직 동감과 기쁨만을 표현하려는 모르는 사람들! 물론 정신착란에 관한 협력과 종교적 유인물과 복음서가 거기에 덧붙고, 서명이 요구되고, 기자 인터뷰가 요청되고, 소위 원고료 잘 준다는 신문사의 논설 청탁이 들어오긴 했지만요. 의학적 상담마저 몇 건 요청되었지만 많지는 않습니다. 의사라는 직업으로는 여기서 잘 살아갈 수 없을 듯합니다.

당신의 애정 어린 편지는 최우선적인 관심거리에 속해 있었습니다. 내가 상당히 피곤한 것은 사실입니다만 움직일 만은 합니다.

내 심장을 좀 많이 돌보아야 할 필요가 있습니다. 하지만 이 편지가 오늘 열한 번째로 쓰는 편지입니다. 런던에 도착했다는 것을 기뻐할 수 있는, 예컨대 당신을 만나 이야기할 수 있는 즐거움을 왜 몇 주 동안 허락하지 않았는지 모르겠습니다. 나는 거의 매일 집에 있어요. 당신이 다음에 한번 '프림로즈 2940'으로 전화를 하면, 틀림없이 쉽게 방문 약속을 할 수 있을 겁니다.

그럼 조만간 뵙기로!

프로이트

츠바이크가 프로이트에게, 〈피틀워스 밀의 그림엽서〉

런던, 노스웨스트 3,
엘스워시 로드 23 또는 39번지[137]
지그문트 프로이트 교수님 앞   〔1938년 6월(?) 16일〕

친애하고 존경하는 프로이트 교수님,
저는 매우 긴 주말 연휴 동안 런던을 떠나 시골에 있습니다.
돌아가는 대로 연락드리겠습니다.

변치 않는 마음으로,
슈테판 츠바이크 올림

츠바이크가 프로이트에게

런던, 웨스트 1,

할람 스트리트 49번지

전화 : 랑엄 3693

〔1938년 7월 10일(?)〕　　지그문트 프로이트 교수님 앞

　존경하는 프로이트 교수님,

　살바도르 달리,[138] 교수님의 저작에 대한 열광적인 숭배자인 그 위대한 화가가 교수님을 무척 뵙고 싶어 합니다. 제가 알기로 교수님께 그보다 더 흥미로울 수 있는 사람은 없으며, 저 또한 그의 작품을 각별히 애호합니다. 교수님께서 그에게 시간을 내주시면 좋겠습니다.

변치 않을 애정과 존경심으로,

슈테판 츠바이크 올림

츠바이크가 프로이트에게, 〈타자기로 작성〉

전화 : 랑엄 3693 　　　　　　　　1938년 7월 15일

　　　　　　　　　　　　　　　런던, 웨스트 1,

　　　　　　　　　　　　　할람 스트리트 49번지

친애하고 존경하는 프로이트 교수님!

　　교수님을 다시 한 번 뵙고 싶다는 제 바람은 이미 뜨겁습니다.[139] 바로 다음 주면 누군가가 여기에 옵니다. 저와 함께 교수님을 찾아뵙고 싶어 하는, 교수님의 열렬한 숭배자죠. 온갖 장난기를 포함해 현대 회화의 유일한 천재인지도 모르는 살바도르 달리, 그의 이름과 작품은 교수님께서도 어느 정도 알고 계실 겁니다. 유감스럽게도 그는 월요일과 화요일에만 여기에 머뭅니다. 그리고 저는 월요일 오전에 교수님께 전화를 드리려 합니다. 이 이틀 중 어느 날에 교수님을 방문할 수 있을지 여쭙기 위해서지요.

　　미국 문제[140]에 관해서는 아드님과 더 이야기하겠습니다. 교수님께서 더 낫다고 여기시는 사람이 없다면 제가 기꺼이 준비하

지요.

변치 않을 존경심으로,

슈테판 츠바이크 올림

츠바이크가 프로이트에게

전화 : 랑엄 3693   1938년 7월 18일

런던, 웨스트 1,

할람 스트리트 49번지

친애하고 존경하는 프로이트 교수님,

한 가지만 더 알려드립니다. 아시다시피 저는 교수님께 사람들을 데려가는 일을 언제나 조심스럽게 자제해왔습니다. 하지만 내일은 정말로 특별한 예외입니다. 제가 보기에 살바도르 달리는(세간에는 그에 관한 여러 가지 일들이 무척 기이하게 여겨질지도 모르겠습니다만) 우리 시대의 유일한 '천재' 화가이자 시대를 뛰어넘을 유일한 사람이며, 자기 신념의 열렬한 옹호자이자 교수님을 따르는 예술가들 중 가장 믿음직한, 은혜를 아는 제자이기도 합니다. 몇 년 전부터 이 진짜 천재의 바람은 교수님을 언젠가 한번 꼭 만나 뵙는 것입니다(그의 주장에 따르면, 예술 영역에서 그가 교수님보다 더 신세를 진 사람은 없습니다). 그래서 내일 저는 그와 그의 아내와 함께 도착합니다. 그

는 우리가 이야기하는 동안 노트스케치를 하고 싶어 합니다.[141] 그는 언제나 기억과 내면의 재창조를 통해 진정한 초상화들을 만들어 냅니다. 그를 입증하기 위해 우리는 에드워드 제임스 씨[142]가 소장하고 있는 그의 최근 작품을 가져가 교수님께 선보이려 합니다. 저는 옛 거장들 이후로는 아무도 그런 색채를 발견하지 못했다고 생각합니다. 또한 저는 대단히 상징적으로 보이는 세부들에서 어떤 완전성을 발견하는데, 그것에 비하면 이 시대의 모든 회화 작품들은 퇴색해버리는 듯합니다. 그 그림은 〈나르시스〉[143]라고 불리며, 그것 또한 아마도 교수님에게서 영향을 받았을 것입니다.

이것은 저희가 작은 순례 행렬처럼 가게 되는 것에 대한 변명입니다. 그러나 교수님은 다른 누구도 아닌 교수님에게서 영향을 받아온 그 예술가를 꼭 만나보셔야 한다고 저는 확신합니다. 제가 언제나 최우선적으로 연구하고 애호해온 예술가를 말입니다. 그는 파리에서 여기로 와서 딱 이틀만 머물 예정입니다(그는 카탈루냐 사람입니다). 우리가 함께 있어도 어수선하지는 않을 겁니다. 아마도 교수님의 추종자들 가운데 가장 위대한 이 사람을 교수님께서 만나신다는 것이 저는 그저 행복할 따름입니다. 교수님께서는 이 과장됨을 적절치 않게 생각하실 수도 있을 겁니다. 그 그림은 아마도 첫눈에 교수님을 놀라게 하겠지만, 그것이 이 예술가의 가치를 교수님께 드러내지 못한다고 생각할 수는 없습니다.

살바도르 달리와 에드워드 제임스

스페인의 화가 살바도르 달리와 영국의 시인이자 초현실주의 운동의 후원자 에드워드 제임스. 츠바이크의 주선으로 런던의 프로이트 집을 방문했다.

진심을 담아 변치 않을 존경심으로,

슈테판 츠바이크 올림

물론 살바도르 달리는 교수님을 위해 기꺼이 자신의 그림들을 여기서 전시하고 싶어 했지만, 교수님께서 외출을 꺼리시고 또 전혀 하지 않는다는 것을 저희가 알기 때문에, 저희는 그의 이 최근 작품, 제가 보기에는 가장 멋진 작품을 교수님께 보여드리고자 댁으로 가져갑니다.

62

츠바이크가 프로이트에게

1938년 7월 19일

런던, 웨스트 1,

할람 스트리트 49번지

전화 : 랑엄 3693

친애하고 존경하는 프로이트 교수님,

저희가 교수님을 너무 오랫동안 정신 사납게 하지 않았기를 바랍니다. 그런데 살바도르 달리는 교수님을 뵙기 위해 이미 한 번―헛되게도!―파리에서 빈으로 갔다지 뭡니까.

그와 동행한 청년 에드워드 제임스는 정신분석 치료가 대단히 필요한 듯합니다. 우리 기준으로 보자면 그는 속물스러운 부자입니다. 또한 그런 치료를 받길 대단히 바라고 있지요(그의 전 부인 틸리 로쉬[144]는 그를 보살필 수가 없었던 모양입니다). 교수님께서는 문학 연구를 그만두라며 그에게 약간 겁을 주셨지요. 하지만 언젠가 결국 그가 교수님께 가게 될 거라고 저는 믿습니다.

만사형통하시길 바라며,

슈테판 츠바이크 올림

63

프로이트가 츠바이크에게

1938년 7월 20일

런던, 노스웨스트 3,

엘스워시 로드 39번지

친애하는 츠바이크 박사님,

어제 손님들을 나에게 데려와 주신 것에 대해 정말로 감사 드립니다. 초현실주의자들은 나를 수호성인으로 지목해왔지만, 나는 어제까지만 해도 그들을 완전히(알코올의 경우처럼 95퍼센트라고 합시다145) 바보들로 여긴 경향이 있었습니다. 그런데 진정으로 열정적인 눈과 부정할 수 없는 대가의 솜씨를 지닌 그 스페인 청년은 나에게 다른 평가를 불러일으켰습니다. 사실은 그런 그림을 창작하게 된 기원을 정신분석적으로 탐구하는 일이 더 흥미로웠다고나 할까요. 물론 사람들은 여전히 비판적인 관점에서 말할 수 있겠죠. 무의식의 재료와 전의식前意識의 활동146의 양적 비례가 확정적으로 제한되지 않는 한, 예술의 개념은 확장되지 않을 거라고 말입니다. 그러나 이 양적 비례가 어떻든 간에 예술은 진지한 심리학적 문제입니다.

　다른 손님에 관해서 말하자면, 나는 정신분석 지망생을 난처하게 만드는 것을 꽤나 좋아합니다. 그가 어느 정도의 의향을 지니고 있는지를 검증하고 헌신성의 정도를 올리기 위한 것이지요. 정신분석은 마치 어떤 남자를 얻고 싶지만 튕기지 않으면 자신의 값어치가 떨어진다는 것을 잘 알고 있는 여인과 같습니다. 제임스 씨가 지금 너무 오랫동안 숙고하면 다른 사람, 예컨대 존스나 내 딸147에게 갈 기회를 놓치게 됩니다.

　여기를 떠날 때 당신이 뭔가를 놓고 간 것 같더군요. 장갑하고 이것저것을요. 다시 찾아온다는 약속으로 알고 있겠습니다.

프로이트

　추신 : 주소에 미스터Mr. 대신 [독일어로] 헤어Herr를 쓴 것은 기분 좋은 일입니다.

64

츠바이크가 프로이트에게

1938년 8월(?)

런던, 웨스트 1,

할람 스트리트 49번지

전화 : 랑엄 3693

친애하고 존경하는 프로이트 교수님,

요 며칠 동안 교수님 댁으로 연락을 드리지 못했습니다. 제 가까운 친구 한 명이 수술을 받았는데 잘못되어 그 친구가 있는 병원에 계속 가 있어야 했거든요. 하지만 내일은 연락을 드리겠습니다. 교수님을 뵙고 싶어 더는 참지 못하겠네요.

우리와 같은 고향 출신의 사진가 마르첼 슈테른베르거[148]는 버나드 쇼와 조지 웰스 등의 멋진 사진을 찍었습니다. 그는 자신의 작품 목록에 교수님의 이름을 올리고 싶어 합니다. 교수님께 10분만 시간을 내주시기를 그는 진심으로 부탁하고 있습니다. 그리고 그 10분은 그에게(그는 미국으로 떠납니다) 도덕적인 면에서 큰 도움이 될 것입니다. 오늘날 사람들은 서로 도와야만 합니다. 그리고 그의

프로이트와 츠바이크

인물 사진으로 유명한 사진가 마르첼 슈테른베르거가 찍은 프로이트와 츠바이크의 초상 사진. 각각 1939년, 1938년에 찍었다.

사진은 정말 멋집니다. 그러니 교수님의 친절한 마음을 그에게 일러
두겠습니다.

변치 않을

슈테판 츠바이크 올림

츠바이크가 프로이트에게

1938년 8월 24일

런던, 웨스트 1,

할람 스트리트 49번지

전화 : 랑엄 3693

친애하고 존경하는 프로이트 교수님,

저의 침묵을 불성실이나 무관심으로 여기지 않으셨으면 합니다. 제 가까운 친구 한 명이 큰 수술을 받아 요즘 자주 그의 곁에 가 있어야 한데다가, 제 어머니가 여든다섯의 연세로 빈에서 돌아가셨습니다. 우리가 살고 있는 시대를 생각하면 슬프기는커녕 도리어 위안이 됩니다. 어머니께서 저희를 따라 이주할 수 없다면, 차라리 빈이라는 그 지옥에서 살아남지 않는 것이 나을 테죠.

내일 연락을 드리겠습니다. 그리고 조만간 뵈었으면 합니다. 제 생각에는 에드워드 제임스라는 그 청년이 곧 결심을 할 듯합니다. 지난주에 그와 대화한 바에 따르면 말이지요.

변치 않을 존경심으로,

슈테판 츠바이크 올림

66

츠바이크가 프로이트에게, 〈타자기로 작성〉

1938년 9월 16일

런던, 웨스트 1,

할람 스트리트 49번지

전화 : 랑엄 3693

친애하고 존경하는 프로이트 교수님!

교수님께서 당분간 어디에 머무시는지,[149] 어떻게 지내시는지 알아보려 시도했지만 성공하지 못했네요. 바라옵건대 교수님께서 다시 건강해지셔서 교수님을 방문할 수 있었으면 합니다. 교수님께서는 제가 언제 가면 좋은지 알려주시기만 하면 됩니다. 교수님을 위해서라면 저는 늘 한가합니다.

진심을 다해,

슈테판 츠바이크 올림

67

츠바이크가 프로이트에게

〔1938년 9월 말경〕

런던, 웨스트 1,

할람 스트리트 49번지

전화 : 랑엄 3693

친애하고 존경하는 프로이트 교수님,

제가 지난주에 연락드리지 않은 것을 두고 무관심하다 말씀 하지 마시기 바랍니다. 저는 지금 허겁지겁 교정[150]을 보아야만 합니다. 숨을 다시 쉴 수 있게 되자마자 제일 먼저 한 일이 교수님께 안부를 여쭙는 것입니다. 저는 교수님을 뵙고 싶어 매우 조급해졌고, 교수님께서 완전히 건강을 되찾으시리라는 행복한 기대에 가득 차 있습니다.

변치 않을 존경심으로,

슈테판 츠바이크 올림

68

츠바이크가 프로이트에게, 〈엽서〉

런던, 노스웨스트 3,
메어스필드 가든스 20번지[151]
지그문트 프로이트 교수님께   〔1938년 11월 16일, 런던〕

친애하고 존경하는 프로이트 교수님,

제가 오랫동안 방문하지 않은 것은 오직 독일의 상황이 저에게 불러일으킨 깊은 혼란을 교수님 댁까지 가져가지 않기 위해서였습니다. 저는 언제나 밝은 마음으로 '교수님'을 뵙고 싶습니다! 내일 연락드리겠습니다.

변치 않을 존경심으로,
슈테판 츠바이크 올림

츠바이크가 프로이트에게, 〈엽서〉

런던, 노스웨스트 3,

메어스필드 가든스 20번지

지그문트 프로이트 교수님께   〔1939년 1월 7일, 뉴욕[152]〕

존경하는 프로이트 교수님,

교수님께서 런던에서 잘 지내시기를 바랍니다. 저는 빙빙 도는 소포처럼 이리저리 치이고 있지만 아직은 무사합니다. 런던에서 교수님을 다시 뵙는다는 것이 벌써부터 저를 매우 기쁘게 합니다.

변치 않을 존경심으로,

슈테판 츠바이크 올림

70

츠바이크가 프로이트에게, 〈타자기로 작성〉

1939년 3월 16일

런던, 웨스트 1,

할람 스트리트 49번지

전화 : 랑엄 3693

친애하고 존경하는 프로이트 교수님!

저는 [미국에서] 지금 막 돌아왔고, 우선 산더미처럼 쌓인 편지들부터 정리를 해야 합니다. 그러나 교수님을 뵙고 싶은 마음에 벌써부터 몹시 조급합니다. 송구합니다만 조만간 연락드리겠습니다.

진심 어린 안부를 담아,

슈테판 츠바이크 올림

1939년 1월의 프로이트

구강암의 악화로 고생하던 프로이트는 그해 9월 23일에 모르핀 과다
투여에 따른 쇼크로 숨을 거두었다.

츠바이크가 프로이트에게

1939년 5월 31일

런던, 웨스트 1,

할람 스트리트 49번지

전화 : 랑엄 3693

친애하고 존경하는 프로이트 교수님,

바스[153]에서 돌아온 뒤로, 저는 날마다 교수님께 연락을 드리려 합니다. 그리고 날마다 빈과 독일 전역에서 몰려드는 사람들이 제 시간을 죄다 잡아먹고 있습니다. 마침내 상황이 '다소' 분명해진 듯합니다. 내일이나 모레쯤 소식을 전하겠습니다. 교수님을 다시 뵙고 싶어 마음이 벌써 조급해졌습니다.

슈테판 츠바이크 올림

츠바이크가 프로이트에게, 〈엽서〉

런던, 노스웨스트 3,
메어스필드 가든스 20번지   〔1939년 6월 7일〕
지그문트 프로이트 교수님께   바스, 더 스파 호텔

친애하고 존경하는 프로이트 교수님,

약속을 지키지 못했습니다. 하지만 런던에서 날마다 손님들이 찾아와 작업을 방해하는 통에 더는 견디지 못하고 다시 바스로 도망쳐 왔습니다. 그러나 이곳에 도착하자마자 소중한 스승이신 교수님을 뵙고 싶은 마음을 참지 못하고 곧장 연락을 드립니다.

슈테판 츠바이크 올림

73

츠바이크가 프로이트에게, 〈엽서〉

런던, 노스웨스트 3,

메어스필드 가든스 20번지

지그문트 프로이트 교수님께 〔1939년 7월 24일, 바스/서머싯〕

친애하고 존경하는 프로이트 교수님,

제가 말씀드리고 싶은 것은, 몸은 비록 바스에 있지만 언제나 교수님을 생각하고 있다는 것뿐입니다. 교수님께서 건강이 좋아지셔서 조만간 다시 생산적인 연구를 구상할 수 있으시기를 바랍니다.

슈테판 츠바이크 올림

바스,

랜스다운 로지154

츠바이크가 프로이트에게

1939년 9월 14일

바스, 랜스다운 로지

나의 소중한 벗이자 존경하는 스승에게,[155]

언제 당신을 다시 뵙는지요? 지금으로서는 상황이 좋지 않습니다. 저의 귀화가 승인되기 직전입니다. 하지만 저는 여유만만하고 쫓기지 않고 있어서, 아직 서명을 하지 않은 상태입니다. 그러니까 저는 지금 '적국 국적의 외국인enemy alien' 신분이고 바스의 광장에서 5마일 이상 벗어나는 것이 허락되지 않습니다. "세상의 영광은 이렇게 흘러가느니Sic transit gloria mundi."[156] 이렇듯 경찰의 법령 앞에서 문학의 가치는 녹아 없어졌습니다. 저는 여기서 바보처럼 쓸모없이 목숨이나 부지하고 있습니다. 아직은 일할 힘이 없고, 친구들과도 전부 멀어졌습니다.

저는 이 짓거리 덕분에 웃지만—필경 선전부에서 일하는 일곱 명의 공무원보다 제가 더 유능할 겁니다―이 짓거리가 당신을 뵙는 기쁨을 저에게서 앗아간다는 사실이 저를 슬프게 합니다. 바라옵건대 당신께서도 우리 모두처럼 이 시대만을 아파하시고 신체적 고통은 더하지 않기를. 이제 우리는 마음을 굳게 먹어야 합니다. 그 범죄자의 지옥행을 먼저 보지 않고 죽는 것은 아무 의미가 없습니다.

진심을 다하여 건강하시기를!

오래고 변함없이 확고한 존경 속에서,

슈테판 츠바이크 올림

3부

프로이트에 관한 기록들

(1930~1941)

프로이트의 신간《문명 속의 불만》(1930)

살아서 맞이하는 일흔 번째 해, 아무리 생산적 정신을 지녔다 해도 서서히 지치게 마련인 고령에, 지그문트 프로이트가 형이상학적(아니, 정확히 말해 반_反형이상학적) 종교관으로 꾸민 돔 지붕을 자기 전문 분야의 엄밀한 연구 성과들 위에 올렸을 때, 그의 동료들과 논적들은 그가 계속해서 세계관을 전환 및 확장하고 있음을 알고 깜짝 놀랐다(《환상의 미래》, 1927). 반갑게도 이제 그는 한 권의 신간《문명 속의 불만》(국제정신분석출판사)을 통해 자신의 철학적 세계상을 완성했다. 이 책은 그 엄격하고도 굴하지 않는 정신의 크기와 활력을 재차 입증하고 있으며, 독창적으로, 또한 그의 이전 저서들처럼 격렬하게 논쟁을 불러일으키고 있다. 세계 속으로 질문들을 던지는 것, 다시 말해 소크라테스 식으로 문제들을 밝히는 것은 정말이지 프로이트만의 특별한 기술과 파토스였다. 이 새롭고도 예기치 못한 질문들에 세간의 관심이 집중될 것임은 불 보듯 훤하다.

왜 현대인은 문명 속에서 만족하지 못하는가? 이것이 프로이트의 질문이다. 그는 정말이지 끝이 없는 질문에 도달했고, 자신의 뜻을 헤아리기 어려울 만큼 확장했다. 그의 기술적 발견들 덕분에 현대인은 '인조신'[1]—천재적 표현—이 되었다. 그의 청각은 전화기 진동판 덕분에 먼 대륙들에까지 이르고, 그의 시각은 망원경 덕분에 행성들에까지 도달한다. 그의 말은 전신기를 타고 번개처럼 순식간에 수백 수천 마일 떨어진 곳까지 전파되고, 언젠가는 사라질 그 말은 축음기 음반에 불멸하는 것으로서 남겨진다. 우리는 원소들을 제어하는 번개를 손에 넣었다. 그것은 우리의 손 안에서 빛을 발하며, 모든 원소들은 두 발 달린 포유류인 우리에게 노예처럼 복속한다.

하지만 공동체의 이런 승전보들에도 불구하고 왜 우리 한 사람 한 사람에게는 정의로운 승리감이나 말끔한 행복감이 느껴지지 않으며, 오히려 왜 어떤 불만이, 최초의 원시 상태로 돌아가고픈 은밀한 동경이 이는 것일까? 이 질문에 프로이트는 다음과 같이 답한다. 아니, 엄밀히 말해 그는 이 질문에 답하지 않는다. 그렇게 조밀한 감정 콤플렉스들에 관해 단순한 '해답'을 추구하기에는 그의 내면에 있는 연구자가 너무도 엄했던 것이다. 그는 개인에게는 어떤 잠재의식이 있다고 전제하면서, 불쾌의 구성 요소들 가운데 몇 가지만을 다음과 같이 신중하게 암시한다.

개인은 지배력과 안전성을 증대하기 위해 개인적 자유의 상실을 대가로 지불한다. 이미 잘 알려진 프로이트의 견해에 따르면, 자아는 얇은 상층부만 의식에 의해, 문명에 의해, 윤리에 의해 분칠되어 있다. 본래적이고 불분명하고 본질적인 인간의 자아 덩어리는 철저히 본능적으로 자신의 소원과 욕구 안에, 길들여지지 않는 리비도Libido 안에 머물러 있고, 상부의 자아, 사회에 갇힌 자아가 오랫동안 경험해온 숭고화나 지성화의 영역은 전혀 알지 못한다(그리고 꿈이 이것을 누설한다).

또한 인류의 이러한 원초적 본능은 수백 년을 거치면서 끊임없이 점점 더 제약을 받았다. 성욕Sexualität, 즉 옛날에는 자유로웠던 동성들 간의 성욕, 양성애적 성욕, 범성애적 성욕은 근친상간과 마찬가지로 일련의 제한들을 감수해야만 했고, 국가적·종교적 규범들에 의해 이성을 유일한 대상으로 하는 단조로운 부부 관계로 점차 내몰렸다. 뿐만 아니라 공격 본능 같은 다른 원초적 본능들 또한 이른바 도덕적 금지라고 하는 종교적 규범들에 의해 금지되었다. 그리하여 가장 내면적인 존재, 원초적 자아는 우세했던 정념들을 버렸고, 그것들을 포기하는 조건으로 고도로 발전된 삶의 안전과 질서를 얻었으며, 불가피하게 '본능 억제로 인한 행복 상실'이 발생했고, 은밀하게 무정부주의적인 자의적 충동은 사실상 우리의 질서정연한 세계 속에서 더 이상 어떠한 출구도 찾지 못하게 되었다. 이것은 모든 문명에서 언제나 불거지는 은밀한 불만이며, 프로이트는 이번 저술에서 이 '은밀한' 것을 명료하고 이해할 수 있는 것으로 전환하고자 한다(무의식과 반#의식을 명확하게 구별하는 일은 정말이지 예전부터 이 비범한 남자만의 천부적 재능이었다). 이 문제는 프로이트에 의해 훌륭하게 설정되었고, 그것이 우리 눈앞에 있는 문제라는 사실을 증명하기 위해서는 셀 수 없이 많은 근거들을 제시할 수 있겠다.

필자는 하나만 제시하겠다. 우리의 특수한 본능 활동은 확실히 환상을 통해 대리 만족을 얻는다는 것이다. 오늘날 세상 사람들은 연극을 보거나 책을 읽으면서 정상적인 것에 대해 지나친 거부 반응을 보이고, 그리하여 각자 채울 수 없는 공격 본능을 전쟁 서적 탐독으로 해소하고 통제할 수 없는 복수심을 〈셜록 홈스 이야기〉나 범죄 연구물로 해소한다는 것, 평범한 부부의 성애에서 벗어난 모든 행위들을 책과 이론을 통해 요란하게 찬미한다는 것, 이 모든 것은 (무의식 깊은 곳에서라면 더더욱) 우리 문명의 품위 있고 질서정연하고 친절하고 점잖은 상태가 우리 존재의 어떤 원초적 본능과 모순을 일으키고 있다는 일종의 징후이다.

또한 어린이는 아직 도덕적으로 억압받지 않았기 때문에 더 솔직하고, 그러므로 군인 놀이의 즐거움을 통해 우리 안에 있는, 도덕적 자아가 되기를 완고하게 거부하는 저 '이드'의 '공격 성향'을 그때그때의 잔인성을 통해 보여준다. 또한 프로이트가 말하는 문명인은 원초적 본능과 사회적·윤리적 요구 사이에서 방황할 때, 외부의 규율과 내면의 그늘에서 가해지는 매질, 즉 양심 앞에서 두려워할 때, 자신의 힘 대부분을 순수하고 거리낌 없는 행복을 향유하는 데다 써버린다. 문명인은 이따금씩 '문명'이라는 것이 자신의 가장 내밀한 성욕을 얼마나 많이 박탈했는지를 알아채고 불만에 사로잡히는데, 그래서 많은 경우 개인은 신경증을 표출하게 되고, 혹은 그때그때의 불쾌감들을 비극적 세계관으로 고양시킨다.

이 문제를 어떻게 해결할 것인가? 프로이트는 이 질문에 대답하지 않는다. 심리학자로서 자신의 본질적 과제는 문제를 제기하는 것이지, 답하는 것이 아니라고 그는 생각한다. 신화를 철저히 배척하는 그의 엄밀한 정신은, 증명되지 않고 특정 조건에서만 타당한 모든 것에 대해 엄청난 경계심을 갖고 있다. 물론 그는 몇몇 구성 요소들, 예컨대 에로스의 반대 본능인 죽음 본능에 관해 명시적으로 말하지 않는다. 그는 이런 본능들을 완전하게 증명될 수 없는 것으로 간주했기 때문에 이것들에 관해 철저히 가설적으로만 말한다.

또한 연구자로서 자신의 전문 영역에서는 고집불통이라 할 정도로 권위적이고 위대한 불복종이라고 할 정도로 완고한 이 사람이 부차적 주제들을 다룰 때마다 극히 자제하며 자신의 의견을 피력하는 대목들은 정말이지 감동적이다. "나는 이 문제에 관해 거의 아는 것이 없다"거나 "나는 여기서 이미 세상이 다 알고 있는 것을 말하기를 삼간다"고 말할 때[2] 그의 겸양은 얼마나 고귀하고 보기 드문 것이며, 또한 마지막 부분에서 자신은 아무런 위로도 줄 수 없음을 안다고 고백할 때[3] 그는 얼마나 솔직한가!

삶을 언제나 값지고 안락하게 만들어주고 싶어 하는 직업적 위로꾼들에게 우리는 이미 신물이 나 있고, 이와 같은 대담한 진단은 느끼하기 짝이 없는 그들의 변명들을 보상해준다. 심리학의 측연이 시대적으로 풀리지 않는 중요한 문제의 심연을 향해 내려져 있다는 것은 이제 확실하다. 그러나 우리는 순조롭게 풀릴 만한 문제들을 진짜 문제라고 이야기한다. 낙관적 해석이든 비관적 해석이든 중요치 않다. 한 학술원이 〔학문과 기술의〕 진보가 인류를 더 선하게 만드는지에 관한 유치한 논문을 현상 공모하고, 장 자크 루소가 막무가내로 아니라고 대답하여 세인의 열광을 얻었던 시대는 지났다.[4] 프로이트가 자신의 명제들을 제시하는 방식, 엄격하고 객관적이고 어떠한 미신이나 편향성으로도 사탕발림하지 않는 이 방식이야말로 우리 시대의 질문을 함께 진지하게 생각해보고자 하는 모든 사람들에게 엄밀하고도 결정적인 무언가를 제공할 것이다.

이 저서는 넘치도록 고무적이고, 생각할 거리들로 가득 차 있으며, 많은 대목이 주목할 만하다(이것의 근본 질문은 오직 여기서만 암시되었다). 우리가 심오하고 폭넓은 어떤 사상가에게 찬사를 보내야 한다면, 그 찬사는 지그문트 프로이트라는 천재적 연구자에게 보내야 마땅하다. 무척 많은 사람들이 그의 심리학적 업적을 성적으로 편향되어 있는 단선궤도로 끊임없이 치부하고 싶어 한다. 그러나 그의 성과가 지속적으로 경계를 확장해 나아가고, 지적 생산 활동의 모든 영역에 창조적 활기를 불어넣으며 영향력을 발휘하는 동안, 그들은 자기 자신을 조롱하는 꼴이 될 것이다.

〈2차대전 일기〉(1939) 중에서

1939년 9월 20일 (수)

프로이트에게서 심하게 앓고 있다는 좋지 않은 소식을 들었다. 그는 요새 건강이 너무나 좋지 않아서 오래 버티지 못할 듯하다. 얼마나 끔찍한 일인가. 여든셋이라는 고령에 그렇게 앓고 있다니.

그나저나 편지 몇 통을 쓰긴 했지만, 이제는 정말로 나의 작업을 시작하고 싶다. 나는 이 전쟁 때문에 기분이 좋지 않고, 아무런 감흥도 일지 않는다. 또한 영국은 지금 자신의 임무는 소비에트 러시아에 선전포고를 하는 것인 양 받아들이기 힘든 도덕적 태도를 취하고 있다. 독일은 "왜 하필 우리한테!"라고 말하며 기이한 논쟁을 벌이고 있다.[5]

1939년 9월 24일(일)

라디오에서 프로이트가 어젯밤에 사망했다는 소식을 들었다. 위대한 동료, 친애하는 스승. 당연히 장례식에 가야지.

하지만 나는 다시금 깨닫는다. 이 나라에서 고립되어 있다는 것을. 몇 마디 실을 수 있는 신문도 없고, 뭔가를 말할 기회도 없다. 영국에서 이렇게 지낸 지가 6년이다. 그런 순간들 때문에, 단지 그런 순간들 때문에 외국으로 떠나온 것을 후회하지는 않는다. 하지만 지금은 선택의 여지가 없다. 내가 있는 곳에 머물러야 한다. 어차피 내 인생은 더 이상 별 가치도 없다. 자유는 떠나갔고, '독일인의 자유를 위한 투쟁'[6] 속에서 영국인의 자유는 희생양이 될 것이다.

나도 동료 작가들의 천진난만함naïveté을 가졌으면 좋겠다. 아니, 나는 그저 나 자신에 대해 더 솔직한 것뿐일까?

무슨 이런 한 해가 다 있나. 프로이트, 요제프 로트,[7] 톨러,[8] 그리고 또 얼마나 많은 사람들이 세상을 떠났는지!

1939년 9월 26일(화)

오전에 프로이트의 추모 연설을 위한 메모 작성. 시간이 없어서 곧장 화장장[9]으로 갔다. 녹지가 펼쳐진 아주 멋진 곳이었다. 용감한 마리 보나파르트[10]는 위험한 바닷길을 헤쳐 왔다. 많은 추모객들. 하지만 영국 문학계나 정부에서는 추모객이 거의 오지 않았다.

첫 연설이 시작되었다. 존스 교수[11]는 정말이지 감동적인 연설을 했고, 그다음에 내가 임무를 수행했다. 적절히 잘했기를 바랄 뿐이다. 내 뒤로는 오스트리아 출신의 어느 호사가가 연설을 했다. 프로이트 여사가 친애하는 스승께서 나를 아주 많이 아꼈고 내가 방문하는 날을 늘 기다리고 있었다고 어찌나 친절하게 말씀해주시던지. 친인척들 모두가 나를 각별히 친절하고 따뜻하게 대해주었다. 대체로 품위 있고 격식을 갖춘 예식.

예식이 끝나고 곧장 바스로 향했다. 런던에서 돌아올 때마다 바스가 더 좋아지고 있음을 느낀다. 작업을 시작할 수만 있다면! 언젠가는 모든 것이 나아지기를.

프로이트 추모 연설(1939)

1939년 9월 26일 런던 화장장에서 읽다

이 영예로운 관柩을 눈앞에 두고, 빈과 오스트리아와 전 세계
의 친구들을 대표해 깊은 감사의 말씀 몇 마디를 전하려 합니다. 부
디 지그문트 프로이트가 자신의 작품을 통해 대단히 풍부하고 세련
되게 만든 그 언어로 전하게 해주시길 바랍니다. 여러분께서 무엇
보다 먼저 떠올려야 할 것이 있습니다. 우리는 하나의 슬픔을 공유
하고 있기에 이 자리에 모였고, 역사적인 한순간을 경험하고 있으
며, 운명은 우리 가운데 어느 누구에게도 이 순간을 두 번 다시 허락
하지 않는다는 사실 말입니다. 기억해두십시오. 죽게 마련인 나머지
것들, 거의 모든 것들의 경우, 육체가 차가워지는 몇 분 이내에 현존
과 공존이 영영 끝나고 맙니다. 그러나 우리가 둘러서 있는 무덤 속

이 사람에게는, 절망적인 우리 시대 속 이 한 사람에게만은, 죽음이 순간적이고 덧없는 환영에 지나지 않습니다. 그가 지금 우리를 떠나는 것은 마지막도, 가혹한 결말도 아닙니다. 사멸에서 불멸로 가는 가려진 길일 뿐입니다. 애끓는 심정으로 떠나보내는 덧없는 육체 대신, 우리는 불멸하는 그의 저작, 그의 본질을 간직하고 있습니다. 계속해서 숨 쉬고 살고 말하고 귀 기울이게 될 우리 모두는, 여기 이 공간의 우리 모두는, 정신적 의미에서 볼 때 여기 비좁은 이승의 관 속에 누워 있는 이 위대한 고인에 비해 천 분의 일만큼도 살아 있지 않습니다.

제가 여러분 앞에서 지그문트 프로이트가 살아생전에 세운 공로를 기릴 거라 기대하지 마십시오. 여러분은 그의 업적을 잘 알고 있습니다. 그의 업적을 모르는 사람이 있습니까? 그의 업적을 통해 내면적으로 철저히 변형되거나 변화되지 않은 사람이 우리 세대에 있습니까? 그의 업적은, 인간 영혼에 대한 이 위대한 각성의 공로는 불멸하는 전설로서 모든 언어에 살아 있습니다. 정말 글자 그대로입니다. 이제 와서 새삼 그가 반의식의 그늘로부터 가져온 개념과 어휘를 배우지 못했다고 아쉬워하는 언어가 어디 있겠습니까? 윤리, 교육, 철학, 시학, 심리학, 지적이고 예술적인 창작의 모든 형식과 심리적 소통의 모든 형식이 두세 세대 이전부터 윤택해지고 새로운 값어치를 얻게 된 것은 우리 시대에 둘도 없는 오직 그의 덕택입니다. 그의 작품을 모르는 사람들이나 그의 통찰에 반대하는 사람들조차, 그의 이름을 들어본 적도 없는 사람들조차 그에게 무의식적으로 빚을 지고 있으며, 그의 정신적 의지에 예속되어 있습니다. 그가 없었다면, 우리 20세기의 사람들은 저마다 다른 사유와 지성을 갖게 되었을 것입니다. 그가 먼저 사유해놓지 않았다면, 그가 내면을 향한 강력한 추진력을 우리에게 제공하지 않았다면, 우리는 저마다 더 편협하게, 더 구속된 채로, 더 옳지 않게 사유하고 판단하고 지각했을 것입니다. 또 우리가 마치 미로와 같은 인간의 마음속으로 진입할 때마다 그의 정신은 계속해서 우리의 길 위에 자신의 빛을 비추어줄 것입니다. 지그문트 프로이트가 발견자이자 지도자로서 창조해놓고 미리 밝혀놓은 모든 것은 앞으로도 우리와 함께 있을 것입니다. 오직 한 사람만 우리를 떠났습니다. 바로 그 사람, 소중하고 어느 누구와도 바꿀 수 없는 친구 말입니다.

우리는 서로 다를지도 모르지만, 그렇다 하더라도 우리 모두가 똑같이 가지고 있는 것이 있다고 생각합니다. 유년 시절 언젠가 이것이 직접 우리 눈앞에서 구현되는 모습을 보는 것만큼 우리가 바랐던 것은 없을 것입니다. 쇼펜하우어가 현존의 최고 형식이라고 말했던 것. 도덕적 실존, 영웅적 생애 말입니다. 소년이었던 우리는 모두 언젠가 그런 정신적 영웅을 만나는 꿈을 꾸었습니다. 그를 보면서 우리는 스스로를 형성할 수 있었고 성장시킬 수 있었습니다. 명예와 허영을 좇는 데는 무관심한 사람, 오직 자신의 과업에, 자기 자신이 아니라 모든 인류를 위한 과업에 헌신하는 온전하고 책임감 있는 영혼의 소유자. 우리가 소년 시절에 열광했던 이 꿈을, 성년이 되면서 점점 더 엄격해진 이 도덕적 요구를, 고인은 자신의 삶을 통해 잊을 수 없을 정도로 실현했고, 그럼으로써 각별한 정신적 행운을 우리에게 선사했습니다.

　　마지막에 그는 공허와 망각의 시대 한복판에 있었습니다. 확고부동한 사람, 절대적인 것, 지속적으로 타당한 것 말고는 이 세상에서 중요한 것이 없다고 여겼던 순수한 진리 탐구자. 마지막에 그는 우리의 눈앞에, 경외로 가득 찬 우리의 마음 앞에 있었습니다. 끝없는 논쟁을 불러일으킨 가장 고귀하고 완전한 유형의 연구자. 어떤 깨달음에 확신이 서지 않을 때는 일면 주의 깊고 세심하게 검토하고, 일곱 번 숙고하고도 자기 자신을 의심했지만, 확신이 들고 나면 즉각 온 세상의 저항에 맞서 그것을 지켜냈던 연구자. 그를 만나고 우리가 얻은 것, 다시 한 번 시대의 이상으로 배운 것은, 지성인의 자유롭고 독립적인 용기보다 더 멋진 용기는 이 세상에 없다는 사실입니다. 그런 용기를 우리는 잊지 않을 것입니다. 그는 다른 사람들이 감히 찾으려 하지 않거나 표현하지도 고백하지도 않았기에 발견하지 못한 깨달음을 찾고자 했습니다. 그는 감행하고 또 감행했습니다. 갈수록 더욱 감행했고, 혼자서 모든 사람과 맞섰습니다. 생의 마지막 날들까지도 그동안 아무도 가보지 못한 길을 모험했습니다. 깨달음을 향한 인간의 끝없는 투쟁 속에서 이런 불굴의 정신은 도대체 우리에게 어떤 본보기를 제시하는 걸까요!

프로이트의 묘

런던 골더스그린 화장장 공원묘지 안에 마련되었으며, 1951년에는 아내 마르타의 유골이 함께 안장되었다. 두 사람의 유골은 2,300년 된 그리스 단지에 담겼다.

그러나 우리는 그를 압니다. 그 용기 곁에 얼마나 감동적인 인간적 겸양이 끝까지 함께했는지, 놀라울 만큼 강직한 이 영혼이 타인의 영혼이 지닌 온갖 약점을 얼마나 잘 이해하고 있었는지도 압니다. 깊이 울리는 이 두 선율—엄밀한 정신, 선량한 마음—이 그의 생애 마지막에 가서는 정신세계에서 도달할 수 있는 가장 완벽한 협화음을 이루어냈습니다. 깨끗하고 맑은, 가을의 어떤 지혜를 말입니다. 최근 몇 해 동안 그를 만난 사람들은 우리 세계의 부조리와 광기에 관해 허심탄회한 대화를 나누며 위안을 얻었습니다. 그러는 동안 제가 종종 바랐던 것은 그 시간을 지금 성장하고 있는 젊은이들과 함께 나누었으면 좋겠다는 것이었습니다. 우리가 더 이상 이 사람의 위대한 영혼을 증언할 수 없는 때가 왔을 때, 젊은이들이 그에 대해 더욱 자랑스럽게 이야기할 수 있기를 바랐던 것입니다. 나는 진짜 현자를 보았노라고, 나는 지그문트 프로이트를 알았노라고.

이것이 이 시간에 우리가 할 수 있는 위로인지도 모르겠습니다. 그는 자신의 저작을 완성했고 손수 자신의 내면을 완성했습니다. 삶의 숙적에 관한 거장, 정신의 단호함과 영혼의 관용에서 비롯된 심리적 고통에 관한 거장, 이 거장은 살아생전 낯선 것들에 맞서 투쟁한 것 못지않게 자신의 병마에 맞서서도 투쟁했습니다. 그리하여 의사로서, 철학자로서, 자기 인식자로서 마지막 괴로운 순간까지도 본보기가 되었습니다. 친애하고 존경하는 친구여,[12] 그러한 본보기에 감사합니다. 그대의 위대하고 창조적인 생에 감사합니다. 그대의 업적과 저서 하나하나에 감사합니다. 그대가 있었다는 것과 그대가 우리에게 선사해준 그대의 것에 감사합니다. 그대가 우리에게 열어준 세계, 이제는 안내자 없이 우리 홀로 여행해야 하는 그 세계에 대해 감사합니다. 언제까지나 그대를 따르겠습니다. 언제까지나 그대를 우러르며 기억하겠습니다. 그대, 너무도 소중한 친구. 그대, 너무도 사랑하는 스승. 지그문트 프로이트.

회고

《어제의 세계》(1941) 중에서

1

지그문트 프로이트, 우리 시대의 어느 누구보다도 인간 심리에 관한 지식을 심화하고 확장한 이 위대하고도 엄격한 정신을 나는 빈에서 알고 지냈다. 당시만 해도 그는 거기서 고집 세고 성가신 괴짜 취급을 받으며 적대시되고 있었다. 이 열렬한 진리 탐구자는 모든 진리의 한계 또한 정확히 알고 있었다. 한번은 그가 나에게 이렇게 말했다. "100퍼센트의 알코올이 없듯이 100퍼센트의 진리도 없습니다!" 이렇듯 그는 그때까지 아무도 들어가지 못하고 소심하게 피해 다니던 구역, 다시 말해 그 시대가 점잔을 빼며 '터부'로 선언했던 영역인 지상-지하의 충동세계 속으로 확고하게 돌진했다. 이런 확고함 덕에 그는 대학과 대학의 학술적 신중함에서 멀어졌다. 낙관적-자유주의적 세계는 이 타협하지 않는 정신의 소유자가 주장하는 심층심리학 때문에 인간의 충동이 '이성'과 '진보'에 의해 차차 제압된다는 자신들의 이론이 가차 없이 해체되리라는 것을, 불편한 것은 불문에 부치는 자신들의 방식이 그의 냉정한 폭로 기술 때문에 위험해지리라는 것을 본능적으로 직감했다. 그러나 이 성가신 '아웃사이더'를 공동으로 저지한 것은 학계, 구식 신경과 의사들 일당만이 아니었다. 세계 전체, 구세계 전체, 낡은 사고방식, 도덕적 '관습', 다시 말해 시대 전체가 그의 폭로를 두려워했다. 그를 보이콧하는 의료 연맹이 서서히 형성되어 그는 환자층을 잃었고, 그의 이론과 가장 대담한 문제 제기에 대해 학술적으로 응해서는 안 되었기 때문에 사람들은 그의 꿈 이론을 빈정대거나 익살맞은 사교 놀이로 통속화하면서 빈 식으로 처리하려 했다. 지인들로 구성된 소모임 하나만이 매주 저녁 토론회를 열어 이 고독한 사람 주변으로 모여들었고, 거기서 정신분석이라고 하는 새로운 학문이 처음으로 형성되었다.[13]

2

프로이트의 지적 혁명은 처음의 기초 작업에서부터 천천히 조짐이 보이긴 했지만, 나는 그 전체 규모를 알아차리기 훨씬 이전에 이 비범한 인물의 강력한 태도에, 도덕적으로 확고한 태도에 사로잡혔다. 한 젊은이가 이상형으로 꿈꾸었을 법한 학술인이 드디

어 나타난 것이다. 그는 최종 증명과 절대적 확신을 손에 넣기까지
는 어떤 주장을 펼치든 신중을 기하지만, 어떤 가설이 확실히 타당
하다고 일단 판단하고 나면 전 세계의 반대에도 아랑곳하지 않는다.
개인적인 문제에 관해서는 누구보다 겸손하지만, 자기 학설의 신조
를 위해서라면 전쟁을 불사했으며, 고유한 진리를 깨달았을 때는 그
것에 죽도록 충실했다. 정신적으로 그보다 더 두려움을 모르는 사람
을 떠올리기란 불가능할 것이다. 프로이트는 자신의 명백하고 가차
없는 발언이 다른 이들을 불안하게 하고 당황하게 한다는 것을 알고
있었지만, 자기가 생각하는 것을 때마다 과감하게 발언했다. 부담되
는 입장에 서 있다 하더라도, 그것을 완화하기 위해 사소한 것도—
그저 형식적인 것일지라도—결코 양보하지 않았다. 확신하건대, 프
로이트가 자신의 이론을 '성욕' 대신 '에로틱'으로, '리비도' 대신 '에
로스'로 신중하게 포장할 줄만 알았어도, 또 최종 결론들을 매번 가
차 없이 확언하지만 않았어도, 그러는 대신 암시하기만 했어도, 그
는 학계의 모든 반론을 피해 그 이론의 5분의 4는 발언할 수 있었으
리라. 그러나 그는 학설과 진리에 관해서라면 백절불굴이었다. 반
론이 강해질수록 그의 결의는 더욱더 강해졌다. 도덕적 용기의 개
념—타인의 희생을 강요하지 않는 지상 유일의 영웅주의—에 상응
하는 어떤 상징을 찾을 때마다 나는 검은 눈으로 조용히 나를 직시
하는 프로이트의 품위 있고 굳건한 얼굴을 떠올리곤 한다.[14]

3

아무리 어두운 시대라 할지라도 드높은 도덕적 척도를 지닌 지성인과 나누는 대화는 헤아릴 수 없는 위로와 심리적 강인함을 선사한다. 파국 이전 마지막 몇 달 동안 지그문트 프로이트와 함께 보낸 우정의 시간은 이러한 사실을 나에게 강렬하게 증명해 보였다. 여든세 살의 그 환자가 히틀러 치하의 빈에 남아 있다는 생각이 몇 달 동안 나를 짓누르고 있었는데, 마침 그의 가장 충실한 제자, 비범한 황녀 마리 보나파르트가 노예로 전락한 빈에 살던 그 중요 인사를 런던으로 구출하는 데 성공했다. 내 친구들 가운데 가장 존경하는 사람을 이제는 잃었구나 하고 생각하다가, 신문에서 그가 그 섬에 도착했다는 소식을 읽고는 그가 하데스로부터 다시 돌아왔음을 알게 된 것이다. 그날이 나에게는 인생에서 가장 행복한 하루였다.[15]

4

시공간을 초월한 명예를 조국에 선사하고는 이내 그곳을 떠나 런던으로 망명한 그 사람은 수 년 전부터 이미 노인이었고 중병까지 앓고 있었다. 그러나 그는 지치지 않았고 기가 죽지도 않았다. 나는 속으로 조금 걱정했었다. 그가 빈에서 치러야 했던 모든 고통의 시간이 그를 비참하게 만들지는 않았을까, 혹 정신이 어지러워지지는 않았을까. 그런데 프로이트는 여느 때보다 더 자유롭고 행복해

망명길의 프로이트

프로이트는 1938년 6월 빈을 떠나 파리를 거쳐 런던으로 망명했다. 이때 파리에서 프로이트를 마리 보나파르트와 프랑스의 미국 대사 윌리엄 불리트가 에스코트했다.

했다. 그는 런던 교외에 있는 집의 정원을 나에게 보여주었다. "내가 이보다 더 멋진 곳에서 살아본 적이 있었겠습니까?" 한때 그토록 엄격했던 입술에 미소를 띠며 그가 물었다. 그는 자신의 애장품인 작은 이집트 조각상들[16]을 보여주었다. 마리 보나파르트가 그를 위해 빼낸 것들이었다. "다시 집에 온 것 같죠?" 책상 위에는 커다란 2절판 크기의 원고가 펼쳐져 있었다. 여든셋의 나이였지만 그는 매일 예전과 똑같이 잘 다듬어진 깔끔한 필체로 글을 썼고, 정신 또한 전성기처럼 맑았으며, 지칠 줄도 몰랐다. 그의 강한 의지는 질병, 노령, 망명, 이 모든 것을 극복했고, 긴 세월의 투쟁을 치르며 묶어두었던 자신의 선량한 천성을 마음껏 드러냈다. 노령은 그를 더 온화하게, 그가 이겨낸 시련은 그를 더 너그럽게 만들었을 뿐이다. 그때 그는 때때로 정겨운 몸짓을 했는데, 그것은 예전에 그 조심스러운 사람한테서는 찾아볼 수 없던 것이었다. 그는 한쪽 팔을 내 어깨에 올리고는 반짝이는 안경 너머의 눈으로 누군가를 따뜻하게 응시했다. 프로이트와 대화를 나눈 모든 시간은 언제나 나에게 정신적으로 큰 즐거움을 선사했다. 사람들은 그에게 배우고 동시에 감탄했다. 이 놀라울 만큼 선입견 없는 사람이 그들의 한마디 한마디를 이해했기 때문에 사람들은 자긍심을 느꼈다. 그는 어떠한 고백에도 놀라지 않고, 어떠한 주장에도 동요하지 않았다. 타인을 명백히 보도록, 명백히 느끼도록 교육하려는 의지는 그의 본능적 생의지生意志가 되어버린 지 오래였다.

그러나 무엇과도 바꿀 수 없는 그 긴 대화에 대해 내가 가장 감사하게 느꼈던 때는 바로 저 암흑의 해, 그의 생애 마지막 해였다. 그의 방에 들어선 순간, 외부 세계의 광기 따위는 소용이 없었다. 아무리 포악한 것일지라도 개념화되고, 아무리 헛갈린 것일지라도 명백해지며, 시대적 현실은 역사의 거대한 순환 궤도를 겸허히 따랐다. 자신을 극복한데다 고통과 죽음을 더는 개인적 경험이 아니라 초개인적 숙고와 관찰의 대상으로 느끼고 있는, 참으로 지혜로운 사람을 나는 처음으로 만나보았다. 말하자면 그의 사망은 그의 생애 못지않은 도덕적 위업이었다. 프로이트는 이미 그 당시에 곧 우리를 떠날 수밖에 없는 중병에 시달리고 있었다. 인공 입천장을 사용하여 말하는 것은 확실히 그를 수고롭게 만들었고 발음하기가 여간 힘들지 않았으므로, 그가 누군가에게 전하는 한마디 한마디는 정말이지 고개를 숙이게 만들었다. 그러나 그는 누군가를 놓아주지 않았다. 그의 신체가 만들어내는 저급한 문젯거리들보다 그의 의지가 더 강한 상태임을 보여주는 것은 그가 강철 같은 정신을 자신의 명예로 구하고 있음을 뜻했다. 고통 때문에 입을 일그러뜨리면서도 그는 자기 책상에서 마지막 날까지 글을 썼고, 고통 때문에 밤잠—여든 해 동안 변함없이 활력의 원천이 되어준 건강한 잠—을 이루지 못하면서도 수면제와 모든 마취 주사를 거절했다. 그는 단 한 시간이라도 그런 안정제로 자신의 밝은 정신 상태를 누그러뜨리려 하지 않았다. 그럴 바에야 차라리 시달리면서 깨어 있기를 원했다. 생각하지 않을 바에야 차라리 고통 속에서 생각하기를, 마지막 순간에 이르기까지 끝내 정신적 영웅으로 남기를 원했다. 그것은 실로 엄청난 전투였고, 길어질수록 점점 더 웅대해졌다. 그의 얼굴은 하루하루 눈에 띄게 사색으로 뒤덮여갔다. 죽음이 볼을 움푹 패게 했고, 관자놀이를 깊게 새겨넣었고, 입을 비뚜로 일그러뜨렸고, 말할 때 입술을 억눌렀다. 그러나 불길한 사형집행인도 그 눈만은, 영웅적인 정신이 세계를 응시하던 그 난공불락의 감시탑만은 어찌해볼 수 없었다. 그 눈과 그 정신은 마지막 순간까지 냉철했다.

마지막으로 방문했을 때 나는 살바도르 달리를 데리고 갔다.[17] 내 생각에 그는 가장 재능 있는 신세대 화가였고, 프로이트를 헤아릴 수 없을 정도로 존경했으며, 내가 프로이트와 이야기하는 동안 스케치를 한 장 했다.[18] 나는 그것을 감히 프로이트에게 보여주지 못했다. 예리한 눈을 가진 달리는 그 스케치 속에 이미 죽음을 그려넣었던 것이다.[19]

5

그 시절 나는 프로이트와 더불어 히틀러의 세계와 전쟁의 암담함에 관해 자주 이야기하곤 했다. 그 가공할 야수성의 폭발에 그는 인간적인 인간으로서 깊은 충격을 받았지만, 사상가로서는 전혀 놀라워하지 않았다. 그는 사람들이 늘 자신을 염세주의자라고 비난하곤 했는데, 그것은 자신이 본능에 대한 문화의 우위를 부정했기 때문이라고 말했다. 하지만 이제 사람들은 그의 생각을 안다. 물론 그것이 그를 거들먹거리게 만들지는 않았다. 그에 따르면, 인간 영혼 속의 그 야만적인 것, 원초적인 파괴 충동은 거세되지 않고, 대단히 끔찍한 일로 드러난다. 어쩌면 다가오는 세기에는, 적어도 민족들의 공동체 생활 속에서는 이런 본능들을 제압하는 어떤 형식이 발견될 것이다. 그러나 일상생활 속에, 또 내밀한 본성 속에 그것들은 거세되지 않는, 어쩌면 긴장을 유지하는 필수적 힘으로 존속하게 될 것이다.

마지막 날들을 보내면서 그가 한층 더 몰두한 문제는 유대인과 현재 그들이 처한 비극이었다. 그러나 그것에 대해 그는 학문하는 사람으로서 어떠한 공식도, 명석한 정신의 소유자로서 어떠한 해답도 알지 못했다. 얼마 전에 그는 모세에 관한 연구를 출간했는데, 거기서 그는 모세를 유대인이 아니라 이집트인으로 기술했고, 학술적 근거가 거의 없는 이런 주장을 펼침으로써 경건한 유대인은 물론이고 민족의식을 지닌 유대인을 화나게 했다. 그는 유대민족이 가장 혹독하게 박해받는 시기에 그 책을 출판한다는 것을 유감스러워했다. "유대인이 모든 것을 빼앗기고 있는 지금, 나는 그들의 가장 훌륭한 사람마저 빼앗은 셈입니다." 지금 모든 유대인이 일곱 배나 더 민감해져 있다는 그의 말을 나는 시인할 수밖에 없었다. 이 세계의 비극 한복판에서 그들은 실제로 희생자였으니까.[20]

6

　　몰락에 대항하는 우리 시대의 가장 강한 의지, 그 철두철미한 정신의 투쟁은 점점 더 격렬해졌다. 예전부터 그에게는 명백성이 사유의 최고 덕목이었던 만큼, 그는 자기 자신에 관해 더는 쓸 수도 활동할 수도 없다고 명백하게 인식했을 때 비로소 로마의 어느 영웅처럼 의사에게 고통을 끝내도 좋다고 허락했던 것이다. 그것은 어느 위대한 삶의 위대한 결말, 이 살육의 시대에 대학살의 희생자들 가운데서도 기념할 만한 죽음이었다. 그리고 그의 관을 영국 땅에 묻었을 때, 우리는 조국에서 가장 훌륭한 것을 그곳에 바쳤음을 깨달았다.[21]

1부 프로이트 평전(1931)

S. Zweig, "Einleitung", "Sigmund Freud" in : *Die Heilung durch den Geist. Mesmer·Mary BakerEddy·Freud*(Frankfurt am Main : S. Fischer Verlag, 1982), 9~26쪽·275~380쪽.

2부 프로이트-츠바이크 서한집(1908~1939)

다음의 판본들을 참고했고, 각 판본의 편집자 주를 참고한 경우에는 그 편집자의 이름을 약칭으로 밝혔다.

S. Freud, *Briefe 1873-1939*, Ernst·Lucie Freud 엮음(Frankfurt am Main : S. Fischer Verlag, 1968)('에른스트/루치'로 줄임).

S. Zweig, *Briefwechsel mit Sigmund Freud*, Hans-Ulrich Lindken 엮음('린트켄'으로 줄임), in : *Briefwechsel mit Hermann Bahr, Sigmund Freud, Rainer Maria Rilke und Arthur Schnitzler*(Frankfurt am Main : S. Fischer Verlag, 1987), 161~265쪽.

S. Zweig, *Briefe*, 전 4권, K. Beck·J. B. Berlin 엮음(Frankfurt am Main : S. Fischer Verlag, 1995~2005)('베크/베를린'으로 줄임).

3부 프로이트에 관한 기록들(1930~1941)

〔서평〕 프로이트의 신간《문명 속의 불만》(1930)

1930년 5월 30일 자 《베를리너 타게블라트》에 처음 실렸던 것이다.

S. Zweig, "Freuds neues Werk *Das Unbehagen in der Kultur*", in : *Begegnungen mit Büchern. Aufsätze und Einleitungen aus den Jahren 1902-1939*(Frankfurt am Main : S. Fischer Verlag, 1983), 115~119쪽.

〔일기〕 〈2차대전 일기〉(1939) 중에서

츠바이크의 〈2차대전 일기〉 중에서 프로이트의 마지막 날들과 관련된 기록들을 발췌한 것이다. 츠바이크는 1933년 10월 오스트리아를 떠나 영국 런던으로 망명했다. 나치 독일은 1939년 9월 1일에 폴란드를 침공했는데, 츠바이크는 이날부터 12월 17일까지 전쟁에 관한 개인적 기록을 영문으로 써서 남겼다. 이 기록은 '2차대전 일기Diary of Second War'라는 별칭으로 전해진다.

S. Zweig, "Diary of Second War", *Tagesbücher*(Frankfurt am Main : S. Fischer Verlag), 428~430쪽.

〔연설〕 프로이트 추모 연설(1939)

츠바이크가 프로이트를 추모하는 연설을 위해 입관식 당일 오전에 작성한 글이다.

"Worte am Sarge Sigmund Freuds. Gesprochen am 26. September 1939 im Krematorium London." in : *Zeit und Welt. Gesamelte Aufsätze und Vorträge 1904-1940*(Stockholm : Bermann-Fischer, 1943), 51~57쪽.

〔회고〕 《어제의 세계》(1941) 중에서

츠바이크의 회고록 《어제의 세계. 어느 유럽인의 회고》에서 프로이트 사후 그를 회고하고 있는 대목들을 발췌하여 시간 순서에 따라 재배열한 것이다.

S. Zweig, *Die Welt der Gestern. Erinnerung eines Europäers*(Frankfurt am Main : S. Fischer Verlag 1990), 476~482쪽.

1부 프로이트 평전(1931)

1 Novalis,《저작집 *Werke*》(München : Verlag C. H. Beck, 2001), 단편 190, 562쪽.

2 에피다우로스는 그리스 반도 동쪽 해안에 있던 도시국가이다. 이곳 사람들은 단순한 물리치료에서부터 요양, 해몽, 상담요법까지 구사할 줄 알았던 명의 아스클레피오스를 의술의 신으로 숭배했고, 아스클레피온이라는 복합의료시설이 건립되고부터는 전 세계 환자들이 줄지어 이곳을 방문했던 것으로 전해진다. 이 시설은 신전과 성소를 갖추고 있었는데, 환자들은 이 성소에서 대기하면서 심신을 정화하며 의식을 행했고, 꿈을 꾸면 치료법을 계시받았다고 여겨 그것을 사제에게 알렸다고 한다. 로마가 그리스도교를 국교로 채택한 뒤 이 시설은 폐쇄되었고, 6세기 중엽 지진으로 파괴되었다.

3 소크라테스 이전의 그리스 철학자 엠페도클레스Empedokles(기원전 495?~435?)는 의사이기도 했다. 그의 죽음에 관해서는 여러 가지 설이 있는데, 한 여인을 치료해준 대가로 아이트나 화산 분화구에 스스로 몸을 던졌다는 설과 평소에 자신이 신적 존재라고 주장했던 것을 몸소 증명하고자 그 분화구에 몸을 던졌다는 설이 대표적이다. 디오게네스 라에르티오스,《그리스 철학자 열전》, 전양범 옮김(서울 : 동서문화사, 2008), 557~561쪽. 츠바이크는 휠덜린Johann Christian Friedrich Hölderlin 평전을 쓰면서 그의 미완성 비극〈엠페도클레스의 죽음Der Tod des Empedokles〉을 자세히 다룬 바 있다. 슈테판 츠바이크,《천재와 광기》, 원당희 외 옮김(서울 : 예하, 1993), 245쪽 이하.

4 루돌프 피르호Rudolf Virchow(1821~1902)는 독일의 병리학자, 정치가, 인류학자이다. 그는 질병의 원인은 세포의 기능이나 형태의 변화에 있다고 주장하여 근대적 병리학의 초석을 닦았다. 비스마르크 시절 진보당의 수장으로서 군국주의에 반대하는 등 정치인으로도 중요한 업적을 남겼지만, 우리에게는 하인리히 슐리만Heinrich Schliemann(1822~1890)과 함께 트로이 유적을 발굴한 인류학자로 잘 알려져 있다. 본문의 인용문은 1894년 로마에서 열린 제11회 국제의학학술대회에서 그가 연설한 내용의 일부로 추정된다.

5 이 책 2부의 주 85를 보라.

6 파라켈수스Paracelsus의 본명은 테오프라스투스 필리푸스 폰 호엔하임Theophrastus Philippus von Hohenheim(1493?~1541)이다. 그는 르네상스 시대를 살았던 독일계 스위스인으로, 당대 스콜라 학자들이 자연학을 고전문헌 속에서 탐구하는 것을 비판하고 자연 관찰로 전환할 것을 주장한 혁신적인 자연학자로 평가받는다. 본초학, 연금술, 점성술, 독극물 등 다양한 방면에서 위대한 업적을 남겼고 몇몇 질병의 정신적 원인을 주장한 까닭에 정신의학의 선구자로 평가받는다. 카를 구스타프 융은 그를 "화학적 의학뿐만 아니라 경험심리학과 심리요법의 개척자"라고 평가한다. 에른스트 카이저,《파라켈수스》, 강영계 옮김(파주 : 한길사, 1997), 196쪽.

7 스피노자가 '신, 즉 자연deus sive natura'의 두 측면을 해명하기 위해 썼던 개념 중 하나이다. 자연natura은 본디 자연력(물질세계 속의 생산력)과 자연계(그 생산력에 의해 산출된 물질세계)를 모두 포함하며, 스피노자는 이것을 각각 생산하는 자연natura naturans과 생산된 자연natura naturata으로 표현했다.

8 프란츠 안톤 메스머Franz Anton Mesmer(1734~1815)는 오스트리아의 의사로, 생명체 자기요법, 이른바 메스머 요법의 창시자이다. 이 요법은 환자의 몸에 자석을 가져다 대는 것이 아니라, 인체에서 나오는 특유의 에너지로 환자를 치유하는 것이다. 실제로 메스머가 환자의 뺨을 쓰다듬거나 자신의 숨결을 불어넣거나 환부를 마사지하면 환자는 급격한 발작이나 경련을 일으키며 기적적으로 치유되었던 것으로 전해진다. 이 때문에 메스머는 빈의 민중에게 엄청난 관심을 받았는데, 빈 의학계는 그것

을 인정하지 못하고 그를 추방하려 했다. 환멸을 느낀 메스머는 빈을 떠나 파리로 건너간다. 이후 파리에서 일어난 메스머 열풍에 대해서는 이 책 1부의 주 27, 2부의 편지 22와 주 58을 보라.

9 이 책의 2부 편지 30의 주 87을 보라.

10 제바스치안 크나이프Sebastian Kneipp(1821~1897)는 독일 바이에른의 신부이자 자연요법 창시자들 가운데 한 명이다. 그의 이름을 딴 크나이프 요법Kneippkur은 물과 숲 등 자연을 이용한 치료법으로서, 이 요법의 발상지인 뵈리스호펜에는 지금도 연간 백만 명 이상이 치유 목적으로 방문하고 있다.

11 '정신에 의한 치유Die Heilung durch den Geist'는 이 '들어가는 말'이 수록되어 있는 책의 제목이다. Stefan Zweig, *Die Heilung durch den Geist. Mesmer·Mary Baker-Eddy·Freud*(Frankfurt am Main : S. Fischer Verlag, 1982). 국내에도 번역서가 출간되었다.《정신의 탐험가들》, 안인희 옮김(서울 : 푸른숲, 2000).

12 푸가초프Yemelyan Ivanovich Pugachov(1726?~1775)는 제정 러시아의 농민 반란 지도자이다. 자신을 '표트르 3세'라 참칭하고 농노 해방과 인두세 폐지를 주장하며 농민 반란을 일으켰으나 정부군에 패하여 처형되었다. 이 반란을 그의 출신 지명을 따서 '코사크 반란'이라고 부르기도 한다.

13 기차를 처음 경험한 유럽인들은 배운 사람이든 아니든 거의 모두 정신적 충격에 빠졌다. 예컨대 독일의 시인 하이네Heinrich Heine(1797~1856)는 1843년 파리에 철도가 개통되었을 때 "무시무시한 전율"을 느끼고는 "삶의 색채와 형태를 바꿔놓는 숙명적인 사건"이라고 술회했다. 하지만 30년 후 촘촘한 철도망이 프랑스와 유럽의 주요 지역을 모두 연결했을 때, 유럽의 신세대들은 더 이상 그런 충격에 휩싸이지 않았다. 볼프강 쉬벨부쉬,《철도 여행의 역사—철도는 시간과 공간을 어떻게 변화시켰는가》, 박진희 옮김(서울 : 궁리, 1999), 53~54쪽.

14 1930년 오스트리아 갈스파흐에서는 차일라이스 박사Dr. Valetin Zeileis(1873~1939)가 고주파 전류와 라듐을 가지고 매일 1,500명의 환자를 치료하는 기적 같은 일이 일어났고, 이는 유럽 안팎에서 큰 화제를 불러일으켰다. 독일의 한 신문은 차

일라이스 박사를 "갈스파흐의 기인"이라고 칭하면서 그의 요법과 과학과의 관계에 관한 논쟁을 상세히 전하고 있다. "갈스파흐 논쟁Der Streit um Gallspach", 《프랑크푸르터 차이퉁Die Frankfurter Zeitung》(1930년 2월 13일) 참조. 오스트레일리아의 한 신문도 이 사건을 다루면서 "내가 하는 것은 기독교적 실천"이라는 차일라이스 박사의 말을 인용했다. "치유의 도시에서 기적을 일으키는 의사Miracle Doctor of the City of Healing", 《더 메일The Mail》(1930년 5월 17일) 참조.

15 다음 문단에 다시 등장하는 베른하르트 아슈너Bernhard Aschner(1883~1960)를 가리키는 것으로 보인다. 아슈너는 오스트리아의 유명한 병리학자이자 의사로서 《의학의 위기Die Krise der Medizin》(1928) 등을 저술했고, 《파라켈수스 저작집 Paracelsus sämtliche Werke》(1932, 전 4권)을 번역, 편집하기도 했다. 본문에서 아슈너와 비교되고 있는 페르디난트 자우어브루흐Ferdinand Sauerbruch(1875~1951)는 2차대전 후반 알츠하이머병을 앓기 전까지는 독일 최고의 외과의사이자 의공학 기술의 혁신자로 평가받았다.

16 이 책 1부의 주 15를 보라.

17 이 책 2부의 주 71을 보라.

18 프리드리히 실러, 《발렌슈타인》, 이원양 옮김(서울 : 지식을만드는지식, 2012), 3막 13장.

19 Friedrich Schiller, 《명예를 잃어 죄를 범한 사나이—어느 실화Der Verbrecher aus verlorener Ehre—Eine wahre Geschichte》, 《저작집Sämtliche Werke》(Stuttgart : Cotta, 1838), 85쪽.

20 Friedrich Nietzsche, 《이 사람을 보라Ecce homo》, 《저작집Sämtliche Werke》, 9권(Berlin : W. de Gruyter, 1999), 259쪽 ; 《니체 전집 15 바그너의 경우·우상의 황혼·안티크리스트·이 사람을 보라·디오니소스 송가·니체 대 바그너》, 백승영 옮김(서울 : 책세상, 2002), 325쪽.

21 기원전 621년 아테네의 입법가 드라콘Drakon이 공포했다고 전해지는 아테네 최고最古의 성문법으로, 형벌이 가혹해서 '피의 법전'이라 불렸다.

22 김덕영은 산업혁명과 기계문명의 발전이 19세기 빈 사회의 도덕과 성적 억압에 미친 지대한 영향력을 사회학적으로 기술하고, 이를 배경으로 프로이트의 정신분석학이 탄생한 과정을 상세히 서술하고 있다. 김덕영, 《프로이트, 영혼의 해방을 위하여》(서울 : 인물과사상사, 2009), 특히 2장의 "프로이트와 빈—시대적·사회적 배경"을 보라.

23 할로겐에 속하는 원소(원소기호 Br)로 19세기와 20세기 초에 신경안정제로 널리 쓰였으나, 장기 복용을 하면 중독 증세가 나타나고 중추신경계에 악영향을 줄 수 있다 하여 현재는 잘 사용되지 않는다.

24 Ludwig Börne, 〈3일 안에 독창적 작가가 되는 기술Die Kunst, in drei Tagen ein Originalschriftsteller zu werden〉, 《전집Sämtliche Schriften》, 1권(Düsseldorf : Melzer-Verlag, 1964), 743쪽.

25 S. Freud, "Selbstdarstellung", Gesammelte Werke(London : Imago, 1952), 14권, 34쪽 : 〈나의 이력서〉, 《프로이트 전집》(파주 : 열린책들, 2004), 15권(이후로 이 전집과 권수를 표기할 때는 (프로이트 전집 15)와 같은 방식으로 줄임), 204쪽.

26 S. Freud, "Selbstdarstellung", Gesammelte Werke, 14권, 34쪽 : 〈나의 이력서〉(프로이트 전집 15), 204쪽.

27 메스머의 치료법이 빈의 의학계에 파장을 일으키자 의학계는 그를 추방하려 했고, 이에 염증을 느낀 메스머는 오스트리아를 떠나 1778년 파리에 도착했다. 이후 5년간 파리의 사교계에는 메스머 요법 열풍이 불었고 찬반 논쟁이 벌어지다 못해 심지어 결투가 일어나기도 했다. S. Zweig, Die Heilung durch den Geist, 68쪽 이하를 보라.

28 〈히스테리 현상의 심리적 기제에 대하여〉는 별도의 논문으로 발표되었다가, 나중에 《히스테리 연구》에 수록되었다. 〈나의 이력서〉(프로이트 전집 15), 220쪽.

29 S. Freud, "Selbstdarstellung", Gesammelte Werke, 14권, 46~47쪽 : 〈나의 이력서〉(프로이트 전집 15), 220쪽.

30 S. Freud, "Totem und Tabu", Gesammelte Werke, 9권, 35쪽 : 〈토템과 터부〉(프로이

트 전집 13), 64쪽.

31 Johann Wolfgang von Goethe, *Faust. Der Tragödie zweiter Teil*, *Werke*(Vollständige Ausgabe letzter Hand. Stuttgart : Cotta, 1827~1842), 41권, 168쪽 : 요한 볼프강 폰 괴테,《파우스트 2》, 정서웅 옮김(서울 : 민음사, 1999), 6888행.

32 Honoré de Balzac,《루이 랑베르*Louis Lambert*》,《전집*Œuvres complètes*》, 16권(Paris : A. Houssiaux, 1874), 139~140쪽.

33 이 숙녀는 '집으로'를 뜻하는 '나흐 하우제nach Hause'라고 말하고 싶었으나, '바지로', 즉 '나흐 호제nach Hose'라고 말해버렸다.

34 괴테의 자서전 제목이다.

35 프리데리케 브리옹Friderike Brion은 괴테가 프랑스 스트라스부르에서 법학을 공부하던 시절 사랑에 빠졌던 여인이다. 그의 자서전《시와 진실》에도 등장하는 이른바 '프리데리케 체험Friederikenerlebnis'은 《파우스트》에서 그레첸 테마의 기원으로 간주되기도 한다. Albert B. Faust, "《파우스트》에서 그레첸 테마의 기원에 대하여 On the Origin of the Gretchen-Theme in *Faust*" in 《현대 문헌학*Modern Philology*》, Vol. 20, No. 2(Chicago : University of Chicago Press, 1922) 참조.

36 꿈-압축Traumverdichtung에 관해서는 《꿈의 해석》(프로이트 전집 4), 6장 1절을 보라.

37 츠바이크가 문학 연구자와 정신분석학자가 유사한 탐구 방식을 공유한다고 말하는 것은 우연이 아니다. 프로이트의 〈괴테의《시와 진실》에 나타난 어린 시절의 추억〉, 〈괴테와 정신분석〉(프로이트 전집 14)을 보라.

38 이 말은 프로이트의 저술 중 1900년에 출간된《꿈의 해석》(프로이트 전집 4), 99쪽에 처음 등장하지만, 본문처럼 정식화된 것은 《정신분석강의》(프로이트 전집 1), 200쪽에서였다. 욕망과 꿈에 관한 프로이트의 이론이 사실은 플라톤의 사상에 연원을 두고 있다는 견해도 있다. 플라톤,《국가》, 박종현 옮김(서울 : 서광사, 2011), 571a 이하와 비교하라.

39 Novalis,《저작집*Werke*》(München : C. H. Beck 2001), 단편 97, 535쪽.

40 1924년부터 프로이트는 빈의 의료계 및 관료 사회를 상대로 이른바 '정신분석 자격
논쟁'을 벌였다. 이 사건은 의학 훈련을 받지 않은 프로이트의 추종자 중 한 사람이
'허가받지 않은 의료 행위'를 했다는 이유로 고발당하면서 시작되었지만, 사실 프로
이트는 이미 1911년부터 이 문제로 주류 사회와 갈등을 일으키고 있었다. 이 자격
논쟁에서 프로이트는 "정신분석 치료자에게 의학적 훈련은 필요 없다"고 단호하게
주장하며 공세로 나아갔다. "정신분석 진료에는 의학 교육보다는 심리학적 소양과
자유로운 인간적 통찰이 필요하다. (…) 의사 다수는 정신분석 작업을 할 준비가 되
어 있지 않으며, 서툴게 시도를 한다 해도 대부분의 경우 실패하고 말 것이다." 피터
게이, 《프로이트 II》, 정영목 옮김(서울 : 교양인, 2006), 254쪽. 프로이트는 이런 입
장을 정리해 1926년 〈비전문가 분석의 문제〉, 〈라이크 박사와 비전문가 치료의 문
제〉(프로이트 전집 15) 등을 발표했다.

41 S. Freud, "Die Frage der Laienanalyse", *Gesammelte Werke*, 14권, 249쪽 ; 〈비전문가
분석의 문제〉(프로이트 전집 15), 348쪽.

42 프로이트에 따르면, 정신분석 기술은 어떤 것에도 특별한 주의를 기울이지 않고 환
자에게서 듣게 되는 모든 것에 "한결같이 거리를 유지하는 주의력gleichschwebende
Aufmerksamkeit"을 가지는 것이 중요하다. 의사의 의도가 개입되어 환자가 제공하
는 분석 재료들을 선택하게 되면, 의사가 알고 있는 것만 다시 알게 되므로 결국엔
왜곡이 일어난다는 것이다. S, Freud, "Ratschläge für den Arzt bei der psychoana-
lytischen Behandlung", *Gesammelte Werke*, 8권, 377쪽 ; 〈정신분석 치료를 행하는
의사에게 하고 싶은 조언〉, 《끝낼 수 있는 분석과 끝낼 수 없는 분석》, 이덕하 옮김
(서울 : 도서출판 b, 2004), 48~49쪽.

43 S. Freud, "Selbstdarstellung", *Gesammelte Werke*, 14권, 66~67쪽 ; 〈나의 이력서〉(프
로이트 전집 15), 243쪽.

44 츠바이크는 비전문가가 치료하는 경우에 생기는 문제에 관한 프로이트의 근본 입
장에 사실상 반대되는 의견을 개진하고 있다. 이 문제에 관한 프로이트의 근본 입장
과 관련해서는 주 40을 보라. 츠바이크의 의견에 대한 프로이트의 불만과 관련해서

는 이 책 2부 편지 30의 마지막 단락을 보라.

45 J. W. von Goethe, 《전집*Gesammlte Werke*》(Berlin : Aufbau, 1965~1978), 18권, 46쪽.

46 이 책 93쪽을 보라.

47 S. Freud, *Vorlesungen zur Einführung in die Psychoanalyse*, *Gesammelte Werke*, 11권, 16쪽 ;《정신분석강의》(프로이트 전집 1), 28~29쪽.

48 18세기 프랑스의 시인이자 평론가였던 니콜라 부알로Nicolas Boileau(1636~1711)의 "나는 고양이를 고양이라 부르고, 롤레를 사기꾼이라 부른다"(《첫 번째 풍자시*Première Satire*》(1666)]를 차용했다. 롤레는 당시 프랑스 고등법원의 부패한 검사장 샤를 롤레Charles Rollet를 가리킨다. 나중에 사르트르Jean Paul Sartre(1905~1980)도《문학이란 무엇인가》(1948)에서 작가의 역할을 논하면서 이 문구를 차용한다. J. -P. Sartre, *Qu'est ce que la littérature?*(Paris : Gallimard, 1948), 281쪽.

49 F. Nietsche, *Jenseits von Gut und Böse*, *Sämtliche Werke*, 단편 75 ;《니체 전집 14 선악의 저편·도덕의 계보》, 김정현 옮김(서울 : 책세상, 2002), 110쪽.

50 괴테의 글을 약간 자유롭게 인용했다. 원문은 이렇다. "아무도 어린 시절의 첫인상들을 극복할 수 있으리라고 믿지 않는답니다niemand glaube die ersten Eindrücke der Jugend überwinden zu können." J. W. von Goethe, *Wilhelm Meisters Lehrjahre 1*, *Werke*, 18권, 191쪽 ;《빌헬름 마이스터의 수업시대 1》, 안삼환 옮김(서울 : 민음사, 2012), 182쪽.

51 프로이트의 강의록을 약간 자유롭게 인용했다. 원문은 이렇다. "이것은 애초에 자명한 사실입니다. 일반적으로 만약 어린이가 성생활을 갖는다면, 그것은 도착증적인 종류에 속할 수밖에 없습니다Es ist eigentlich selbstverständich ; wenn das kind überhaupt ein sexualleben hat, so muß von perverser Art sein." *Vorlesungen zur Einführung in die Psychoanalyse*, *Gesammelte Werke*, 11권, 327쪽 ;《정신분석강의》(프로이트 전집 1), 427쪽.

52 랑베르시에 양과의 에피소드를 말한다. "더욱 이상한 일은 내가 벌을 받고 나서 체벌한 여인을 더 좋아하게 되었다는 것이다. 벌 받을 만한 짓을 저질러서 같은 체벌을 또 받으려 하지 않도록 막으려면 진실한 애정과 나의 타고난 온순함을 아낌없이 발휘해야 했다. 왜냐하면 나는 괴로워하면서도 심지어는 수치스러워하면서도 혼재된 관능을 발견했는데, 그 관능 때문에 같은 손에 당하는 체벌을 무서워하기보다는 오히려 욕망했다. (…) 여덟 살짜리 아이에게 서른 살 처녀의 손으로 가한 체벌이 그 후 나의 인생에서 나의 취향, 나의 욕망, 나의 정념, 나 자신을 결정했다는 것을 누가 믿겠는가? (…) 그 기이한 취향은 성장한 이후에도 여전히 지속되었고 변태성욕과 광기로까지 이어져서 내게 정숙한 품행을 벗어버리게 하는가 싶었지만 오히려 그런 품행을 유지하게 해주었다." 장 자크 루소, 《고백 1》, 박아르마 옮김(서울 : 책세상, 2015), 30~31쪽.

53 정신분석에서 바라보는 질병과 치유의 의미에 관해서는 이 책의 '들어가는 말'과 비교해보라.

54 오이디푸스의 전설과 콤플렉스에 관한 첫 언급은 1897년까지 거슬러 올라간다. 프로이트가 빌헬름 플리스에게 보낸 〈편지 71〉, 《정신분석의 탄생》(프로이트 전집 17), 임진수 옮김(파주 : 열린책들, 2005)을 보라. 이에 관한 좀 더 상세한 논의는 《꿈의 해석》(프로이트 전집 4), 317~321쪽을 보라.

55 폴레모스Polemos는 전쟁을 인격화한 고대 그리스의 신이다. 전쟁이 모든 것의 아버지라고 최초로 주장한 사람은 헤라클레이토스이다. "전쟁은 모든 것의 아버지이고, 모든 것의 왕이다. (…) 전쟁polemos은 공통된 것이고 투쟁이 정의이며 모든 것은 투쟁과 필연에 따라 생겨난다는 것을 알아야 한다." 《소크라테스 이전 철학자들의 단편 선집》, 김인곤 외 옮김(서울 : 아카넷, 2005), 헤라클레이토스의 단편 87·88.

56 J. W. Goethe, *Zur Farbenlehre, Werke*, 52권, XII쪽 ; 요한 볼프강 폰 괴테, 《색채론》, 권오상·장희창 옮김(서울 : 민음사, 2003), 31~32쪽.

57 Leonardo da Vinci, 《회화론*Trattato della Pittura*》(Roma : Stamperia de Romanis, 1817), 24쪽.

58 프로이트의 글을 약간 자유롭게 인용했다. 원문은 이렇다. "나는 세계관들을 조작하는 일에 전혀 찬성하지 않는다Ich bin überhaupt nicht für die Fabrikation von Weltanschauungen." S. Freud, "Hemmung, Symptom und Angst", *Gesammelte Werke*, 14권, 123쪽 ; 〈억압, 증상 그리고 불안〉(프로이트 전집 10), 218쪽. 정신분석과 세계관의 문제는《새로운 정신분석 강의》(프로이트 전집 2), 213쪽 이하를 보라.

59 S. Freud, "Einige psychische Folgen des anatomischen Geschlechtsunterschieds", *Gesammelte Werke*, 14권, 20쪽 ; 〈성의 해부학적 차이에 따른 심리적 결과〉(프로이트 전집 7), 304쪽.

60 S. Freud, *Zukunft einer Illusion*, *Gesammelte Werke*, 14권, 337쪽 ;《환상의 미래》(프로이트 전집 12), 180쪽.

61 프로이트가《문명 속의 불만》(프로이트 전집 12), 266~267쪽에서 언급하고 있는 신과 인간, 나아가 인조신에 관한 견해는 주목할 만하다. S. Freud, *Das Unbehagen in der Kultur, Gesammelte Werke,* 14권, 450~451쪽.

62 S. Freud, *Das Unbehagen in der Kultur, Gesammelte Werke*, 14권, 425쪽 ;《문명 속의 불만》(프로이트 전집 12), 238쪽.

63 S. Freud, *Das Unbehagen in der Kultur, Gesammelte Werke*, 14권, 465쪽 ;《문명 속의 불만》(프로이트 전집 12), 282쪽.

64 S. Freud, *Zukunft einer Illusion, Gesammelte Werke*, 14권, 370쪽 ;《환상의 미래》(프로이트 전집 12), 218쪽.

65 S. Freud, *Zukunft einer Illusion, Gesammelte Werke*, 14권, 371쪽 ;《환상의 미래》(프로이트 전집 12), 219쪽.

66 S. Freud, *Zukunft einer Illusion, Gesammelte Werke*, 14권, 377쪽 ;《환상의 미래》(프로이트 전집 12), 226쪽.

67 사실 프로이트는 정신분석이 세계관을 형성하거나 조작하는 일에 반대했다. 이 책 1부의 주 58을 보라.

68 여기서 츠바이크는 플라톤의 대화편 가운데 일부를 인용하고 있지만, 어떤 편이고

어느 부분인지, 어느 독일어판을 인용하고 있는지는 불분명하다. 다만 개별자와 보편자의 탐구 방식을 논하고 있는《필레보스》의 한 대목을 다소 자유롭게 인용한 것만은 분명하다. 플라톤,《필레보스》, 유원기 옮김(대구 : 계명대학교출판부, 2013), 16d-e를 참조.

69 요한 볼프강 폰 괴테,《서동 시집》, 안문영 옮김(서울 : 문학과지성사, 2006)의 〈하피스 시편〉에 수록된 〈공공연한 비밀Offenbar Geheimnis〉이라는 시의 표제어이다.

70 J. W. von Goethe, 〈유언Vermächtnis〉,《저작집Werke》, 1권, 542쪽.

2부 프로이트-츠바이크 서한집(1908~1939)

1 츠바이크가 '엄격한 문'이 있는 집이라고 말했던 그곳이다. 이 책 1부의 '성격 초상' 66쪽을 보라. 이곳은 프로이트가 1891년부터 1938년 런던으로 이주할 때까지 약 47년 동안 살았던 집으로, 1971년 이후로는 지그문트 프로이트 박물관Sigmund Freud Museum으로 운영되고 있다.

2 S. 피셔S. Fischer 출판사에서 나온 1987년판의 편집자 한스 울리히 린트켄(이하 린트켄, 이 책의 '출처'를 참고하라)에 따르면, 1908년 4월 26일 일요일 프로이트는 잘츠부르크에서 열린 '제1회 국제정신분석학회'에 참가해 개회 강연으로 〈한 사례 이야기(쥐 인간)〉(프로이트 전집 9)를 발표했다.

3 S. 피셔 출판사에서 나온 1968년판의 편집자 에른스트 프로이트와 루치 프로이트(이하 에른스트/루치, 이 책의 '출처'를 참고하라)에 따르면, 슈테판 츠바이크의 첫 희곡《테르시테스Tersites》(Leibzig : Insel, 1907)를 뜻한다. 테르시테스는 트로이 전쟁에 참가한 그리스 군인들 중 가장 비겁하고 못생긴 사람으로 묘사되지만(호메로스,《일리아스》, 천병희 옮김(전주 : 숲, 2015), 2권 221행 이하), 권력이나 폭력 앞에서도 독설을 주저하지 않았던 복합적 인물이다. 아폴로도로스가 전하는 바에 따르면, 아킬레우스는 트로이 전쟁 중 펜테실레이아를 죽인 뒤 그녀의 알몸 시신을 보고 사

랑에 빠졌는데, 그것을 본 테르시테스가 (그녀의 눈을 뽑으며) 조롱하자 분노한 아킬레우스는 그를 쳐 죽였다〔아폴로도로스,《아폴로도로스 신화집》, 강대진 옮김(서울 : 민음사, 2005), 5장 1절〕. 츠바이크가 이 일화들을 다루면서 아킬레우스가 아니라 테르시테스를 주인공으로 삼은 것은 영웅을 사칭하는 이른바 '전쟁 허풍쟁이들'을 비웃고 패자의 정신적 우월성을 보여주려는 의도에서 나온 일종의 반전 시위였다. 슈테판 츠바이크,《어제의 세계》, 곽복록 옮김(서울 : 지식공작소, 1995), 210~211쪽, 309~311쪽을 보라.

4 슈테판 츠바이크의 두 번째 시집《때 이른 월계관*Die Frühen Kränze*》(Leibzig : Insel, 1906)을 말한다.

5 '트로이에서 무사히 돌아온 그 남자'가 테르시테스를 가리키는 것은 틀림없지만, 사실 '옛 시인들'이 전하는 바에 따르면 그는 트로이 전쟁 중에 아킬레우스에게 살해당했다(앞의 주 3을 보라). 10년간의 트로이 전쟁에서 테르시테스의 피살은 호메로스의 《일리아스》에 담긴 사건들 이후에 일어나는데, 프로이트가 헷갈린 것으로 보인다.

6 츠바이크의 극에서 테르시테스는 입바른 소리 때문에 아킬레우스와 계속 갈등을 빚는다. 그가 적군인 헥토르의 이름을 입에 올리자 아킬레우스는 흥분에 몸을 떨며 그에게 주먹을 한 방 날리고는 "그럼 이제 헥토르한테 가자!" 하면서 퇴장한다. 테르시테스는 마지막 대사를 중얼거리다가 죽고, 이내 막이 내린다. S. Zweig,《테르시테스. 예레미아*Tersites. Jeremia*》(Frankfurt am Main : S. Fischer, 1982), 114~115쪽. 테르시테스에 대한 츠바이크의 동정심에 관해서는 이 책 2부의 주 3을 보라.

7 린트켄에 따르면, 〈발자크〉는 1908년 슈투트가르트의 로베르트 루츠 출판사에서 출판된 독일어판《발자크 선집》에 츠바이크가 쓴 서문 〈발자크. 작품으로 보는 그의 세계상Balzac. Sein Weltbild aus der Werken〉이다. 이 서문은 나중에 다른 원고들과 묶여《세 거장. 발자크-디킨스-도스토옙스키*Drei Meister. Balzac–Dickens–Dostojewski*》(Leibzig : Insel, 1920)로 출판되었고,《천재와 광기》(1993)에 1부로 수록되어 있다.

8 발자크와 나폴레옹의 지배 본능을 일컫는다. 프로이트는 지배 본능을 '권력에의 의

지'라고도 표현했다. (프로이트 전집 11), 423쪽.

9 어린 시절 프로이트는 한니발, 나폴레옹과 같은 강인하고 용맹한 영웅을 숭배했었다. (프로이트 전집 4), 244~246쪽.

10 프로이트의 유머감각은 잘 알려져 있다. 그는 여기서 '답례Dank'라고 하는 대신 농담조로 '보복Revanche'이라고 말하고 있다. 린트켄에 따르면, 프로이트와 츠바이크의 개인적 관계는 1908년에 비로소 맺어졌고 이후 두 사람은 자신의 출판물을 서로 보내주었다.

11 린트켄에 따르면, 《첫 경험. 네 편의 어린 시절 이야기*Erstes Erlebnis. Vier Geschichten aus Kinderland*》(Leipzig : Insel Verlag, 1911)를 가리킨다. 국내에는 《사랑의 슬픔》, 이초록 옮김(서울 : 산들, 1997)에 〈첫사랑〉이라는 제목의 글로, 또 《태초에 사랑이 있었다》, 김용희 옮김(서울 : 하문사, 1996)으로 번역되어 있으나, 츠바이크의 원문과는 많이 다르다.

12 프로이트 자신의 자녀들을 뜻한다. 프로이트는 슬하에 여섯 아이(마틸데, 장-마르틴, 올리버, 에른스트 루트비히, 조피, 안나)를 두었는데, 당시 큰딸은 24세, 막내딸은 16세였다.

13 에른스트/루치에 따르면, 《세 거장. 발자크-디킨스-도스토옙스키》를 가리킨다. 편지 2를 보라. 린트켄에 따르면, 프로이트 개인 서고(런던 프로이트 박물관)에 소장되어 있는 이 헌정본에는 이렇게 적혀 있다. "무의식으로 이끄는 위대한 안내자 | 프로이트 교수님께 | 늘 새로운 존경심으로 | 슈테판 츠바이크 드림 | 잘츠부르크 1920." 이 세 편의 에세이는 각 거장들의 독일어판 문집에 서문으로도 수록되었다. 린트켄에 따르면, 〈발자크〉는 애초에 《발자크 선집》(1908)의 서문으로(편지 2 참조), 〈디킨스〉는 《디킨스 저작집》(1910)의 서문으로, 〈도스토옙스키〉는 《세 거장》과 거의 동시에 출판된 《도스토옙스키 소설집》의 서문으로 쓰인 것이다.

14 프로이트에 따르면, 도스토옙스키는 우선 작가였고, 신경증 환자였으며, 윤리학자이자 범죄자였다. 〈도스또예프스끼와 아버지 살해〉(프로이트 전집 14), 515쪽. 린트켄에 따르면, 이런 견해는 독일어판 《카라마조프 씨네 형제들》(1928)의 서문에

도 실렸다.

15 프로이트는 〈도스토옙스키〉에 다소 아쉬움을 표했다. 반면 린트켄에 따르면, 토마스 만은 "당신의 〈도스토옙스키〉는 메레슈콥스키 이래로 19세기의 위대한 아들들을 다룬 작품들 가운데 단연코 가장 비범하고 해박한 것"이라며 열광적인 찬사를 보냈다. 메레슈콥스키의《도스토옙스키 평전》에 관해서는 2부의 주 20을 보라.

16 문학의 문외한을 뜻하는 것으로 보인다.

17 헤르만 폰 헬름홀츠Hermann von Helmholz(1821~1894)는 독일의 과학자, 신경생리학자, 물리학자이다. 신체적 간질과 정신적 간질(신경증), 헬름홀츠 등에 관해서는 (프로이트 전집 14권), 524쪽 이하를 보라.

18 체사레 롬브로소Cesare Lombroso(1838~1909)는 이탈리아의 정신과 의사이자 범죄인류학자이다. 페사로 정신병자 수용소의 창립자이자《천재와 광기Genio e Follia》(1864)의 저자이기도 하다.

19 에른스트/루치를 따라 '유기체적organisch'으로 읽었다. 린트켄은 '미발달 단계의/원시적인archaiisch'으로 읽었다.

20 메레슈콥스키Dmitri Sergejewitsch Mereschkowski(1865~1941)의 《톨스토이와 도스토옙스키》를 독일어로 번역한《인간과 예술가로서 톨스토이와 도스토옙스키. 그들의 삶과 활동에 대한 비판적 평가 Tolstoi und Dostojewski als Menschen und als Künstler. Eine kritische Würdigung ihres Leben und Schaffen》(Leipzig : Schulze, 1903)를 가리킨다. 츠바이크는 1차대전이 시작된 1914년 여름에 이 책을 처음 접했고, 그때를 생생히 기억하고 있다.《어제의 세계》, 268쪽.

21 프로이트에 따르면, 도스토옙스키는 18세에 아버지가 살해당하는 대사건을 겪었고 그 후에 간질 증상을 일으켰다. (프로이트 전집 14), 526쪽.

22 에른스트/루치가 '아버지-차르라는 권위에 대한zum Vater–Czar Autorität'으로 읽은 것을 따랐다. 린트켄은 '아버지에 대한-(권위에 대한)zum Vater-(zur Autorität)' 이라고 읽었다. '도스토옙스키-아버지-차르'에 관한 것은 (프로이트 전집 14권), 534쪽 이하를 보라.

23 양가감정Ambivalenz에 관해서는 (프로이트 전집 11), 119쪽, 주 20을 보라.

24 베크/베를린에 따르면, 츠바이크는 1920년 10월 16일부터 뮌헨을 경유하여 2주간 의 독일 지역 강연 여행을 시작했다. 17일에 프랑크푸르트에서 로맹 롤랑에 관한 강 연을, 20일에 만하임에서 같은 강연을, 21일에는 슈투트가르트에서 자신의 프로그 램에 관한 강연을 했다. 22일에는 다시 프랑크푸르트로 갔고, 23일에는 비스바덴에 서 강연을 했고, 24일에는 프랑크푸르트에 머물렀다. 25일에는 하이델베르크에서 강연을 했고, 같은 날 라이프치히에 있는 인젤 출판사로 갔다. 29, 30일에는 다시 뮌 헨에 있었고 11월 1일 잘츠부르크로 돌아왔다. 1920년 10월 25일 아내 프리데리케 츠바이크에게 보낸 편지에서 베크/베를린의 주 1을 보라.

25 《카라마조프 씨네 형제들》에서 간질로 살인 사건 알리바이를 조작한 인물.

26 베크/베를린에 따르면, 이 책은《광란. 어느 격정의 단편소설집*Amok. Novellen einer Leidenschaft*》으로, 〈광란의 살인자〉, 〈여인과 풍경〉, 〈환상의 밤〉, 〈낯선 여인의 편 지〉, 〈달밤의 골목길〉이 담겨 있다. 이 소설집은 츠바이크를 일약 세계적 작가로 발 돋움시켰으며 심리소설의 대가라는 명성을 얻게 해주었다.《어제의 세계》, 390쪽. 이 책에 실린 단편들은 국내에 다양한 제목의 책으로 번역되었다.《환상의 밤》, 원 당희 옮김(서울 : 자연사랑, 1999),《낯선 여인의 편지》, 김연수 옮김(파주 : 문학동 네, 2010).

27 츠바이크는 이 책에 프로이트에게 바치는 어떤 헌사를 적어 보낸 듯하다. 린트켄에 따르면, 이 헌정본은 현재는 전해지지 않는다.

28 로맹 롤랑Romain Rolland(1866~1944)은 프랑스의 작가이자 음악학자이다. 츠바 이크는 우연히 롤랑의《장 크리스토프*Jean-Christophe*》를 읽다가 깊은 감동을 받았 고, 1913년 롤랑의 초대로 츠바이크의 "일생 중 기념할 만한" 만남이 성사되었다. 《어제의 세계》, 250~254쪽.

29 에르빈 리거Erwin Rieger(1889~1941)는 오스트리아의 작가·언론인·번역가·비평 가이다. 츠바이크에 관한 첫 평전《슈테판 츠바이크. 인간과 작품*Stefan Zweig. Der Mann und das Werk*》(Berlin : J. M. Spaeth, 1928)을 썼다.

30 프로이트는 1923년 구강암 수술을 받고 인공 입천장을 사용했기 때문에 독일어 발음조차 제대로 하지 못했다. 이후 32차례의 재수술을 받았지만 결국 그는 구강암으로 사망했다.

31 작곡가 리하르트 슈트라우스Richard Georg Strauss(1864~1949)의 탄생 60주년을 축하하기 위해 빈 국립오페라단이 1924년 5월 상반기 동안 빈 전역에서 개최한 음악 축제이다. 츠바이크는 슈트라우스와 친분이 두터웠고 그에게 오페라 〈과묵한 여인Die schweigsame Frau〉의 대본을 제공하기도 했다.

32 이 답장에 앞서 츠바이크가 보낸 편지는 전해지지 않지만, 짐작건대 츠바이크는 자신의 새 작품에 프로이트에게 바치는 헌사를 넣어 출판하는 문제를 두고 프로이트의 동의를 구한 듯하다. 새 작품에 관해서는 편지 11을 보라.

33 《광란. 어느 격정의 단편소설집》을 가리킨다.

34 타자기로 작성한 프로이트의 메시지를 그의 막내딸 안나가 대신 보낸 것으로 보인다. 안나 프로이트Anna Freud(1895~1982)는 프로이트의 막내딸로, 초등학교 교사로 일하다가 아버지와 함께 정신분석학의 길로 들어섰으며, 훗날 아동심리학의 권위자가 되었다. 아버지의 말년에는 병간호를 하면서 비서 역할까지 했다. 그녀의 저서들 가운데 국내에 소개된 것들로는 《자아와 방어 기제》, 김건종 옮김(서울 : 열린책들, 2015), 《5세 이전 아이의 성본능이 평생을 좌우한다》, 정인석 옮김(서울 : 열린책들, 1999) 등이 있다.

35 《마신과의 투쟁. 횔덜린–클라이스트–니체Der Kampf mit dem Dämon. Höderlin–Kleist–Nietzsche》(Leipzig : Insel-Verlag, 1925)를 가리킨다. 이것은 《천재와 광기》에 2부로 수록되어 있다. 베크/베를린에 따르면, 이 책은 "노고로 빚어낸 이 세 사람의 선율을 | 탐구하는 정신, 일깨우는 창조자 | 지그문트 프로이트 교수님께"라는 헌사와 함께 출판되었고, 츠바이크는 여기에 "영원히 변치 않을 슈테판 츠바이크, 1925년 부활절에"라는 자필 헌사를 더해 프로이트에게 보냈다.

36 로마와 빈에서 고고학 교수로 일했던 에마누엘 뢰비Emanuel Löwy(1857~1938)를 가리키는 듯하다. 그는 종종 프로이트를 찾아와 고고학적 발견에 관한 소식을

전해주곤 했다. 프로이트의 고고학에 대한 관심과 관련해서는 편지 30과 주 91을 보라.

37 프로이트는 사람들이 '악마적인 힘'이라고 부르는 것을 '본능' 속에 있는 것으로 간주함으로써 심리학적으로 설명하려 했고, 그럼으로써 운명적인 것을 합리적 근거를 통해 인식하려 했다. (프로이트 전집 11), 289~291쪽.

38 편지 11을 보라.

39 편지 11의 주 35를 보라.

40 편지 10의 주 34를 보라.

41 본문에서는 라틴어를 사용해 '친구들의 책Liber amicorum'이라고 했고 독일어로는 'Festschrift', 'Festgabe'라고도 한다. 린트켄에 따르면, *Liber Amicorum Romain Roland*(Zürich und Leibzig : Rotapfel, 1926. 1. 29)은 로맹 롤랑의 60회 생일을 기념하는 문집으로 다음과 같은 라틴어 헌사와 함께 출판되었다. "60회 생일을 맞은 로맹 롤랑에게 수많은 친구들 가운데 몇몇이 감사를 전한다. 이 책을 편찬하기 위해 막심 고리키, 조르주 뒤아멜, 슈테판 츠바이크가 노력을 기울였다Romain Roland Sexagenario ex innumerabilibus amicis paucissimi grates agunt. Hunc Librum curaverunt edendum Maxim Gorki Georges Duhamel Stefan Zweig." 기고자들을 나열하는 것만으로도 당시 유럽에서 로맹 롤랑이 차지한 위상을 잘 알 수 있다. 명단은 다음과 같다. 헤르만 바르, 레옹 바잘제트, 에르네스트 블로흐, 장-리하르트 블로슈, 게오르크 브란데스, 에른스트 로베르트 쿠르티우스, 조르주 뒤아멜, 에두아르 뒤자르댕, 프레데릭 반 에이든, 알베르트 아인슈타인, 오귀스트 포렐, 지그문트 프로이트, 마하트마 간디, 막심 코리키, 헤르만 헤세, 가타야마 도시히코, 엘렌 케이, 아네테 콜프, 젤마 라거뢰프, 안드레아스 라츠코, 살바도르 마다리아카, 토마스 마사리크, 프란스 마세리엘, 프리쇼프 난센, 아서 폰손비, 아르투르 슈니츨러, 알베르트 슈바이처, 업튼 싱클레어, 리하르트 슈트라우스, 라빈드라나트 타고르, 에른스트 톨러, 미겔 데 우나무노, 프리츠 폰 운루, 헨리 반 데 벨더, H. G. 웰스, 슈테판 츠바이크.

42 린트켄에 따르면, 이 축제는 1925년 6월 6일부터 8일까지 라이프치히에서 열렸다.

로맹 롤랑과 츠바이크는 이 축제에 함께 참여했다.

43 《마신과의 투쟁》. 편지 11의 주 35를 보라.

44 프로이트의 일흔 번째 생일이다.

45 츠바이크가 1926년 5월 6일 자 《노이에 프라이에 프레세*Neue Freie Presse*》의 문예 란에 발표한 〈지그문트 프로이트. 그의 70회 생일에 부쳐Sigmund Freud. Zu seinem siebzigsten Geburtstage〉에 대한 감사로 추정된다. 이와 관련해서는 편지 16을 보라.

46 린트켄에 따르면, 루트비히 판 베토벤의 사망 100주기를 기념하는 성대한 음악 축 제가 1927년 3월 26일 빈에서 개최되었다.

47 본명이 루이 파리굴Louis Farigoule인 쥘 로맹Jules Romains(1885~1972)은 츠바 이크와 가까웠던 프랑스 시인이자 철학자이다. 두 사람은 영국 작가 벤 존슨Ben Jonson의 희곡 《볼포네 또는 여우*Volpone, or, the Fox*》(1606)를 자유롭게 각색하여 《볼포네*Volpone*》(1928)를 발표했다.

48 《자기 삶의 작가 3인. 카사노바–스탕달–톨스토이*Drei Dichter ihres Lebens. Casa- nova–Stendhal–Tolstoi*》(Leipzig : Insel, 1928)를 가리킨다. 《천재와 광기》 3부에 수 록되어 있다. 린트켄에 따르면, 프로이트 개인 서고(런던 프로이트 박물관)에 있는 헌정본에는 이렇게 적혀 있다. "지그문트 프로이트 교수님께 | 변치 않는 애정과 | 존 경으로 | 슈테판 츠바이크 | 1928."

49 츠바이크의 단편소설집 《감정의 혼란*Verwirrung der Gefühle*》(Leipzig : Insel, 1927) 을 가리킨다. 국내에도 번역서가 출간되었다. 《감정의 혼란》, 박찬기 옮김(서울 : 깊 은샘, 1999).

50 린트켄에 따르면, 프로이트와 딸 안나는 1929년 9월 15일부터 10월 20일까지 이곳 에 머물렀다. 프로이트는 저명한 치과의사 슈뢰더 교수의 환자였다. 그는 프로이트 에게 새 인공 입천장과 의치를 맞춤 제작해주었다.

51 《조제프 푸셰. 어느 정치적 인간의 초상*Joseph Fouché. Bildnis eines politischen Men- schen*》(Leipzig : Insel, 1929)을 가리킨다. 국내에도 번역서가 출간되었다. 《어느 정 치적 인간의 초상》, 강희영 옮김(서울 : 리브로, 1998). 린트켄에 따르면, 헌정본에는

다음과 같이 적혀 있다. "심리학의 거장 | 인류에 관한 | 지식에 있어 우리의 교사 | 지그문트 프로이트에게 | 이 정치적 인간의 초상을 | 존경심으로 | 슈테판 츠바이크."

52 찰스 에밀 메일런Charles Emil Maylan(1886~?). 부유한 미국인으로 《프로이트의 비극적 콤플렉스. 정신분석에 대한 한 가지 분석*Freuds tragischer Komplex. Eine Analyse der Psychoanalyse*》(München : Ernst Reinhardt, 1929)을 출간했다.

53 로베르트 드릴Robert Drill. 《프랑크푸르터 차이퉁》의 편집장이었다.

54 알리스 슈무처Alice Schmutzer(1884~1949)는 슈나벨 가家에서 태어난 언론인, 작가, 번역자, 오스트리아 펜 클럽 회원으로, 화가 페르디난트 슈무처Ferdinand Schmutzer의 아내이기도 했다. 1920년부터 약 17년간 《노이에 프라이에 프레세》의 문예란에 기고했고, 자신의 집(슈무처 빌라)에서 약 30년간 영향력 있는 문학 살롱을 운영했다. 메일런의 책에는 그녀의 남편 슈무처가 에칭으로 작업한 유명한 프로이트의 초상이 실렸다.

55 카를 구스타프 융Carl Gustav Jung(1875~1961). 스위스의 심리학자이자 정신과 의사로 프로이트가 창립한 국제정신분석학회의 종신회장을 맡았으나, 1913~1914년에 프로이트와 절교하면서 회장직에서 물러났다.

56 편지 22를 보라. 이 '메일런 사건'은 프로이트가 츠바이크를 강력하게 비판하는 주요 원인이 되었다.

57 베크/베를린에 따르면, 메일런과 츠바이크 사이에서 오간 편지들은 현재 전해지지 않는다.

58 1784년 파리 학술원마저 메스머의 요법에 불리한 판정을 내리자 파리는 일대 찬반 논쟁에 휩싸였고 이후 메스머는 파리에서 생활하기가 어려워질 지경이었다. 결국 1792년에 그는 빈으로 돌아왔지만 곧장 '프랑스 과격파'(당시는 프랑스 혁명기였다)라는 혐의로 구속되었다가, 고향인 스위스로 즉시 돌아가라는 황제의 명과 함께 석방되었다. 이후 메스머는 스위스 프라우엔펠트에 은둔해 십수 년간 이름 없는 민중들에게 의술을 펼치다가 1812년 베를린 학술원에 의해 복권되었고, 3년 뒤 향년 81세를 일기로 생을 마감했다.

59 이 책 1부의 '출발'을 보라.

60 메리 베이커 에디Mary Baker-Eddy(1821~1910). 미국 출신으로 '크리스천 사이언스'의 창립자이자《과학과 건강Science and Health》(1875)의 저자이다. 베이커 에디에 관해서는 편지 30의 주 87을 보라.

61 이 책 1부의 주 11을 보라.

62 츠바이크는 프로이트 또는 그의 딸 안나가 개인적으로 소장하고 있는 자료들까지 열람하고 싶다고 부탁하고 있지만 프로이트는 이 부탁에 대해 가타부타 대답하지 않았다. 편지 23을 보라.

63 1919년 전후 프로이트주의는 대중적으로 엄청나게 유행했지만 그만큼 주류 사회의 비난 또한 넘쳐났다.《프로이트 II》, 180쪽 이하를 보라.

64 편지 24에서 조금 더 상술된다.

65 이하는 별첨한 쪽지로 보인다.

66 베크/베를린에 따르면, 이 작업은 사실 1930년 7월에 끝났고 그때부터 프로이트에 관한 작업이 시작되었다.

67 '메일런 사건'을 가리킨다. 편지 21, 22를 보라.

68 알베르트 요제프 슈토르퍼Albert Joseph Storfer(1888~1944). 프로이트가 빈에 세운 '국제정신분석출판사Internationaler psychoanalysischer Verlag'의 편집장으로 일했다.

69 이 책 1부의 '출발' 88쪽을 보라. 프로이트는 1902년 1월 빈 대학 의학부의 원외 교수로 임명되었을 뿐 정교수직은 끝내 얻지 못했다(당시에 정신분석을 위한 교수직은 아직 없었다). 츠바이크는 교수 사회가 프로이트를 질투와 증오의 시선으로 바라보고 있다는 견해를 자주 피력했지만 막상 프로이트는 본문에서처럼 그런 견해를 부정했다.

70 편지 21과 주 55를 보라.

71 알프레트 아들러Alfred Adler(1870~1937)는 빈 출신 의사로 개인심리학의 창시자이다. 1902년부터 프로이트의 집에서는 수요정신분석세미나가 열렸는데, 아들러

는 여기에 참여했던 프로이트의 초기 추종자들 가운데 한 명(아래에 언급되는 빌헬름 슈테켈도 함께 참여했다)이다. 1908년 슈테켈과 함께 수요정신분석세미나를 빈 정신분석학회로 재조직할 만큼 프로이트의 최측근이었지만, 1911년 프로이트와의 관계가 틀어지면서 학회에서 탈퇴했다.

72 빌헬름 슈테켈Wilehlm Stekel(1868~1940)은 빈 출신의 정신분석학자이다. 앞의 주를 보라. 1911~1912년에 프로이트와의 관계가 틀어졌다.

73 프로이트는 지인들의 노력으로 1920년대 초부터 노벨상 수상자 명단에 올랐지만 끝내 노벨상을 받지 못했다. 처음에는 의학상 부문에 올랐으나 당시의 자문위원이 프로이트를 사기꾼으로 치부했고, 나중에는 문학상 부문에 올랐으나 마르셀 프루스트, 제임스 조이스, 프란츠 카프카, 버지니아 울프 등 쟁쟁한 작가들과 겨뤄야 했다. 프로이트는 지인들의 노력을 중단시키려 했지만, 피터 게이는 그가 내심 노벨상을 바라고 있었다고 여긴다. 1918년 그의 달력에는 "노벨상은 제쳐두자"라는 메모도 있다. 피터 게이,《프로이트 II》, 53쪽·193~194쪽을 보라. 또한 편지 27을 보라.

74 《문명 속의 불만》을 가리킨다. 1부의 주 61을 보라. 이 책은 1929년 말 국제정신분석 출판사에서 단행본으로 출판되었다(출판 연도는 1930년).

75 정작 실린 곳은 1930년 3월 31일 자《베를리너 타게블라트Berliner Tageblatt》이다. 이 서평은 이 책 355~361쪽에 실려 있다.

76 "1930년, 프랑크푸르트 시 괴테상 담당 비서인 알폰스 파케트 박사는 그의 전체 업적(비록 그의 업적이 괴테상 관련 규정이 요구하는 자격과 일치하지 않는다 하더라도)에 대해 이 상을 수여하겠다는 제의를 했다. 이 제의는 격론을 불러일으켰지만 알폰스 파케트와 알프레트 되블린(…) 그리고 다른 저명인사들이 끝까지 이 제의를 지지해서 결국은 관철시킨 덕분에, 받아 마땅한 보상을 수없이 포기해야만 했던 프로이트는 어쩌면 꿈에도 생각 못 했을 유일한 영예를 얻게 되었다." (마르트 로베르,《프로이트. 그의 생애와 사상》, 이재형 옮김(문예출판사, 2004), 489쪽). 파케트 박사는 1930년 7월 26일 자로 프로이트에게 수상자로 선정되었음을 알렸고, 프로이트는 당일 자로 감사의 편지를 작성한 뒤 수상 연설문과 함께 8월 5일에 답장을 보

냈다. 8월 28일에 열린 시상식에는 딸 안나가 참석해 이 연설문을 대독했다. "Brief an Dr. Alfons Paquet", *Gesammelte Werke*, 14권, 545쪽 편집자의 말을 보라. 프로이트의 감사 편지와 수상 연설문과 관련해서는 다음을 보라. 〈알폰스 파케트 박사에게 보내는 편지〉(프로이트 전집 14), 551~552쪽, 〈프랑크푸르트 괴테 하우스에서의 연설〉(프로이트 전집 14), 553~560쪽.

77 매년 8월에 열리는 잘츠부르크 음악 축제이며, 1930년에는 8월 1일부터 31일까지 열렸다.

78 츠바이크는 음악 축제가 열리는 8월 한 달 동안 함부르크에 집을 빌려 머물렀다. 베크/베를린이 편집한 1930년 5월 7일 오토 호이슐레에게 보낸 편지, 1930년 7월 7일 빅토르 플라이셔에게 보낸 편지를 보라.

79 린트켄에 따르면, 프로이트의 장인 베르만 베르나이스Berman Bernays는 함부르크 유대인 사회의 대大 랍비Oberrabbi였고 그의 딸이자 프로이트의 아내인 마르타Martha는 1861년 함부르크에서 태어났다. 그녀는 1869년에 부모와 함께 빈으로 이주했다.

80 1931년 1월 13일 츠바이크는 아내 프리데리케와 함께 파리와 바르셀로나를 거쳐 팔마 데 마요르카에 잠시 머문 뒤, 남프랑스 지중해 연안에 있는 앙티브의 카프에서 2월 말(또는 3월 중순)까지 휴가를 보냈다. 베크/베를린이 편집한 〈1930년 8월 12일 막심 고리키에게 보내는 편지〉의 주 11을 보라.

81 《정신에 의한 치유》를 가리킨다. 이 책 1부의 주 10을 보라.

82 이 날짜는 에른스트/루치에 따른 것이다. 린트켄은 2월 17일이 옳은 날짜라고 주장한다. 앞서 츠바이크가 2월 초에 두 통의 편지를 보내고 그사이 출판사가 보낸 책을 프로이트가 다 읽었다면, 또한 이 편지에 대한 츠바이크의 답장(편지 31)이 2월 20일 자임을 고려한다면, 2월 17일이라는 주장에도 일리가 있다.

83 이 책 1부의 주 8을 보라.

84 '베이커 에디'를 혼동한 듯하다.

85 츠바이크에 따르면, 에디 부인은 사람들에게 불가사의할 정도로 강력한 '긴장력Intensität'을 불어넣어 그들의 삶을 변화시켰다. *Die Heilung durch den Geist*, 209쪽.

86 편지 22에 따르면, 본디 츠바이크는 이 책을 1부 메스머, 2부 프로이트로 구성하고 그 사이에 "에디 부인에 관한—반은 진지하고, 반은 명랑한—막간극"을 넣으려 했다. 그러나 막상 책이 출판되었을 때 프로이트는 3부로 배치되었고, 베이커 에디에 관한 막간극은 다른 두 부분과 비슷한 분량으로 확장되어 2부로 배치되었다.

87 베이커 에디가 주창했던 '크리스천 사이언스'는 일종의 반反과학 운동이었고, 에디 의 사상을 특칭해 '에디즘'이라고 부르기도 한다. 그녀는 의학을 버리고 신앙에 의지 할 때만 참된 치유와 영생을 얻는다고 말했다. 1902년 그녀의 명령으로 단 몇 주 만 에 200만 달러의 모금이 이루어졌고, 이 돈으로 보스턴에 지은 거대한 사원(크리스 천 사이언스 제1교회)이 85세의 그녀에게 헌정되었다. 축성식에는 3만 명의 인파가 몰려들었다. 에디가 90세의 나이로 사망하자 광신도들은 그녀가 그리스도처럼 사 흘 만에 부활할 것이라 믿었고, 교회 지도자들은 혹시 모를 일을 대비해 무덤에 특별 경비원까지 세웠다. 츠바이크는 그녀의 사망을 다룬 꼭지에 '십자가에 못 박힘'이라 는 제목을 달았다. *Die Heilung durch den Geist*, 253쪽 이하를 보라. 프로이트는 평 생 종교와 거리를 두었고, 무의식과 욕망, 심지어 악마적인 것까지도 이성과 과학의 영역에서 기술하려 했다. 이런 그에게 에디의 초과학적이고 초이성적인 가르침은 비과학적이고 비이성적인 것으로 보였을 테고, 따라서 《정신에 의한 치유》의 2부는 정신Geist이 아니라 영성Geistigkeit에 의한 치유로 보였을 것이다.

88 이 책 1부의 66쪽 이하를 보라.

89 이 책 1부의 68쪽 이하를 보라.

90 이 책 1부의 70쪽 이하를 보라. 프로이트에게 담배는 발자크의 커피와도 같았지만, 츠바이크는 이 부분을 언급하지 않았다. 프로이트가 담배에 애착을 가졌던 일화는 피터 게이, 《프로이트 I》, 330~331쪽을 보라.

91 이 책 1부의 '출발' 81쪽을 보라. 프로이트는 의대를 다니는 동안 고고학은 물론 이고, 법학, 포이어바흐Ludwig Andreas Feuerbach(1804~1872)와 브렌타노Franz Brentano(1838~1917)의 철학에도 심취해 있었다. 피터 게이, 《프로이트 I》, 65~81쪽.

92 프로이트는 시간강사로 임명되던 해인 1885년 파리의 루브르 박물관에서 그리스-로마, 아시리아와 이집트의 유물을 보고 완전히 매료되었다. 그 이후로는 지중해와 근동의 골동품을 구하러 "시간과 돈만 되면" 로마를 찾아가곤 했다. 피터 게이, 《프로이트 II》, 114~115쪽을 보라. 프로이트의 골동품 수집벽에 관해서는 피터 게이, 《프로이트 I》, 331~336쪽을 보라. 이러한 사실은 츠바이크가 프로이트를 사생활 없이 오직 정신분석에만 몰두했던 사람으로 그린 것과는 다소 거리가 있다.

93 프로이트는 "니체의 책을 오랫동안 피했다. 왜냐하면 니체의 예감과 통찰이 종종 힘들게 얻어낸 정신분석학적 연구 결과와 놀라울 정도로 일치했기 때문이다"[뤼디거 자프란스키, 《니체》, 오윤희 옮김(서울 : 문예출판사, 2003), 15쪽에서 재인용]. 프로이트의 정신분석학과 니체의 도덕계보학 사이 연관성에 관해서는 이창재의 《니체와 프로이트》(서울 : 철학과현실사, 2000)를 보라. 미셸 옹프레Michel Onfray 는 프로이트가 자기 이론으로부터 니체의 영향력을 애써 지워내려 했다고 비판한 다. 《우상의 추락―프로이트, 비판적 평전》, 전혜영 옮김(파주 : 글항아리, 2013), 54~88쪽을 보라.

94 린트켄에 따르면, 이러한 수정 작업은 이루어지지 않았다.

95 구스타프 비네켄Gustav Wyneken(1875~1964)은 독일의 교육개혁가로 '자유 학교 공동체 비커스도르프die Freie Schulgemeinde Wikersdorf'의 창립자 중 한 사람이다.

96 린트켄에 따르면, 본문의 고딕체는 엽서에 미리 인쇄된 내용이다.

97 베크/베를린에 따르면, 츠바이크는 자신이 소장하고 있던 볼프강 아마데우스 모차르트의 악명 높은 편지들 가운데 한 편을 개인 인쇄물로 출판했다. 이 편지들은 모차르트가 아우구스부르크에 살았던 사촌 마리아 안나 테클라 모차르트에게 보낸 편지들로, 모차르트가 그녀를 '베슬레Bäsle(사촌을 뜻하는 Base의 애칭형)'라는 애칭으로 불렀기 때문에 '베슬레 서한집Bäsle-Briefe'이라고 부르기도 한다. 프랑스의 작가이자 비평가 필리프 솔레르스Philippe Sollers는 《모차르트 평전》, 김남주 옮김(서울 : 효형출판, 2003), 112~123쪽에서 베슬레 서한집이 왜 악명 높은지를 상세히

다루면서 이와 관련된 츠바이크와 프로이트의 일화를 언급한다.

98 츠바이크의 극시《예레미야*Jeremias*》(Leipzig : Insel, 1917)를 가리킨다.

99 이 책 2부의 주 37을 보라.

100 린트켄에 따르면,《정신에 의한 치유》를 이루고 있는 세 논고는 개별적으로 번역, 출간되었다.

101 프로이트의 영국인 제자이자 동료 어니스트 존스Ernest Jones(1879~1958)가 훗날 프로이트의 방대한 전기를 집필하여 발표하게 된다. Ernest Jones,《지그문트 프로이트의 인생과 작품*The Life and Work of Sigmund Freud*》, 전 3권(New York : Basic Books, 1953~1957).

102 〈사례 연구_안나 O. 양(브로이어)〉(프로이트 전집 3)을 보라.

103 이 책 1부의 92쪽을 보라.

104 괴테,《파우스트 II》, 6260행 이하를 참조할 것.

105 《마리 앙투아네트. 어느 평범한 인물의 초상*Marie Antoinette. Bildnis eines mittleren Carakters*》(Leipzig : Insel, 1932). 츠바이크는 이 출판본에 다음과 같은 자필 헌사를 적어 프로이트에게 보냈다. "인간 이해에 정통한 | 지그문트 프로이트 교수님께 | 감사와 충심으로 슈테판 츠바이크 1932." 국내에도 번역서가 출간되었다. 《마리 앙투아네트 베르사유의 장미》, 박광자·전영애 옮김(서울 : 청미래, 2005).

106 세르비아의 알렉산더Alexander von Serbien(1876~1903)는 알렉산다르 1세, 또는 알렉산다르 오브레노비치Aleksandar Obrenovic라고 불리는 세르비아 왕국의 2대 국왕으로, 쿠데타를 통해 의회를 해산하는 등 왕권을 강화했다가 다시 쿠데타에 의해 처참하게 살해당했다. 츠바이크가 그의 삶에 관해 쓴 원고를 개인적으로 프로이트에게 보낸 뒤 프로이트가 그것을 읽고 평가하는 것인지, 아니면 프로이트가 다른 저자의 책을 예로 드는 것인지, 아니면 단순히 마리 앙투아네트와 알렉산다르의 삶을 비교하는 것인지는 불분명하다.

107 루이 16세와 마리 앙투아네트 사이에서 태어난 외아들이자 왕세자였던 루이 17세를 말한다. 프랑스 혁명 발발 이후 루이 17세는 혁명정부의 명령으로 어머니를 떠

나 제화공 앙투안 시몽Antoine Simon에게 맡겨졌는데, 그에게 구타를 당하고 중
노동을 강요당하는 등 엄청난 학대를 받았다. 루이 17세는 어머니가 자신을 겁탈
했다고 증언함으로써 그녀가 근친상간 죄로 참수형을 당하게 했다. 증언 당시 그
의 나이는 여덟 살이었다.

108 《마리 앙투아네트 베르사유의 장미》, 493~497쪽을 보라.

109 루이 17세의 자위행위를 목격한 시몽과 이를 시몽과 함께 근친상간으로 조작한 혁
명가 에베르Jacques René Hébert를 가리킨다. 이어지는 답장에서 츠바이크가 말
한 것처럼 좀 더 끔찍하게 이야기하자면, 루이 17세 자신도 어느 정도는 이 조작 사
건의 공범이다. 《마리 앙투아네트 베르사유의 장미》, 486~493쪽을 보라.

110 츠바이크는《마리 앙투아네트》를 쓰면서 그녀의 소비 행태를 확인하기 위해 일일
이 계산을 하고 당대의 신문, 팸플릿, 심지어 모든 종류의 소송 서류까지 철저하게
조사했지만, "배의 안정을 위해 화물을 갑판에서 내던지는" 작업을 끝없이 했던 것
으로 전해진다. 《어제의 세계》, 393쪽.

111 1932년 말에 출간된 프로이트의 강의록 *Neue Folge der Vorlesungen zur Einfüh-
rung in die Psychoanalyse*(Wien : Internationalen Psychoalaytischen Verlag, 1933)
를 가리키며, 《새로운 정신분석강의》(프로이트 전집 2)에 해당한다.

112 허버트 조지 웰스Herbert Geroge Wells(1866~1946)는 《타임머신*The Time
Machine*》(1895), 《투명인간*The Invisible Man*》(1897), 《우주전쟁*The War of the
Worlds*》(1898) 등을 통해 '과학소설의 아버지'로 불리는 영국의 작가·사회학자·
역사학자이다.

113 린트켄에 따르면, 츠바이크는 어머니도 뵙고 출판 문제도 해결하기 위해 1935년 9
월 초에 빈을 방문했고, 9월 18일까지 이 호텔에 묵었다.

114 린트켄에 따르면, 프로이트는 1935년 가을을 빈의 그린칭(슈트라서가세 47번지)
에 있는 여름 별장에서 보냈다.

115 에른스트 크리스Ernst Kris(1900~1956). 빈 출신의 미술사학자로 프로이트의 추
종자이자 친구였다.

116 린트켄에 따르면, 1933년 10월 츠바이크는 나치의 집권으로 인해 불안을 느끼고 런던 웨스트민스터에 있는 이 집으로 이주하여 1936년 5월 6일까지 머물다가 거기서 가까운 할람 스트리트 49번지로 이사했다.

117 이 책은《자서전으로 보는 현대의 의학*Die Medizin der Gegenwart in Selbstdarstel-lungen*》, L. R. Grote 편집(Leipzig : Verlag Felix Meiner, 1925), 전 8권 가운데 4권이며, 1927년 뉴욕의 출판사 W. W. 노튼&코W. W. Norton&Co.에서 처음 영어로 번역되었고, 영국에서는 1935년에 처음 번역되었다. 국내에는 〈나의 이력서〉(프로이트 전집 15)라는 제목으로 번역되어 있다.

118 츠바이크는 소개글이 실린 신문 지면을 스크랩하여 이 편지에 동봉한 듯하다.

119 이 책은 1938년 프로이트가 런던으로 이주한 뒤에야 출간되었다.《인간 모세와 유일신교*Der Mann Moses und die monotheistische Religion*》(Amsterdam : Verlag Allert de Lange, 1939). 프로이트 전집 13에 수록되어 있다. 이 책의 편지 54와 3부의 '회고' 380쪽을 보라.

120 프로이트는 마크 트웨인, 찰스 디킨스, 찰리 채플린, 오손 웰스 등과 더불어 셰익스피어의 정체를 의심했던 대표적인 사람들 가운데 한 명이다. 이른바 '원저자 논쟁 authorship controversy'에는 많은 의문과 추측이 제기되지만 누구라고 확정할 만한 결정적인 증거가 아직 발견되지는 않았다. 진짜 셰익스피어는 철학자 프란시스 베이컨이라는 주장부터 옥스퍼드 가문의 백작이자 엘리자베스 여왕의 사생아로 추측되고 있는 에드워드 드 비어라는 주장까지 지금도 다양한 주장이 제기되고 있다. 이 '원저자 논쟁'은 김태원의《셰익스피어는 가짜인가?》(서울 : 서강대학교 출판부, 2015)에 잘 정리되어 있다.

121 1936년 5월 6일이 프로이트의 80회 생일이었다.

122 여기서 총통Führer은 나치 치하 독일의 국가원수를 가리킨다.

123 슈테판 츠바이크, 토마스 만, 로맹 롤랑의 발의로 프로이트의 80회 생일 기념 축하 편지가 작성되었고, 유럽의 수많은 작가, 화가, 음악가가 여기에 이름을 올렸다. 이 발의자들의 영향력, 무엇보다 당시 프로이트의 위상은 서명자들 가운데 몇몇의 이

름을 나열하는 것만으로도 충분히 알 수 있다. 베르톨트 브레히트, 헤르만 브로흐, 아돌프 부쉬, 헤르만 부쉬, 살바도르 달리, 알프레트 되블린, 빌헬름 헤어초크, 헤르만 헤세, 제임스 조이스, 파울 클레, 하인리히 만, 클라우스 만, 루트비히 마르쿠제, 프란스 마제렐, 서머싯 몸, 파블로 피카소, 허버트 리드, 한스 리히터, 쥘 로맹, 막스 실러, 에르빈 슈뢰딩거, 루돌프 제르킨, 브루노 발터, 허버트 조지 웰스, 버지니아 울프, 아르놀트 츠바이크 등. 이 편지는 현재 런던 프로이트 박물관에 소장되어 있고, 다음에 수록되어 있다. Christfried Tögel 엮음, 《프로이트 탄생 150주년에 부처Zum 150. Geburtstag von Sigmund Freud》(Uchtspringe : Sigmund Freud, 2006), 69~75쪽.

124 이 책 2부의 주 114를 보라.

125 자신의 80세 생일을 앞뒤로 한 날들을 뜻하는 듯하다.

126 토마스 만은 프로이트의 80회 생일을 기념하기 위해 〈프로이트 그리고 미래Freud und die Zukunft〉라는 강연을 1936년 5월 8일에 개최했다. Christfried Tögel 엮음, 《프로이트 탄생 150주년에 부처》, 77~93쪽.

127 안나 프로이트를 말한다.

128 '전이übertragung'에 관해서는 《정신분석강의》(프로이트 전집 1), 578~601쪽을 보라.

129 츠바이크의 이야기체 작품들을 두 권으로 묶어 낸 선집 《사슬Die Kette》·《만화경 Kaleidoskop》(Wien : Herbert Reichner Verlag, 1936)을 가리킨다.

130 편지 50과 주 129를 보라.

131 아르놀트 츠바이크Arnold Zweig(1887~1968)는 독일의 작가로, 프로이트와 매우 가까운 사이였다.

132 《마젤란. 인간과 업적Magellan. Der Mann und seine Tat》(Wien : Herbert Reichner, 1938)을 가리킨다. 국내에도 번역서가 출간되었다. 《마젤란》, 이내금 옮김(서울 : 자작나무, 2014).

133 나중에 《초조한 마음Ungeduld des Herzens》(Stockholm : Bermann-Fischer Verlag/Amsterdam : Allert de Lange verlaf, 1939)으로 출판되었다. 국내에도 번역서가 출간되었다. 《초조한 마음》, 이유정 옮김(서울 : 문학과지성사, 2013).

134 원문은 이렇다. "하늘이 산산이 깨져 떨어질지라도 / 그를 겁먹게 하지 못한다." 호라티우스, 《소박함의 지혜》, 김남우 옮김(서울 : 민음사, 2016), 3권, 세 번째 시의 7~8행.

135 츠바이크는 프로이트가 영국으로 이주한다는 소식을 듣고, 그가 도착하는 날짜에 맞춰 그가 머물기로 한 엘스워시 로드의 집으로 미리 편지를 보냈다. 프로이트의 아들 에른스트가 런던에 집을 준비해두었다.

136 프로이트는 1938년 6월 3일 아내 마르타와 딸 안나와 함께 빈을 떠나, 파리와 도버 해협을 거쳐 6월 5일 이른 시각 런던에 도착했다. 츠바이크는 이날을 인생에서 가장 행복했던 날로 회고한다. 이 책 3부의 '회고' 375쪽.

137 츠바이크는 아직 프로이트의 새 주소에 익숙하지 않았던 듯하다.

138 살바도르 달리Salvador Dali(1904~1989)는 스페인의 초현실주의 화가이자 각본가, 사진가, 무대예술가, 배우, 영화감독이다.

139 츠바이크는 이 방문이 프로이트가 죽기 전 마지막 방문이라는 느낌을 가지고 있었다. 이 책 3부의 '회고' 379쪽.

140 어떤 내용인지 알려져 있지는 않지만, 1938년 전후의 오스트리아 상황을 고려해 추측해보자면, 그해 3월 독일이 오스트리아를 합병하면서 형성된 국제관계의 문제들, 특히 유대인 난민이 미국으로 유입되면서 발생한 문제들인 듯하다.

141 실제로 방문 중에 살바도르 달리는 츠바이크와 이야기하는 프로이트를 스케치했는데, 츠바이크에 따르면, 달리는 이미 프로이트의 죽음을 그리고 있었다. 이 책 3부의 '회고' 379쪽.

142 에드워드 제임스Edward William Frank James(1907~1984)는 초현실주의 운동의 열정적인 초기 후원자로 알려진 영국 출신의 시인으로, 1938년 한 해 동안 살바도르 달리를 후원했고, 달리의 작품은 물론 르네 마그리트, 파울 클레, 파블로 피카소 등의 작품들을 개인적으로 수집했다. 르네 마그리트는 1937년 그의 초상을 그

린 작품 〈쾌락의 원리 : 에드워드 제임스의 초상〉과 〈복제 금지 : 에드워드 제임스의 초상〉을 남기기도 했다.

143 달리의 1937년 작품 〈나르시스의 변신Metamorphosis of Narcissus〉을 말한다.

144 틸리 로쉬Tilly Losch(1904~1975)는 오스트리아 출신의 미국인 발레리나·영화배우·화가이다. 1930년 에드워드 제임스와 결혼했다가 1934년에 불륜을 고발당하면서 그와 이혼했다.

145 이 책 3부의 '회고' 372쪽.

146 이것에 관해서는 〈자아와 이드〉(프로이트 전집 2)를 보라.

147 어니스트 존스와 안나 프로이트를 말한다.

148 마르첼 슈테른베르거Marcel Sternberger(1899~1956)는 미국에서 활동한 오스트리아 출신의 사진작가로, 알베르트 아인슈타인, 디에고 리베라, 프리다 칼로, 지그문트 프로이트 등의 인물 사진으로 유명하다.

149 프로이트는 1938년 9월 7일 새로운 수술을 받기 위해 런던의 외과병원에 입원해 있었다.

150 1939년에 출간된《초조한 마음》에 관한 것이다.

151 프로이트는 1938년 9월 중순부터 이 집에 살았다. 현재 이곳은 그의 장서와 책상, 애장 골동품, 정신분석용 카우치 등이 보존되어 있는 프로이트 박물관으로 운영되고 있다.

152 츠바이크는 1938년 12월 17일부터 이듬해 3월 중순까지 미국을 여행했다.

153 바스Bath는 영국 남부의 온천 지대이다. 츠바이크 부부는 바스에 있는 펜션 '랜스다운 로지'에서 온천 치료를 하며 조용히 몇 주를 보냈다. 하지만 이때는 폭풍전야였다. 며칠 뒤 프로이트가 사망했고, 약 두 달 뒤 2차대전이 발발했다.

154 편지 71의 주 153을 보라. 랜스다운 로지는 바스에 있는 펜션의 이름이다.

155 츠바이크는 이 편지에서 처음으로 공적인 호칭(Herr Prof.)을 사용하지 않고 허물 없이 프로이트를 부르고 있다. 하지만 이것은 처음이자 마지막이었다. 프로이트는 9일 뒤인 23일에 사망했다.

156 교황의 대관식에서 외치는 라틴어 격언이다.

3부   프로이트에 관한 기록들(1930~1941)

1 이 책 1부의 '먼 곳을 향한 황혼의 시선' 참조.

2 《문명 속의 불만》(프로이트 전집 12), 295쪽.

3 《문명 속의 불만》(프로이트 전집 12), 328~329쪽.

4 1749년 프랑스의 디종 아카데미는 '학문과 예술의 부흥은 풍속을 순화하는 데 기여
했는가'라는 주제로 논문을 공모했다. 루소는 '순화하기는커녕 오히려 타락시켰다'라
는 비관적 내용을 담은 논문으로 대상을 수상했고, 이러한 관점은 이후 《인간 불평등
기원론*Discours sur l'origine de l'inégalité parmi les hommes*》(1754)과 《에밀*Émile ou
de l' éducation*》(1762)로 이어진다. 루소의 반문명론은 모든 것이 이성에 의해 진보
하리라 믿었던 당대 계몽주의자들을 충격에 빠뜨렸고, 이후 프로이트를 포함해 많은
사상가의 문명론에 영향을 주었다. 루소의 수상 논문은 다음 책에 수록되어 있다. 《학
문과 예술에 대하여 외》, 김중현 옮김(파주 : 한길사, 2007).

5 1939년 9월 1일 나치 독일이 폴란드 서부를 침공한 뒤 영국과 프랑스는 독일에 선전
포고를 해놓은 상황이었다. 9월 17일에 소련 역시 폴란드 동부를 침공했지만 영불 연
합군은 소련에 선전포고를 하지 않고 있었다.

6 거의 모든 독재자들과 전체주의자들이 자유와 평등을 주장했다는 것은 참으로 역
사의 아이러니이다. 나치 역시 '독일인의 자유를 위한 투쟁Kampf um die deutsche
Freiheit'을 구호로 내세웠다.

7 요제프 로트Joseph Roth(1894~1939)는 오스트리아 출신의 유대인으로, 유럽을 떠
돌며 살았던 작가이자 출판인이다. 히틀러가 총리가 된 1933년 1월 30일 파리로 망
명해 6년간 살다가, 1939년 5월 27일 알코올 중독으로 사망했다.

8 에른스트 톨러Ernst Toller(1893~1939). 독일의 희곡 작가·정치가·혁명가로, 1933

년 나치가 실권을 장악한 뒤 그의 '비독일적' 작품이 문제가 되어 독일에서 추방당한 이후 북미 등지에서 활동했다. 그는 심한 우울증에 시달린데다, 전 재산을 스페인 내전의 난민을 위해 기부하는 바람에 경제난까지 겹치고 말았다. 결국 1939년 5월 22일 뉴욕 메이플라워 호텔에서 자살했다.

9 런던의 골더스그린 화장장Golder's Green Crematorium. 프로이트는 이곳 공원묘지에 마련된 영묘Mausoleum에서 지금까지 영면하고 있고, 1951년 이후로는 아내 마르타와 함께하고 있다.

10 마리 보나파르트Marie Bonaparte(1882~1962). 프랑스 최초의 여성 정신분석학자로, 정신분석학이 프랑스에 정착하는 데 크게 기여했다. 프로이트와 깊이 교류하면서 그의 저서들을 여러 권 프랑스어로 옮겼고, 프로이트가 빈을 떠나 런던으로 망명하는 것을 도왔다. 3부의 '회고' 375쪽을 보라.

11 이 책 2부의 편지 37(1931년 11월 29일) 주 101을 보라.

12 츠바이크는 뒤에 이어지는 마지막 감사의 부분에서 프로이트를 지칭하는 모든 2인칭 변화형(du, dir, deiner 등)의 첫 글자를 대문자(Du, Dir, Deiner 등)로 표기함으로써 프로이트에 대한 친근감과 존경심을 복합적으로 표현하고 있다(본문에서는 모두 '그대'로 옮겼다). 감사Dank를 포함한 대문자 D와 친구를 뜻하는 독일어 프로인트Freund와 프로이트Freud의 이름이 반복되며 시청각적으로 묘한 운율을 자아낸다. 원문은 다음과 같다. "Dank für ein solches Vorbild, geliebter, verehrter Freund, und Dank für Dein großes schöpferisches Leben, Dank für jede Deiner Taten und Werke, Dank für das, was Du gewesen und was Du von Dir in unsere eigenen Seelen gesenkt—Dank für die Welten, die Du uns erschlossen und die wir jetzt allein ohne Führung durchwandeln, immer Dir true, immer Deiner in Ehrfurcht gedenkend, Du kostbarster Freund, Du geliebtester Meister, Sigmund Freud."

13 S. Zweig,《어제의 세계. 어느 유럽인의 회고Die Welt der Gestern. Erinnerung eines Europäers》(Frankfurt am Main : S. Fischer Verlag, 1990), 476~477쪽.

14《어제의 세계. 어느 유럽인의 회고》, 476~478쪽.

15 《어제의 세계. 어느 유럽인의 회고》, 476쪽.

16 이것들은 현재 런던 프로이트 박물관에 소장되어 있으며 그곳의 홈페이지에서 볼 수 있다. http://www.freud.org.uk/photo-library/

17 츠바이크의 주선으로 프로이트와 달리의 만남이 성사된 것은 1938년 7월 19일이었다. 편지 59~63을 보라.

18 이 스케치는 현재 런던 프로이트 박물관에 소장되어 있다. 〈Salvador Dali : Portrait of Freud〉(1938). https://www.freud.org.uk/photo-library/detail/40074/

19 《어제의 세계. 어느 유럽인의 회고》, 478~480쪽.

20 《어제의 세계. 어느 유럽인의 회고》, 481~482쪽.

21 《어제의 세계. 어느 유럽인의 회고》, 480~481쪽.

1856년	5월 6일, 오스트리아-헝가리 제국령이었던 모라비아의 프라이베르크에서 출생. 당시 붙여진 이름은 지기스문트 슐로모 프로이트. 1878년 22세가 되어서야 지그문트라는 이름을 쓰게 되었다. 부모님은 모두 유대인으로, 아버지 야코프는 모직물 상인이었고 어머니 아말리아는 세 번째 부인이었으며 아버지보다 스무 살이나 어렸다.
1860년	경제적 어려움을 타개하고자 가족과 함께 오스트리아 빈으로 이주.
1873년	10월, 빈 대학에서 의학 공부를 시작. 특히 신경 계통의 해부에 관심을 가짐.
1881년	3월, 의학 박사 학위를 받고 빈 의과 대학 졸업.
1882년	6월 17일, 마르타 베르나이스와 약혼. 7월 31일, 빈 종합병원에서 일하기 시작.
1885년	10월, 장학금을 받아 프랑스 파리로 유학. 장 마르탱 샤르코가 살페트리에르 병원에서 최면요법을 통해 히스테리 환자를 치료하는 과정을 지켜보고 감명을 받음.
1886년	빈으로 돌아와 4월 25일 신경증 전문의로 개인 병원을 개원. 9월 15일, 마르타 베르나이스와 결혼.
1887년	10월 16일, 첫아이이자 맏딸 마틸데 탄생.
1892년	1887년 이래로 실행해온 최면을 통한 치료에 관한 논문 발표. 자유연상법을 발견.
1895년	5월, 요제프 브로이어와 함께 쓴《히스테리 연구》를 출간. 12월 3일 막

내딸로 훗날 심리학자가 되는 안나 프로이트 탄생.

1896년 히스테리의 주요 원인은 성性과 관련 있다는 주장을 담은 〈히스테리 병인론〉 발표. 10월 23일, 아버지 야코프 사망.

1900년 《꿈의 해석》출간(실제 출간 날짜는 1899년 11월 4일).

1901년 《일상생활의 정신병리학》출간. 9월, 남동생 알렉산더와 함께 처음으로 로마를 방문.

1902년 1월, 빈 대학 비정규 강사로 임명됨. 10월, 수요정신분석세미나 모임을 열기 시작.

1904년 9월, 남동생 알렉산더와 함께 그리스 아테네 여행.

1905년 《성욕에 관한 세 편의 에세이》, 《농담과 무의식의 관계》출간.

1906년 4월, 카를 구스타프 융과 서신을 주고받기 시작.

1908년 4월 26일, 오스트리아 잘츠부르크에서 융, 알프레트 아들러 등과 함께 제1회 국제정신분석학회 개최.

1909년 9월 10일, 미국 클라크 대학 개교 20주년 행사에 초청되어 명예박사 학위를 받음.

1910년 3월 30일, 융을 회장으로 하여 국제정신분석학회 설립. 《정신분석에 관한 다섯 번의 강의》, 《레오나르도 다빈치의 유년 시절 기억》출간.

1913년 1월, 《토템과 터부》출간. 10월, 융과 견해 차이를 좁히지 못하고 결별.

1914년 〈미켈란젤로의 모세상〉, 〈슬픔과 우울증〉 발표.

1920년 1월, 둘째딸 조피가 인플루엔자로 세상을 떠남. 《쾌락 원칙을 넘어서》출간.

1921년 《집단심리학과 자아분석》출간.

1923년 4월, 처음으로 구강암 수술을 받고 인공 입천장을 사용하기 시작. 《자아와 이드》출간.

1925년 《나의 이력서》출간.

1927년 《환상의 미래》출간.

1930년	《문명 속의 불만》출간(실제로는 1929년 12월에 출간). 8월 28일, 독일 프랑크푸르트 시의 괴테상 수상. 9월 어머니 아말리아 사망.
1932년	《새로운 정신분석 강의》출간.
1933년	히틀러가 정권을 장악하면서 프로이트의 책들이 나치에 의해 불태워짐.
1936년	5월, 여든 번째 생일을 맞아 토마스 만이 주축이 된 예술가와 학자들의 축하 서명이 담긴 편지를 받음.
1937년	《끝낼 수 있는 분석과 끝낼 수 없는 분석》출간.
1938년	《정신분석학 개요》출간. 6월 5일, 오스트리아가 독일에 합병이 된 지 두 달 만에 빈을 떠나 영국 런던으로 망명. 9월, 마지막 수술을 받음.
1939년	2월, 수술 불가능한 암이 전이되었음을 진단받음. 5월, 《인간 모세와 유일신교》출간. 9월 23일, 존엄사를 선택하고 런던의 자택에서 사망.

1881년	11월 28일, 오스트리아 빈의 부유한 유대인 가정에서 출생. 아버지 모리츠는 직물 관련 사업가였고 어머니 이다는 이탈리아 은행가 집안 출신이었다.
1900년	빈 대학에 입학하여 문과 학업을 시작.
1901년	2월, 첫 시집《은빛 현》출간.
1904년	4월, 프랑스 철학자 이폴리트 텐에 관한 연구 논문으로 박사 학위를 받고 빈 대학을 졸업. 첫 소설집《에리카 에발트의 사랑》출간. 11월, 파리에서 체류하기 시작.
1906년	시집《때 이른 월계관》출간.
1907년	첫 희곡《테르시테스》출간.《아르튀르 랭보 시선집》의 독일어판 서문 작성.
1908년	11월,《테르시테스》가 드레스덴과 카셀에서 상연됨. 스리랑카 여행.《발자크 선집》의 독일어판 서문 작성. 프로이트와 교류하기 시작함.
1910년	벨기에 시인 에밀 베르하렌의 시선집《에밀 베르하렌 : 생애와 작품》출간.
1911년	《첫 경험. 네 편의 어린 시절 이야기》출간.
1912년	10월, 희곡《해변의 집》출간. 빈 극장에서 상연됨. 첫 번째 아내가 될 프리데리케 폰 빈터니츠와 처음으로 만남.
1913년	단편〈불타는 비밀〉출간. 프랑스 작가 로맹 롤랑을 처음으로 만남.
1914년	11월, 1차대전 중 오스트리아군에 자원입대하여 종군 기자로 활동.

《베를리너 타케블라트》에 〈외국의 친구들에게〉라는 기고문 발표.

1917년   프리데리케와 잘츠부르크에 정착. 희곡《예레미아》출간.

1919년   스위스에서 살다가 다시 잘츠부르크로 돌아와 정착.

1920년   1월, 프리데리케와 결혼. 평전《세 거장. 발자크-디킨스-도스토옙스키》출간.

1921년   《로맹 롤랑. 인간과 작품》출간.

1922년   단편소설 〈낯선 여인의 편지〉 발표.《광란. 어느 격정의 단편소설집》출간.

1924년   프랑스 파리에서 살바도르 달리와 처음으로 만남.

1925년   평전《마신과의 투쟁. 횔덜린-클라이스트-니체》출간.

1927년   단편소설집《감정의 혼란》출간.

1928년   《자기 삶의 작가 3인. 카사노바-스탕달-톨스토이》출간. 쥘 로맹과 함께, 영국 작가 벤 존슨의 희곡《볼포네 또는 여우》(1606)를 자유롭게 각색한《볼포네》를 발표.

1929년   《조제프 푸셰. 어느 정치적 인간의 초상》출간.

1931년   《정신에 의한 치유》출간.

1932년   평전《마리 앙투아네트. 어느 평범한 인물의 초상》출간.

1933년   츠바이크의 책이 나치에 의해 불태워짐. 10월, 런던으로 망명.

1934년   평전《에라스무스》출간.

1935년   미국 순회강연. 리하르트 슈트라우스의 오페라 〈과묵한 여인〉의 상연이 츠바이크의 대본이라는 이유로 금지됨. 10월, 평전《메리 스튜어트》출간.

1936년   브라질과 아르헨티나 여행. 단편 선집《사슬》과《만화경》출간.

1937년   아내 프리데리케와 결별하고 잘츠부르크의 집을 처분함.

1938년   1월, 비서이자 새 파트너로 그보다 스물일곱 살 어린 로테 알트만과 포르투갈 여행.《마젤란. 인간과 업적》출간. 7월 19일, 스페인 화가 달리와 함께 런던의 프로이트 집을 방문. 12월 미국 순회강연.

1939년   3월, 영국의 바스에 정착. 9월 6일, 로테와 결혼. 소설 《초조한 마음》 출간.

1940년   3월 13일, 영국 시민권 취득. 6월부터 뉴욕에서 체류.

1941년   9월, 아내 로테와 함께 브라질 리우데자네이루 페트로폴리스에 정착. 《미래의 나라, 브라질》 출간. 회고록 《어제의 세계》와 몽테뉴의 전기, 단편소설 〈체스 이야기〉 집필.

1942년   2월 22일, 일본군이 싱가포르를 함락했다는 소식을 접하고 절망감에 휩싸인 채 아내와 함께 수면제 과다 복용으로 자살.

내가 알기로, 당신이 설계한 이채로운 인간 군상의 전시장에서—내가 종종 농담 삼아 하는 말로는 당신의 파놉티콘에서—나는 확실히 가장 흥미로운 인물은 아니지만, 그래도 유일하게 생존해 있는 인물이니까요. 이 점에서 나는 당신의 따뜻한 동감에 큰 감사를 드려야겠지요. 전기 작가에게는 정말이지 정신분석가의 경우와 비슷하게 '전이'라는 개념으로 파악되는 현상이 있습니다.★

슈테판 츠바이크를 처음 만나게 해준 작품은 그의 미완성 유작 《발자크》였다. 《발자크》를 읽고 충격을 받았던 것은 내가 발자크

★ 프로이트가 츠바이크에게 보내는 편지(1936년 5월 18일). 이 책의 2부 308쪽.

라고 하는 이 위대한 작가이자 철학자를 모르고 있었다는 사실 때문도 아니었고, 이런 작가의 작품이 (당시만 해도) 거의 번역되지 않았다는 우리의 현실 때문도 아니었다. 그것은 심심풀이로 찾아본 두 사람의 생몰연대가 전혀 겹치지 않는다는 역사적 사실 때문이었다.

《발자크》를 읽는 내내 나는 발자크와 츠바이크가 국적은 달라도 동시대인으로서 자주 만나 잘 알고 지내던 사이였으리라 무의식중에 확신하고 있었던 듯하다. 소설 속 발자크는 어느 순간부터 내가 잘 알고 지내던 사람이라는 착각이 들 정도로 눈앞에 선했고, 츠바이크는 마치 그의 삶을 속속들이 알고 있다는 듯이 삶과 작품 사이의 공백을 촘촘히 엮어놓고 있었으니 말이다. 하지만 발자크의 사망과 츠바이크의 탄생 사이에는 30여 년이라는 역사적 간격이 놓여 있었기에 나의 확신과 감동은 충격으로 뒤바뀌고 말았던 것이다.

《마리 앙투아네트》나 《에라스무스》 등과 같은 다른 평전 작품에서도 같은 경험을 반복하면서 어떻게 이런 생생한 형상화가 가능했을까, 하는 의문이 들기 시작했다. 츠바이크에 대한 관심이 확장되고 깊어지면서 이 의문을 해소할 중요한 단서를 하나 발견하게 되었다. 츠바이크는 지그문트 프로이트의 철저한 신봉자였으며 그의 정신분석학을 가장 먼저 받아들인 사람들에 속해 있을 뿐 아니라 창작의 방법론으로 적극 활용했다는 사실이었다.

정신분석의 연구조사는 (…) 주인공의 생활을 출생에서 치료하는 순간에 이르기까지 재구성하려고 한다. (…) 발견할 수 있는 한의 모든 객관적 자료, 이를테면 편지, 증언, 내면적인 일기, 모든 종류의 '사회적' 정보를 이용한다. (…) 문제가 되는 것은 하나의 '상황'이다.★

잘 알려져 있다시피 츠바이크는 엄청난 자료광이었다. 그는 여러 인물을 형상화하기 위해 그들과 관련된 공문서, 증언록, 편지, 일기, 팸플릿(비방의 글) 등을 수집하는 데 거의 일생을 바쳤다. 그의 서재는 인간 군상의 전시장이었다. 츠바이크가 발자크를 묘사하는 순간을 상상해보자. 그는 이제 막 발자크에 관한 자료 더미를 방 안 가득히 늘어놓는다. 출생부터 사망까지 시간 순서대로 가지런히 놓을 필요는 없다. 그는 그 모든 자료를 (마치 파놉티콘처럼) 한눈에 보고 있기 때문이다. 그는 그 모든 사회적 정보들을 총동원하여 발자크를 둘러싼 하나의 '상황'을 설정하고 그 상황과 인물 사이의 교호작용을 그려본다. 발자크는 물론이고, 발자크의 연인들과 비방자들, 심지어 발자크의 작품에 등장하는 인물들까지, 그는 상황 속에 존재하는 그 모든 인물들에게 격한 공감과 (정신분석 과정에서 일어나는 바로 그) 전이를 일으키며 노트를 시작한다. 츠바이크 자신의 표현에 따르자면 창조적 직관이 일어나는 순간이다. 이 순간 츠바이크는 발

★ 장 폴 사르트르, 《존재와 무》, 정소성 옮김(서울 : 동서문화사, 2009), 923쪽.

자크 자신이며 그의 연인이며 그의 비방자이며 루이 랑베르이자 외
제니 그랑데이다.

> 의사이자 심리학자인 프로이트는 우리가 예감하듯이 많은 것을
> 관철시키게 될 미래의 인문주의, 과거의 인문주의는 전혀 알지
> 못하던 인문주의의 개척자로서 존경받게 될 것이라고 나는 확신
> 합니다. (…) 미래에는 아마도 무의식의 학문인 정신분석학의 의
> 미가 치료요법으로서의 가치를 훨씬 더 능가할 것입니다.★

츠바이크가 자신의 평전을 통해 다룬 수많은 실존 인물들 가
운데 자신과 같은 시대를 살았던 인물은 아마도 지그문트 프로이트
가 유일할 것이다. 하지만 프로이트의 평전을 기획하면서 츠바이크
는《정신에 의한 치유》라는, 여느 때보다 훨씬 더 큰 그림을 그린다
(이 책의 '프로이트 평전'은《정신에 의한 치유》에서 발췌한 것이다). '프로
이트 평전'(이하 '평전')에서 츠바이크는 고대 그리스에서 출발하여
프로이트의 정신분석학이 탄생하기 직전까지, 종교와 의술, 신학과
의학, 과학과 의학이 어떻게 통합되어 있다가 어떻게 분화되었는지
를 설명하고, 그 과정에 있었던 영혼 치유나 심리학의 흔적들을 면
밀히 추적한다. 그러고는 프로이트 이전에 심리 치료 영역에서 주목

★ 토마스 만,《문학과 예술의 지평》, 원당희 옮김(서울 : 세창미디어, 2010), 126쪽.

할 만한 두 인물(에디 베이커와 메스머)을 통해 프로이트 직전 시대의 상황을 형상화한 뒤, 프로이트의 정신분석학이 서구 3,000년의 역사에서 얼마나 중요하고 얼마나 혁명적인 학문인지를 밝히고 있다.

　　그런데 이 평전에서만큼은 츠바이크는 프로이트라는 인물과 그의 사상을 객관적으로 바라보며 기술하는 듯 보인다. 프로이트의 정신분석학이 어떻게 탄생했는지, 그의 이론 안에서 어떤 용어들이 사용되고 있는지, 또한 어떻게 만년의 프로이트가 개인의 무의식으로부터 사회적 무의식으로 자신의 이론을 확장시켰는지, 그리고 마지막에는 어떤 영역에서 승리를 거두었는지를 일목요연하게 정리하고 있기 때문이다. 츠바이크의 다른 평전들과 비교할 때 이 평전은 거의 (다소 대중적인) 학술서처럼 건조하고 객관적으로 느껴지며 예의 공감이나 전이는 두드러지지 않는다.

　　하지만 우리의 관점을 '이론의 소개'에서 '새로운 사상의 출현'으로, 그것의 '타당성'에서 타당성을 얻기까지의 '시대적 저항'으로, 나아가 그 저항에 맞선 한 학자의 '솔직함'과 '용기'로 재설정하게 되면 사정은 달라진다. 이때 이론의 소개와 타당성의 문제는 새로운 사상의 출현이 당대에 일으킨 수많은 저항들을 묘사하는 데 수반되는 일련의 과정이 되며, 엄청난 저항에 맞서 홀로 버티고 있는 프로이트의 의지와 고통은 새롭게 부각된다.

　　여기서 츠바이크는 심리 치료법으로서 정신분석'요법'이 아니라 무의식에 대한 학문인 정신분석'학'의 중요성을 역설한다. 정신분석'요법'이 개개인을 치료하는 치료술이라면, 정신분석'학'은 그릇된 가치관에 병들어 있는 인류 전체를 치유할 수 있는 새로운 인문학, 나아가 철학이라는 것이다. 단지 새로운 것이 아니라, 기존 세계의 질서와 가치관에 대한 전복이라는 것이다.

'전복'이라면 수많은 저항들에 부딪힐 수밖에 없다. 츠바이크는 프로이트가 이 전복을 시도하면서 겪었던, 혹은 겪고 있는 역경들을 자기 시대라는 특정한 '상황' 속에서 묘사하고 있으며, 이때 절제된 듯 보였던 츠바이크 특유의 전이는 오히려 더욱 두드러진다. 프로이트의 정신분석은 단순한 기술이 아니라 창조적 예술 활동이며, 그가 마주한 고통은 모든 전위적 예술가가 구시대와 맞서서 겪을 수밖에 없는 필연적 모순이다. 하지만 결국 옛것은 사라질 것이고 승리는 예술가의 것이 될 것이다. 작가이자 철학자였던 츠바이크는 자기 시대에 누구와 전투를 벌여야 할지, 자기 작품의 전선이 어디에 있는지를 명확히 알고 있었고(예컨대《테르시테스》), 프로이트는 자신에 앞서 이 전선을 형성하고 거기서 수많은 전투를 치른 백전노장이었다. 프로이트는 츠바이크가 어렸을 때부터 꿈꾸어온 영웅의 현화였으며, 이 평전에서 프로이트는 츠바이크 자신이다.

개성에 대한 (…) 외경심은 프로이트가 보기에 모든 심리학과 심리 치료술이 출발점으로 삼아야만 하는 것이자, 다른 누구보다 그가 도덕적 명령으로서 존중하라고 가르친 것이었다. (…) 우리는 프로이트 덕분에 처음으로 개인의 중요성을, 모든 인간 영혼의 대체 불가능한 일회적 가치를 새롭고 생생하게 깨닫게 되었다.★

프로이트 이론의 결정적 전환점은 '개성에 대한 외경심'이다. 학교는 학생을 똑같은 기준에서 평가하고, 공장은 노동자들을 그저 노동력 일반으로 간주하고, 정치는 시민들을 그저 '한 표'로 간주하는, 한마디로 획일화된 세상에서는 각 개인의 고통 또한 그저 고통 일반에 불과하다. 하지만 고통 일반이 도대체 어디 있다는 말인가? 고통은 오직 이 고통 혹은 저 고통이 느껴질 뿐이다. 정신분석은 우리에게 가르친다. 개인은 '인간'으로 환원될 수 없는 개성을 지니고 있으며, 이 개성이야말로 인간이 아니라 '나'를 이해하는 근거이자 척도라고. 이것은 심리학의 법칙을 넘어서 도덕의 요청이라고.

"우리는 언제나 어떤 경직된 공식을 통해서가 아니라, 한 운명의 체험으로부터 각인된 고유한 형태를 통해서만 하나의 개성을 파악할 수" 있으며 이 개성에 대한 존중이야말로 '요법'으로서의 정신분석이든 '학'으로서의 정신분석이든, 아니 세상의 그 어떤 영역이든 가장 먼저 실천 강령으로 받아들여야 할 지상명령이다. 바로 이 지상명령에 따르는 길이 츠바이크가 그토록 바라마지 않았던 관용과 배려와 다양성의 세계로 나아가는 길이다.

★ 슈테판 츠바이크, 〈프로이트 평전〉. 이 책의 1부 198~199쪽.

프로이트의 업적은 늘 아이러니하다. 사람들은 그가 오이디푸스 콤플렉스를 주장함으로써 깨끗한 동심의 세계를 더럽혔다고 비난하지만, 그가 아니었다면 우리는 성장 과정의 중요성을, 아니 아동이라고 하는 존재 자체를 알지 못했을 것이다. 그가 결국에는 인간의 다양한 정신질환을 '성'이라는 하나의 원리로 환원했다고 비난하지만, 그가 아니었다면 그로부터 변이된 다양한 인간의 군상을 우리는 각각의 한 '인간'으로서 받아들이지 못했을 것이다. 그가 무의식의 중요성을 역설해놓고 결국은 다시 의식으로 복귀했다고 비난하지만, 그가 아니었다면 우린 무의식의 존재와 의미를 전혀 이해하지 못했을 것이다.

하지만 아이러니야말로 모든 창작의 근원이 아니던가. 정신분석의 아이러니가 이후 현대에 일으킨 변화와 변이를 생각해볼 때, 이것은 오히려 프로이트의 위대함을 헤아리게 하는 척도이다.

〈클라이스트〉에서 '감정의 병리학'이나 〈니체〉에서 '질병에 대한 변호' 같은 여러 꼭지들은 아마도 교수님 없이는 쓰지 못했을 겁니다. 그렇다고 제가 그것들을 정신분석학적 방법의 결과물이라고 생각하는 것은 아닙니다. 그러나 교수님은 우리에게 '용기'를 가르쳐주었습니다. 사물들에 다가갈 용기를, '두려움 없이' 그리고 모든 그릇된 수치심 없이 가장 내면적인 감정은 물론이고 가장 극단적인 감정에 다가갈 용기를 말입니다. 또한 진실에는 용

기가 필요한 법입니다. 우리 시대에는 오직 교수님의 저서만이 그런 용기를 보여줍니다.★

'평전'을 읽은 뒤 츠바이크와 프로이트의 관계가 궁금해진 나는 두 사람에 관한 자료를 수집하기 시작했고, 이내 두 사람이 주고받은 편지들을 발견했다. 이를 통해 '평전'의 이면으로 파고들 수 있겠다는 예감이 들었고, 역시나 그 예감은 적중했다. 아니, 그 이상이었다. 이 편지들에는 '평전'이 집필되는 과정과 프로이트가 아쉬워했던 '평전'의 대목들이 기록되어 있었다. 또한 이 편지들은 츠바이크의 전 저작이 프로이트라는 인물과 그의 이론에 얼마나 기대어 있었는지를 생생하게 보여준다.

두 사람이 주고받은 일흔네 통의 편지를 모은 이 책의 2부 '프로이트-츠바이크 서한집'은 (많은 편지들이 그러하듯) 두 사람의 저작에서는 찾아볼 수 없는, 날것 같은 이야기들로 가득하다. 따라서 두 사람의 심리적 관계를 분석하는 데 가장 중요한 자료가 될 것이다.

저의 존경은 언제나, 저의 생각은 빈번히 교수님 곁에 있습니다!
변치 않는 마음으로, 슈테판 츠바이크 올림★★

★ 츠바이크가 프로이트에게 보내는 편지(1925년 4월 15일). 이 책의 2부 226~227쪽.
★★ 츠바이크가 프로이트에게 보내는 편지(1927년 3월 18일). 이 책의 2부 237쪽.

편지를 주고받으며 신구 세대의 두 대가가 우정을 쌓아가는 과정은, 학맥이 자주 끊기고 학파가 제대로 형성되지 않는 우리의 학문 풍토에 비추어 볼 때 대단히 인상적이다. 물론 두 사람 사이에 아무런 위기도 없었던 것은 아니다. 이른바 '메일런 사건'(편지 21 이하)으로 빚어진 오해로 인해 두 사람은 결별의 위기를 맞기도 했다. 하지만 인격의 문제였든 성적 병인론의 문제였든 이런저런 이유로 프로이트와 결별한 수많은 추종자들과는 달리, 츠바이크는 진심 어린 사과와 적극적인 해명을 통해 프로이트와의 관계를 회복했고 프로이트 또한 관대한 마음으로 그를 다시 받아들였다. 츠바이크는 프로이트의 최후까지, 아니 사후의 회고에서까지 그에게 존경과 애정을 아낌없이 표현했다. 3부 '프로이트에 관한 기록들'을 구성하고 있는 서평, 일기, 추모 연설문, 회고는 2부에 이어 '변치 않는 마음'의 츠바이크를 재확인해주는 보조 자료가 될 것이다.

이 책을 엮고 옮기는 동안 또다시 수많은 분들에게 신세를 지었다. 먼저 '추천의 말'을 써주신 분께 감사의 말씀을 올리고 싶다. 이창재 선생님께서는 십여 년간 소식 없이 지낸 어느 무정한 사람의 연락을 반겨주시고 그의 원고 청탁을 흔쾌히 승낙하셨을 뿐 아니라 그에게 책 안팎에 관한 조언들까지 아낌없이 해주셨다. 사실 옮긴이는 츠바이크의 관점을 이미 십여 년 전《프로이트와의 대화》를 통해 배운 바 있다. 다음으로는 인문학교육연구소에서 더불어 일하고 있는 식구들, 또 이곳에서 주관하고 있는 '해달별 인문학 교실', '활동가를 위한 인문학 강좌', '라틴어 공부 모임', '현상학 세미나'의 식구들, 나아가 우리 연구소를 안팎에서 돕고 있는 든든한 후원자들에게 각별한 감사의 말씀을 올리고 싶다. 마지막으로, 자료들을 엮고 옮기는 과정에서 에너지가 고갈되어가는 옮긴이에게 늘 뜨거운 격려와 놀라운 믿음을 보내준 책세상 편집부에 깊은 우정을 표한다.

이들이 없었다면 이 책은 세상에 없었을 것이다.

광주극장 '영화의 집'에서

옮긴이 양진호

* 이 책을 옮기는 동안 반가운 소식이 있었다. 독일, 오스트리아, 프랑스의 공동 제작으로 츠바이크의 마지막 나날에 관한 영화 〈아침놀이 물들기 전에─아메리카의 슈테판 츠바이크Vor der Morgensröte──Stefan Zweig in Amerika〉가 유럽에서 개봉했다는 것이다. 이 영화가 광주극장에서 개봉할 날을 고대하며…

옮긴이 양진호

청소년과 시민을 위한 인문학 교육을 연구 및 실행하는 '인문학교육연구소'(www.paideia.re.kr)의 소장직을 맡고 있다. '교육공간 오름', '래미학교' 등 학교 안팎에서 청소년들과 더불어 인문학을 공부하고 있으며, 대학에도 출강하면서 고전 번역 작업을 병행하고 있다.

대학과 대학원에서 서양의 초기 근대철학을 중심으로 공부를 했고, 현재는 관심 영역을 서양 문명 전체로 확장시키는 중이다. 수년 전 어느 지인의 소개로 읽은《발자크》에 매료되어 츠바이크에 관한 관심을 넓히던 중에 〈프로이트 평전〉을 읽게 되었고 이를 통해 프로이트의 정신분석학이 지닌 새로운 의미를 깨닫게 되었다. 두 사람이 주고받은 편지가 있다는 소식에 서한집을 구해 한 장 한 장 읽으며 두 사람의 관계에 깊은 인상을 받기도 했다. 이후 츠바이크가 프로이트에 관해 남긴 기록을 뒤지기 시작하여 서평, 일기, 추모 연설문, 회고록까지 모으게 되었다. 이 책은 그 과정의 결실이다. 옮긴 책으로는 데카르트의《성찰》, 스피노자의《데카르트 철학의 원리》가 있다.

프로이트를 위하여
작가 츠바이크, 프로이트를 말하다

펴낸날 초판 1쇄 2016년 10월 31일
       초판 2쇄 2023년 12월 31일

지은이 슈테판 츠바이크·지그문트 프로이트
옮긴이 양진호
펴낸이 김준성
펴낸곳 책세상
등록 1975년 5월 21일 제2017-000226호
주소 서울시 마포구 동교로 23길 27, 3층(03992)
전화 02-704-1251   **팩스** 02-719-1258
이메일 editor@chaeksesang.com
광고·제휴 문의 creator@chaeksesang.com
홈페이지 chaeksesang.com
페이스북 /chaeksesang   **트위터** @chaeksesang
인스타그램 @chaeksesang   **네이버포스트** bkworldpub

ISBN 979-11-5931-085-0 03100

* 잘못된 책은 바꾸어드립니다.
* 책값은 뒤표지에 있습니다.